Friedrich Georgi

„Wir haben das Letzte gewagt…"

General Olbricht und die Verschwörung
gegen Hitler

Der Bericht eines Mitverschworenen
mit zwei Abbildungen
und einem dokumentarischen Anhang sowie einem
ergänzenden Register der in diesem Bericht
erwähnten Personen

Herder Taschenbuch Verlag

Originalausgabe
erstmals veröffentlicht als Herder-Taschenbuch

Umschlagfoto: Privatbesitz Frau Eva Olbricht

*Dieses Taschenbuch widme ich
meiner geliebten Frau Rosemarie,
der Tochter des Generals der Infanterie
Friedrich Olbricht, die am 29. Oktober 1988
nach langem schweren Leiden,
das sie sich in der Gestapohaft
nach dem 20.Juli 1944 zugezogen hatte,
verstarb.*

20. Juli 1990

Friedrich Georgi

Friedrich Olbricht als Generalmajor (1937) – mit großer Ordensschnalle

Inhalt

Vorwort

Am 20. Juli 1944 scheiden sich die Geister – damals wie heute. Soweit die heute Lebenden überhaupt noch bei diesem Datum aufhorchen und das Gefühl haben, dass dieses Datum sie betrifft – vielleicht sogar betroffen macht –, findet man die verschiedensten Auffassungen zwischen Zustimmung, Gleichgültigkeit und Ablehnung – fast immer in Verbindung mit entwaffnender Unwissenheit über Motive der damals Handelnden, über Vorbereitung und Ablauf des Befreiungsversuchs und die Konsequenzen eines Scheiterns für Deutschland und die Welt, obgleich eine nicht mehr überschaubare Fülle von Literatur – allerdings sehr unterschiedlicher Qualität und von verschiedenem Wahrheitsgehalt – zur Verfügung steht. Das Gefühl, dass es sich bei diesem Ereignis um Vergangenheit handelt – eine Vergangenheit, die zwar noch immer nicht bewältigt worden ist –, begrenzt das Interesse auf diejenigen, die das letztere erkennen – aber das sind wenige!

Auch damals – während des Krieges – schieden sich die Geister: Ein Teil der Bevölkerung einschliesslich grosser Teile der Soldaten hielten die Tat für ein Verbrechen an dem deutschen Volk, an Adolf Hitler und am nationalsozialistischen Staat. Das waren diejenigen, die die Parolen dieses Systems aus Überzeugung oder in naiver Gläubigkeit für bare Münze nahmen und nicht erkannten – oder nicht wahrhaben wollten –, dass die nationalen und sozialen Bekenntnisse und Handlungen der damaligen Machthaber und ihrer Gefolgschaften lediglich ihrer Täuschung dienten.

Ein anderer Teil der Bevölkerung war der Meinung, dass die politische Entwicklung hingenommen werden müsse, da jedes Auflehnen – sei es nun aktiv oder auch nur passiv – mit akuter Lebensgefahr verbunden sein würde und dennoch nichts bewirken könne – und dass deshalb der vorgezeichnete Weg ins Verderben nicht aufgehalten werden könne.

Ein anderer Teil – insbesondere unter den Soldaten in höherer Verantwortung – erkannte zwar (zumindest teilweise) die Kriminalität der nationalsozialistischen Staats- und Kriegsführung, glaubte aber noch immer an den „Endsieg" und befürchtete dessen Gefährdung durch eine solche Tat. Sie beriefen sich dabei auf den von ihnen auf die Person Hitlers geschworenen Fahneneid. Damals wie heute war und ist für mich die Berufung auf eine befohlene und durch Strafandrohung erzwungene Eidesleistung gegenüber einem Verbrecher keineswegs eine moralisch hoch zu bewertende soldatische Treuehaltung, sondern reiner Opportunismus und persönliche Feigheit, die bekanntlich auch bei wegen Tapferkeit vor dem Feind hochdekorierten Soldaten häufig anzutreffen waren. Generaloberst Beck zog die Grenze bei denjenigen, denen ihr Wissen, ihr Gewissen und ihre Verantwortung – alle drei Faktoren mussten zusammenkommen – den Ungehorsam gegen verbrecherische Befehle zur Pflicht machten. Man kann nicht von einem ganzen Volk, von einer ganzen Armee, erwarten und verlangen, dass sie Widerstand leisten. Aber man konnte und musste das von denjenigen verlangen, bei denen Wissen, Gewissen und Verantwortung als Voraussetzung für Widerstand vorhanden waren. Jeder, der sich damals nicht zum Widerstand entschloss, obgleich er dazu aufgerufen war, mag sich aussuchen, welche Voraussetzung bei ihm nicht vorlag oder ausreichend ausgeprägt war – zumindest muss er diese Entscheidung nach diesem Ereignis für seine Person treffen.

Die Männer und Frauen, die sich damals zum Widerstand entschlossen und ihr Leben opferten, bedürfen keiner Rechtfertigung ihres Handelns durch die Nachwelt – auch keiner juristischen, moralischen oder philosophischen Abwägung. Aber sie stellen jeden Einzelnen heute unausweichlich vor seine eigene Entscheidung.

Zu dem Zeitpunkt, zu dem ich die Niederschrift dieses Manuskriptes beende, vollziehen sich in Deutschland und Europa entscheidende politische und soziale Veränderungen, die noch vor einem Jahr niemand zu hoffen gewagt hatte – jedenfalls noch nicht jetzt. Die Menschen in dem von einer

45jährigen kommunistischen Diktatur unterdrückten und ter-
rorisierten Teil unseres Vaterlandes haben sich mit dem in der
„Nationalhymne der Deutschen Demokratischen Republik" –
die in ihrem eigenen Staat nicht mehr gesungen werden durfte
- enthaltenen Ruf: „Deutschland einig Vaterland" in gewaltlo-
sen Massendemonstrationen von unvorstellbaren Ausmassen
ihre Freiheit erkämpft. Am 9. November 1989 kapitulierten die
grossen und kleinen Tyrannen vor dem Freiheitswillen des
Volkes. Am 18. März 199o konnten erstmalig nach 57 1/2
Jahren nun auch in diesem Teil Deutschlands freie und
geheime demokratische Parlamentswahlen durchgeführt werden, am 5. April wurde das erste neue Staatsoberhaupt und am
12. April 1990 eine erste freie Regierung der DDR gewählt.
Die Tür zur Vereinigung unseres nach dem 2. Weltkrieg durch
fremde Gewalt geteilten Volkes, die die bislang latent vorhandene Kriegsgefahr im Herzen Europas beseitigt, ist aufgestos-
sen. Am 1. Juli 1990 trat der Staatsvertrag über die
Wirtschafts-, Währungs- und Sozial-Union zwischen der Bundesrepublik Deutschland und der Deutschen Demokratischen
Republik als entscheidender Schritt zur Wiederherstellung der
staatlichen Einheit des nach dem 2. Weltkrieg verbliebenen
Rest-Deutschlands in Kraft. Zur Stunde kann davon ausge-
gangen werden, dass das Jahr 1990 als historisch bedeutendste
Periode in die deutsche und europäische Nachkriegsgeschich-
te eingehen und die Vereinigung beider deutscher Teilstaaten
in Frieden und Freiheit vollendet werden wird.

Wie stark das gemeinsame politisch-geschichtliche Erbe des
Widerstandes gegen die nationalsozialistische Gewaltherrschaft diese Entwicklung beeinflusst und welche Bedeutung
die neue demokratische Führung der DDR gerade dem militärischen Widerstand gegen die Diktatur Hitlers zumisst, wird
dadurch deutlich, dass der neue Minister für Abrüstung und
Verteidigung der DDR am 20. Juli dieses Jahres im Rahmen
einer Gedenkfeier mit militärischem Zeremoniell die Soldaten
im Widerstand würdigt und ihr Andenken ehrt, und dass der
Ministerrat der DDR diesen Tag für die Neuvereidigung der
Nationalen Volksarmee der DDR auf die neue demokratische
Verfassung der DDR bestimmt hat.

20. Juli 1990   *Friedrich Georgi*

1.
Einführung

Als am späten Nachmittag des 20. Juli 1944 gegen 18.45 Uhr über alle deutschen Sender das amtliche Communiqué des Grossdeutschen Rundfunks verbreitet wurde, dass auf den „Führer" ein Sprengstoffattentat verübt worden sei und dass dieser den Anschlag mit nur leichten Verletzungen unversehrt überstanden habe, wussten die wenigen unmittelbar Beteiligten im Hauptquartier der Verschwörung im Allgemeinen Heeresamt in der Bendlerstrasse in Berlin, dass der Attentatsversuch des Oberst des Generalstabes[1] Claus Schenk Graf von Stauffenberg[2] tatsächlich misslungen und damit der Umsturzversuch gescheitert war. Letzte Hoffnungen, dass das Attentat vielleicht doch gelungen sein könnte und es sich bei der telefonischen Erklärung des Generalfeldmarschalls Keitel, Chef des Oberkommandos der Wehrmacht, gegenüber dem Befehlshaber des Ersatzheeres, Generaloberst Fromm, am frühen Nachmittag, dass zwar ein Attentat stattgefunden habe, Hitler jedoch nur leicht verletzt worden sei, um eine bewusste Falschinformation gehandelt haben könnte, mussten aufgegeben werden.

Mit dem Misslingen des Attentats und dem Scheitern der

---

[1] Die in den Oberkommandos der Wehrmacht und der Wehrmachtsteile tätigen Generalstabsoffiziere – so auch Graf Stauffenberg – führten die Dienstbezeichnung „des Generalstabes" (d. G. oder d. Genst.), die bei Truppenstäben tätigen Generalstabsoffiziere – wie z. B. von Tresckow – führten die Dienstbezeichnung „im Generalstab" (i. G. oder i. Genst.). Der Zusatz galt nur für die Dienstgrade Hauptmann, Major, Oberstleutnant und Oberst. Als Generale tätige Generalstabsoffiziere führten den Zusatz nicht mehr.
[2] Die Namensbezeichnung des Grafen Stauffenberg ist in der Literatur verschieden angegeben: z. T. Claus Schenk Graf von Stauffenberg, z. T. Claus Graf Schenk von Stauffenberg. Richtig ist die erstgenannte – in diesem Taschenbuch verwendete – Namensbezeichnung, wie sie auch in der Rangliste des deutschen Heeres von 1931 angegeben ist.

geplanten nachrichtenmässigen Isolierung des „Führerhauptquartiers" entfielen die entscheidenden Voraussetzungen für den geplanten Umsturzversuch, für die Befreiung Deutschlands von der nationalsozialistischen Gewaltherrschaft und für die Beendigung des 2. Weltkrieges durch einen die staatliche Existenz Deutschlands erhaltenden Waffenstillstand. Es dauerte noch Wochen und Monate, bis die national-sozialistische Staatsführung sich über das Ausmass dieser Verschwörung und die unmittelbar und mittelbar Beteiligten eine gewisse Klarheit verschaffen konnte und die von ihr eingeleitete Rachejustiz an den Beteiligten, deren Angehörigen und Helfern zur vollen Wirkung kam. Die weitere Entwicklung des Krieges liess den Nazis jedoch nicht mehr ausreichend Zeit, all' die weitverzweigten Verästelungen dieses Aufstandsversuches aufzudecken und alle Beteiligten und Mitwisser abzuurteilen.

Die Geschichtsschreibung über diese Ereignisse, über die mehrjährigen Vorbereitungen dieses Befreiungsversuches, über den Ablauf des Tages selbst und über die Männer und Frauen, die an diesem „Aufstand des Gewissens" beteiligt waren, ist auf sehr wenige zuverlässige Quellen angewiesen und infolgedessen lückenhaft, widersprüchlich, fehlerhaft und oft auch subjektiv gefärbt. Von denjenigen, die den Kern dieser Verschwörung gebildet hatten, hat niemand überlebt. Nur Menschen, die mehr oder weniger an der Peripherie des Geschehens gestanden haben und diese oder jene Einzelheit wussten, standen nach Ende des Krieges noch als Zeitzeugen zur Verfügung – abgesehen von einzelnen wenigen, die die Rachejustiz der Nationalsozialisten nicht erkannt und abgeurteilt hatte. Die Akten des Volksgerichtshofes und der Geheimen Staatspolizei sind zu einem grossen Teil noch während des Krieges vernichtet worden, Reste sind in den verschiedensten Archiven der Siegermächte und auch deutscher Stellen noch vorhanden – manche noch immer nicht der Öffentlichkeit zugänglich. Zwar enthalten die „Kaltenbrunner-Berichte" und der „Kiesel-Bericht" viele Einzelheiten darüber, was Geheime Staatspolizei und Sicherheitsdienst über Beteiligte und Hintergründe ermitteln konnten – aber eben nur diese. Auch der in der Gestapohaft abgefasste Bericht von Dr. Goerdeler ist für Historiker nur bei richtiger Einschätzung der

Entstehung und der Beweggründe für diesen Bericht wertvolles Material. Von denjenigen, in deren Köpfen der Plan für diesen militärischen Umsturz entstanden ist, in deren Händen die Fäden zusammenliefen und die die Verantwortung für den Befreiungsversuch des 20. Juli auf sich genommen haben, gibt es keine Aufzeichnungen und auch keine Aussagen. Sie überlebten diese Nacht nicht. Sie wurden in der Nacht vom 20. auf den 21. Juli 1944 auf Befehl des Generalobersten Fromm im Bendlerblock erschossen: Generaloberst Ludwig Beck, General der Infanterie Friedrich Olbricht, Oberst des Generalstabes Claus Schenk Graf von Stauffenberg, Oberst des Generalstabes Albrecht Ritter Mertz von Quirnheim[3] und Oberleutnant Werner von Haeften.

Dieses Taschenbuch ist keine zusammenfassende Darstellung der Geschichte des 20. Juli 1944. Im Literaturverzeichnis sind wichtige Veröffentlichungen zu diesem Komplex in subjektiver Auswahl angegeben. Dieses Buch ist in erster Linie dem Chef des Allgemeinen Heeresamtes im Oberkommando des Heeres, dem General der Infanterie Friedrich Olbricht gewidmet, dessen volles Vertrauen ich seit meiner Verheiratung mit seiner Tochter Rosemarie im Sommer 1942 besass, dem ich bei der Planung und Vorbereitung des Umsturzversuches behilflich sein durfte und der mich am Abend des 20. Juli 1944 zu sich in das Allgemeine Heeresamt rief, um mich über den Ablauf des Tages und das Scheitern des Befreiungsversuches zu unterrichten und verschiedene, andere Beteiligte belastende Unterlagen nach Möglichkeit dem Zugriff der Gestapo zu entziehen. Ich fühle mich gegenüber den Männern und Frauen des deutschen Widerstandes gegen den Nationalsozialismus verpflichtet, mein aus diesem Vertrauensverhältnis zu meinem Schwiegervater resultierendes Wissen um die Vorbereitungen des Aufstandsversuches, die Pläne und Ziele der Verantwortlichen, die Motive ihres Handelns, den Ablauf des Tages und die Gründe des Scheiterns der Öffentlichkeit zugänglich zu machen – insbesondere auch um die inzwischen in der Literatur weit verbreiteten Fehlinformationen und

---

[3] Die Namensbezeichnung des Oberst Mertz von Quirnheim wird in der Literatur unterschiedlich angegeben: z.T. Merz. Richtig ist Mertz – wie es auch in der Rangliste des Deutschen Heeres 1931 angegeben ist.

Falschdarstellungen, seien sie nun Folgen mangelnden Wissens oder auch vorsätzlicher Falschbehauptungen, richtigzustellen.

Dem Attentatsversuch des Grafen Stauffenberg am 20. Juli 1944 im „Führerhauptquartier" in Rastenburg waren zahlreiche Attentatsversuche des militärischen Widerstandes auf Hitler vorausgegangen – zuletzt zwei Attentatsversuche des Oberst Stauffenberg am 11. Juli 1944 auf dem Obersalzberg bei Berchtesgaden und am 15. Juli 1944 in Rastenburg in Ostpreussen, die beide nicht zur Ausführung gelangten, weil am 11. Juli die nach Möglichkeit mit auszuschaltenden Hermann Göring und Heinrich Himmler nicht an der Lagebesprechung teilnahmen und am 15. Juli die Lagebesprechung, an der Göring und Himmler wiederum nicht teilnahmen, vorzeitig beendet worden war, noch bevor Stauffenberg Gelegenheit hatte, die mitgebrachte Bombe zu zünden. Alle drei Attentatsversuche sollten nach dem gleichen Plan ablaufen. Während der Lagebesprechung bei Hitler sollte eine durch Stauffenberg in einer Aktentasche eingeschmuggelte Zeitzünder-Bombe zur Detonation gebracht werden, um Hitler auszuschalten. Die physische Ausschaltung Hitlers war die Voraussetzung für die legale Ausgabe des sogenannten „Walküre-Befehls" durch den Befehlshaber des Ersatzheeres, der der Wehrmacht die Übernahme der vollziehenden Gewalt im Heimatkriegsgebiet und in den besetzten Gebieten ermöglichen sollte. Nachdem die früheren Attentatsversuche, die von Oberst i. Genst. Henning von Tresckow, dem Chef des Stabes der zur Heeresgruppe Mitte gehörenden 2. Armee, geplant und vorbereitet worden waren, sämtlich aus den verschiedensten Gründen nicht zur Ausführung kamen, übernahm schliesslich die Widerstandsgruppe um General Olbricht im Allgemeinen Heeresamt, die an sich im Rahmen dieses militärischen Befreiungsversuches für die Durchführung des auf ein gelungenes Attentat folgenden Umsturzes im Heimatkriegsgebiet und in den besetzten Gebieten zuständig war, auch die Durchführung des Attentates selbst. Die Voraussetzungen dafür waren zu diesem Zeitpunkt insofern gegeben, als der Chef des Stabes des Allgemeinen Heeresamtes, Oberst Stauffenberg, der am 15. Juni 1944 Chef des Stabes beim Befehlshaber des Ersatzheeres, Generaloberst Fromm, geworden war und in dieser seiner Eigenschaft fallweise Zutritt zu den Lagebesprechungen im Führerhauptquartier hatte. Da Hitler sein Hauptquartier praktisch nicht mehr verliess und ausserhalb der Lagebesprechung sich keiner der Mitverschworenen Zutritt zu Hitler verschaffen konnte, blieb als Gelegenheit für ein Attentat lediglich die tägliche Lagebesprechung im Hauptquartier übrig. Das Betreten des Hauptquartiers mit einer Schusswaffe war schon seit langem für jeden Besucher verboten. Demnach blieb nur die Möglichkeit eines Bombenattentats – vorausgesetzt es gelang, eine Bombe in die Lagebesprechung einzuschmuggeln. Stauffenberg erklärte sich zu einem solchen Versuch bereit. Obgleich er für die Durchführung des Umsturzes in Berlin in seiner neuen Eigenschaft als Chef des Stabes des Befehlshabers des Ersatzheeres unentbehrlich und unersetzbar war, stimmten Beck und Olbricht dem Vorschlag Stauffenbergs zu – wohlwissend, dass damit das Risiko des Misslingens erheblich vergrössert wurde. Es kam nun auch darauf an, dass Stauffenberg nach dem Attentat unverzüglich nach Berlin zurückkehren würde, um als Chef des Stabes des Befehlshabers des Ersatzheeres aktiv in das Geschehen eingreifen zu können.

Die militärische und strategische Situation Deutschlands hatte sich inzwischen so verschlechtert, dass ein weiteres Abwarten günstigerer Voraussetzungen für Attentat und Umsturz nicht mehr möglich war, ohne die Durchführung der Pläne überhaupt zu gefährden.

In diesem Attentats- und Umsturzversuch, für den er die Verantwortung trug, gipfelten die Pläne und Vorbereitungen der verschiedenen militärischen Widerstandsgruppen, die Friedrich Olbricht nach seiner Ernennung zum Chef des Allgemeinen Heeresamtes am 15. Februar 1940 in seinem Amt koordinierte.

2.
Die politische Ausgangslage
für den militärischen Widerstand
gegen den Nationalsozialismus

Als der seit dem 2. Dezember 1932 als Reichskanzler amtierende General von Schleicher am 28. Januar 1933 seinen Rücktritt erklärte, weil der Reichspräsident von Hindenburg eine von ihm vorgeschlagene Diktatur ablehnte und stattdessen – entsprechend den Bestimmungen der Verfassung des Deutschen Reiches – am 30. Januar 1933 den Führer der stärksten Fraktion im Deutschen Reichstag, Adolf Hitler, zum Reichskanzler berief, schlug die Stunde für den Beginn der nationalsozialistischen Gewaltherrschaft in Deutschland, die bis zur bedingungslosen Kapitulation am 8. Mai 1945 – also zwölf Jahre, drei Monate und acht Tage – andauerte. Übrig blieb ein geteiltes, verstümmeltes und weitgehend zerstörtes Land unter der Herrschaft der Siegermächte.

In der letzten freien Wahl zum Deutschen Reichstag am 6. November 1932 waren die Stimmen und Reichstagssitze der NSDAP erstmalig – nach bisher ständigem Zuwachs – von 37,8% auf 33,5% zurückgegangen; dennoch bildete sie angesichts der Aufsplitterung der nichtnationalsozialistischen Wählerstimmen auf die verschiedensten Parteien die stärkste Fraktion. Der Brand des Reichstages am 27. Februar 1933, den Kommunisten zur Last gelegt wurde, bildete den Vorwand für die Verhaftung führender kommunistischer Funktionäre und das Verbot der kommunistischen und sozialdemokratischen Presse.

Die von Hitler geforderte „Verordnung des Reichspräsidenten zum Schutz von Volk und Staat" vom 28. Februar 1933 setzte wichtige Grundrechte der Reichsverfassung ausser Kraft.

Die Reichstags-Neuwahl am 6. März 1933 brachte bei einer hohen Wahlbeteiligung von 89% den Nationalsozialisten zwar erhebliche Stimmengewinne auf 44% – jedoch nicht die erwartete und erhoffte absolute Mehrheit. Nur im Bündnis mit der „Kampffront Schwarz-Weiss-Rot", die von der Deutsch-nationalen Volkspartei unter Führung Hugenbergs im Verbund mit kleineren konservativen Parteien für diese Wahl gebildet worden war, ergab sich eine schwache Mehrheit von 52%. Als der Reichstag in seiner neuen Zusammensetzung unter Leitung Görings als Reichstagspräsident zusammentrat, verabschiedete er am 24. März 1933 bei verfassungswidrigem Ausschluss der Abgeordneten der KPD mit den Stimmen aller Parteien – mit Ausnahme der Sozialdemokratischen Partei Deutschlands – das berühmt-berüchtigte „Ermächtigungsgesetz", das „Gesetz zur Behebung der Not von Volk und Reich". Das Gesetz war zunächst auf einen Zeitraum von vier Jahren begrenzt, es wurde am 1. April 1937 für weitere vier Jahre verlängert. Es blieb de facto – wenn auch nicht de jure – auch nach Ablauf dieser vierjährigen Verlängerungsfrist über den 31. März 1941 hinaus in Kraft. Seine wichtigsten Bestimmungen waren:

Reichsgesetze können auch von der Reichsregierung beschlossen werden (Art. 1).

Reichsgesetze können von der Verfassung abweichen (Art. 2).

Mit diesem Gesetz waren die Demokratie in Deutschland beseitigt, die Volksvertretung entmachtet und entscheidende Bestimmungen der Verfassung ausser Kraft gesetzt.

Es war nicht das Ergebnis der so oft von den Nazis behaupteten „nationalsozialistischen Revolution", sondern es schuf erst die Voraussetzungen für alles, was an kriminellen Handlungen von den Nationalsozialisten in Deutschland nunmehr begangen und von ihnen als Revolution gefeiert wurde: die Aufhebung der freien Gewerkschaften am 2. Mai 1933, Auflösung aller Parteien, Beseitigung der Pressefreiheit, „Gleichschaltung", Judenverfolgung, Auflösung der Volksvertretungen der Länder und Übergang der Hoheitsrechte der Länder auf das Reich, Bruch internationaler Verträge. Nun konnten sich die Nazis quasi legitim „den Staat zur Beute machen" – und das taten sie konsequent, zielstrebig und mit durchschlagendem Erfolg, begleitet von einer alle damaligen Medien systematisch erfassenden Propaganda, die die Lüge und Verleumdung zum obersten Prinzip machte, und abgesichert durch eine kriminell handelnde staatliche Gewalt in

Form der Geheimen Staatspolizei, die alle Gegner des Systems aufspürte, ermordete oder in sogenannte „Schutzhaft" nahm.

So sah sich das deutsche Volk wenige Monate nach der sogenannten „Machtergreifung" einer kriminellen Staatsführung ausgeliefert, ohne allerdings in seiner Breite zunächst zu durchschauen, was da vor sich gegangen war. Erfolge des Regimes bei der Bekämpfung der Arbeitslosigkeit, Bau der Autobahnen, Wiedereinführung der allgemeinen Wehrpflicht, Aufkündigung des Versailler Vertrages, Rückgabe des Saargebietes und die Besetzung des entmilitarisierten Rheinlandes vernebelten die Blicke, so dass es vermutlich keiner allzu grossen Wahlfälschungen bedurfte, dass bei der sogenannten Reichstagswahl am 12. November 1933, bei der nur noch eine einzige Partei – nämlich die NSDAP – gewählt werden konnte und die verbunden war mit der Zustimmung zum Austritt des Deutschen Reiches aus dem Völkerbund, 92% der abgegebenen Stimmen für die Einheitsliste abgegeben wurden

Als schliesslich nach dem Tode des Reichspräsidenten von Hindenburg am 2. August 1934 auf der Grundlage des verfassungswidrigen „Ermächtigungsgesetzes" vom 24. März 1933 und in direktem Gegensatz zur Verfassung des Deutschen Reiches das Amt des Reichspräsidenten abgeschafft wurde und dessen Befugnisse auf den „Führer und Reichskanzler Adolf Hitler" übergingen, dieser damit Oberster Befehlshaber der Wehrmacht wurde und die deutsche Wehrmacht sofort auf Adolf Hitler ad personam vereidigt wurde, war die totale „Machtergreifung" vollständig vollzogen. (Eidesformeln siehe Anhang)

Obgleich sich bei der Niederschlagung der sogenannten Röhm-Revolte am 30. Juni 1934 gezeigt hatte, dass diese kriminelle Staatsführung auch vor der Ermordung ihrer politischen Gegner nicht zurückschreckte – eine staatlich gelenkte Mordaktion grossen Umfangs, die sogar nachträglich von der ihrer politischen Macht bereits entkleideten Volksvertretung durch ein Gesetz sanktioniert wurde –, bildeten sich im Untergrund oppositionelle Gruppen in den verschiedensten Lagern unseres Volkes, die allerdings mit unzulänglichen Mitteln und Möglichkeiten, aber unter Einsatz ihrer Existenz und ihres Lebens – bestrebt waren, diese kriminelle Gewaltherrschaft zu beseitigen.

Auch innerhalb der Reichswehr hatten sich – übrigens lange vor der sogenannten „Machtergreifung" – Gruppierungen gebildet, die das Aufkommen der Nationalsozialisten mit grösster Besorgnis beobachteten und die Gefahr dieser Bewegung für die Existenz des Vaterlandes erkannten. Hatte die Reichswehr noch am 8./9. November 1923 gemeinsam mit der bayerischen Landespolizei auf Befehl des von der Bayerischen Landesregierung zum Generalstaats-Kommissar unter Verhängung des Ausnahmezustandes in Bayern im September 1923 ernannten und mit der vollziehenden Gewalt ausgestatteten Regierungspräsidenten von Oberbayern Gustav Ritter von Kahr den Putschversuch Hitlers in München vereiteln können, so fehlten für ein abermaliges Eingreifen in den Jahren 1932 und 1933 jegliche gesetzlichen und verfassungsrechtlichen Grundlagen, da ihr Oberbefehlshaber, der Reichspräsident von Hindenburg, von dem ihm allein zustehenden Ausnahmerecht nach § 48 der Reichsverfassung keinen Gebrauch machte und wohl angesichts der politischen Entwicklung auch nicht mehr Gebrauch machen konnte. Hitler hat die Niederschlagung seines Putschversuches am 8./9. November 1923 nie vergessen. Am 30. Juni 1934 übte er späte Rache. Auch Gustav Ritter von Kahr wurde ein Opfer der staatlich gelenkten nationalsozialistischen Mordaktion.

Zu einem besonders aktiven und gewichtigen Oppositionskreis gegen den Nationalsozialismus innerhalb der Reichswehr, der sich in Dresden, dem Standort der 4. Infanteriedivision, gebildet hatte, gehörte auch der Chef des Stabes dieser Division, der spätere General der Infanterie Friedrich Olbricht. Viele führende Offiziere des Befreiungsversuches vom 20. Juli gehörten diesem Kreis an, den man als die wesentliche Keimzelle des militärischen Widerstandes gegen den Nationalsozialismus einzustufen hat.

Eine weitere Gruppierung des militärischen Widerstandes, die an späteren Vorbereitungen und der Durchführung des Befreiungsversuchs vom 20. Juli 1944 wesentlich beteiligt war, bildete sich im Offizierskorps des Potsdamer Infanterie-Regiments 9. Hatte man dort noch die Ernennung Hitlers zum Reichskanzler mit Begeisterung begrüsst, wandelte sich gerade in diesem traditionsreichen preussischen Infanterie-Regiment die Einstellung zum Nationalsozialismus schlagartig, als die kriminellen Handlungen der nationalsozialistischen Staatsführung ruchbar wurden. Viele Angehörige dieses Regimentes – allen voran der später zum Generalmajor beförderte Henning von Tresckow – stehen auf der Totenliste des 20. Juli 1944. Auch Axel von dem Bussche, der sich bereit erklärt hatte, auf Hitler ein Selbstvernichtungsattentat auszuführen (das durch eine nicht in seiner Person begründete Verkettung widriger Umstände nicht durchgeführt werden konnte), gehörte diesem Regiment an. Er gehört zu den ganz wenigen aktiven soldatischen Widerstandskämpfern, die die NS-Justiz nicht aufgespürt hat; er hat als schwer verwundeter Offizier den Krieg überlebt.

Bis zur Entmachtung der demokratischen Volksvertretung und dem Verbot der politischen Parteien im Deutschen Reich, also der Beseitigung der Demokratie, sahen es diese Offiziere jedoch nicht als die ihnen zukommende Aufgabe an, die NSDAP durch den Einsatz militärischer Macht mit Gewalt zu beseitigen. Die Verfassung der Republik hatte die Reichswehr durch Verweigerung des aktiven und passiven Wahlrechts für alle Soldaten politisch neutralisiert und ihr als Aufgabe – von besonderen Ausnahmefällen abgesehen – einzig und allein die Landesverteidigung zugewiesen. Dem entsprach auch das Verbot für alle Soldaten, Mitglied einer politischen Partei zu sein oder zu werden, durch den Chef der Heeresleitung, General von Seeckt, als diesem nach der Niederschlagung des Putschversuches im November 1923 auf Zeit die Reichsexekutive übertragen wurde.

Beide Bestimmungen, kein aktives und kein passives Wahlrecht, keine Mitgliedschaft in einer politischen Partei, wurden bezeichnenderweise auch nach der Machtergreifung nicht aufgehoben, als nur noch die NSDAP als politische Partei existierte – zweifellos auf Grund des tief wurzelnden Misstrauens Hitlers gegenüber dem Offizierskorps, insbesondere der Generalität. Nach der Machtergreifung wurden sich die oppositionellen Kreise der Wehrmacht jedoch bewusst, dass dieses System nur noch durch die Wehrmacht beseitigt werden konnte und auch beseitigt werden musste, um Deutschland vor dem Untergang zu bewahren. Man wusste zwar, dass man dabei mit vielen Sympathisanten aus allen politischen und gesellschaftlichen Kreisen des deutschen Volkes rechnen konnte, dass sich darunter auch Menschen befanden, die trotz aller Gefahren aktiv zur Mitwirkung bereit waren, und dass man deren Hilfe benötigen würde, wusste aber andererseits auch, dass einzig und allein die Wehrmacht über die Machtmittel verfügte, die für einen gewaltsamen Umsturz erforderlich waren.

Erste – im Februar 1938 von der Dresdener Oppositionsgruppe innerhalb des Wehrkreis-Kommandos IV unterstützte – Pläne des damaligen Chef des Generalstabes des Heeres, General der Artillerie Beck, zielten zunächst auf die Rehabilitierung und Wiedereinsetzung des durch Intrigen Himmlers ausgeschalteten Oberbefehlshabers des Heeres Generaloberst Freiherr von Fritsch ab, um die drohende Einflussnahme Himmlers auf die Führung der Wehrmacht abzuwenden. Der Versuch scheiterte an der fehlenden Geschlossenheit der Armee- und Korpsbefehlshaber des Heeres.

Der Versuch Becks, den Einmarsch in das Sudetenland durch Verweigerung der Ausführung der Befehle Hitlers im Oktober 1938 zu verhindern, scheiterte ebenfalls an der mangelnden Geschlossenheit der führenden Generalität. Der damalige Oberbefehlshaber des Heeres, Generalfeldmarschall von Brauchitsch, versagte seinem Chef des Generalstabes die Rückendeckung. Beck nahm seinen vorzeitigen Abschied.

Generaloberst Beck, der seit seiner Verabschiedung enge Kontakte zu allen militärischen Oppositionskreisen unterhielt, wurde insbesondere nach Ausbruch des 2. Weltkrieges klar, dass nur noch eine auf die physische Ausschaltung Hitlers gerichtete gewaltsame Aktion des Heeres eine Beseitigung des nationalsozialistischen Regimes herbeiführen konnte.

Aber erst als ein Mitglied des Dresdener Oppositionskreises, nämlich der spätere General der Infanterie Friedrich Olbricht, durch seine Ernennung zum Chef des Allgemeinen Heeresamtes am 15. Februar 1940 in eine der entscheidenden Schlüsselstellungen der Wehrmacht gelangte, konnte dieser Kreis mit der Realisierung bislang theoretischer Planungen und der systematischen Vorbereitung eines Umsturzversuches durch Teile der Wehrmacht durch Koordinierung der oppositionellen Gruppierungen innerhalb und ausserhalb der Wehrmacht planmässig beginnen.

3.
Die Bedeutung General Olbrichts
innerhalb des Widerstandes

Die Rolle, die der General der Infanterie Friedrich Olbricht als zentraler Organisator und Koordinator des Befreiungsversuches vom 20. Juli 1944 übernommen hatte, ist der Geheimen Staatspolizei erst nach und nach im Verfolg ihrer Ermittlungen und der Verhöre Überlebender bewusst geworden. Es gibt von ihm keine Denkschrift, keine schriftlichen Aufzeichnungen, keine Briefe, in denen er seine Pläne und Absichten zu Papier gebracht hatte und aus denen hätte erkennbar werden können, dass er derjenige war, in dessen Händen alle Fäden des weitverzweigten Widerstandes, der in dem Befreiungsversuch vom 20. Juli gipfelte, zusammenliefen und als desjenigen, der die Gesamtverantwortung für Vorbereitung und Durchführung trug. Er beteiligte sich nicht an geheimen Diskussionsrunden, in denen über die Notwendigkeit und die Möglichkeiten eines Attentats und eines gewaltsamen Umsturzes geredet wurde. Lediglich aus späteren Verhören Beteiligter wurde deutlich, dass Friedrich Olbricht die zentrale Persönlichkeit dieses Widerstandes war, bei der alle relevanten Informationen aus Wehrmacht und Wirtschaft, aus Politik und Gewerkschaften, aus Justiz und Verwaltung und aus dem Ausland zusammenliefen, und der in Absprache mit Generaloberst Beck und einem ganz kleinen Kreis absolut zuverlässiger Mitverschwörer die erforderlichen Entscheidungen traf.

Insofern tut sich auch die Nachkriegsgeschichtsschreibung so ausserordentlich schwer, der Bedeutung dieses Mannes für den Umsturzversuch des 20. Juli 1944 gerecht zu werden.

Friedrich Olbricht sah in seiner Ernennung zum Chef des Allgemeinen Heeresamtes die Chance, die oppositionellen Kräfte innerhalb des Heeres zu sammeln und für eine erfolgversprechende Aktion gegen die nationalsozialistische Staats-

und Kriegsführung zusammenzufassen. Gestützt auf das Vertrauen und den Rat des von allen militärischen und politischen Oppositionsgruppen als Führungspersönlichkeit des Widerstandes voll respektierten und anerkannten ehemaligen Chef des Generalstabes des Heeres, Generaloberst Ludwig Beck, begann er nach Übernahme seiner neuen Aufgabe innerhalb der Kriegsspitzengliederung der Wehrmacht mit der Ausarbeitung von Plänen, auf Grund derer die Wehrmacht in die Lage versetzt werden konnte, legal in den Besitz der vollziehenden Gewalt zu gelangen. Da Pläne dieses Ausmasses mitten im Krieg nicht verborgen bleiben konnten, benötigte er dafür die Zustimmung der obersten Führung der Wehrmacht – also auch Hitlers. Mit der Begründung, dass irgendwelche Vorbereitungen für die Abwehr möglicher feindlicher Luftlandungen oder für die Niederschlagung von Aufruhr unter den zahlreichen Fremdarbeitern und Kriegsgefangenen getroffen werden sollten, erlangte er für die Ausarbeitung der Pläne, die unter dem Stichwort „Walküre" erarbeitet wurden, die Zustimmung des Befehlshabers des Ersatzheeres, des Oberkommandos der Wehrmacht und ihres Oberbefehlshabers Adolf Hitler. Dieser behielt sich zwar die Auslösung des Stichwortes im Ernstfall selbst vor, stimmte aber zu, dass im Falle seiner Verhinderung die Befugnis zur Auslösung des Stichwortes auf den Befehlshaber des Ersatzheeres überging.

Schon bevor Olbricht Chef des Allgemeinen Heeresamtes wurde, hatten verschiedene oppositionelle Gruppen mehrfach Aktionen vorbereitet, die darauf abzielten, sich entweder auf irgendeine Weise der Person Hitlers zu bemächtigen oder ihn zu beseitigen. Es gab aber keinerlei realisierbare Pläne, was danach geschehen müsste, um den Nationalsozialisten die Macht im Staat zu entwinden. Olbricht vertrat konsequent den Standpunkt, dass die physische Ausschaltung Hitlers zum derzeitigen Zeitpunkt zwar unerlässlich für einen Umsturz in Deutschland war, dass der Tod Hitlers aber lediglich eine der entscheidenden Voraussetzungen für einen Umsturz sein würde, und dass deshalb Vorbereitungen getroffen und entsprechende Pläne ausgearbeitet werden müssten, dass und wie die Wehrmacht im Falle des Todes Hitlers die politische und militärische Gewalt wenigstens für einen vorübergehenden Zeitraum übernehmen könne. Die Wehrmacht war zu diesem

Zeitpunkt der einzige Machtfaktor in Deutschland, der dazu in der Lage war.

Ergänzend zu diesem offiziellen „Walküreplan" liess Olbricht von besonders vertrauenswürdigen Mitverschworenen Zusatzbefehle ausarbeiten, die die nationalsozialistische Staatsführung und die sie tragenden Organisationen im Reichsgebiet und in den besetzten Gebieten durch Wehrmachtseinheiten ausschalten sollten. (s. Anhang – drei Dokumente) Lediglich diese Zusatzbefehle, die nach einem gelungenen Attentat die Durchführung des geplanten Staatsstreiches ermöglichen sollten, unterlagen absoluter Geheimhaltung. Sie waren nur einzelnen wenigen Mitwissern bekannt und existierten nur in wenigen Ausfertigungen, die in wechselnden Verstecken ausserhalb des Amtes verborgen wurden. Die Geheimhaltung war so perfekt, dass sie tatsächlich bis zum 20. Juli 1944 niemals gefunden wurden. Auch ich selbst, der ich einige dieser Zusatzbefehle nach handschriftlichen Manuskripten mit der Schreibmaschine mit Kopien abgeschrieben habe, erfuhr niemals, wo sie versteckt wurden. Nur manchmal, wenn das Versteck gewechselt worden war, erfuhr ich hinterher, wo sie waren – aber niemals etwas über das neue Versteck.

Die nach dem Krieg aufgetauchte Version, Stauffenberg sei darüber besorgt gewesen, dass die Gestapo sich Nachschlüssel von den Panzerschränken im Allgemeinen Heeresamt beschafft habe und dadurch Kenntnis von den Walküre-Befehlen erlangen könnte, erscheint mir fragwürdig. Zum einen hätte man die Schlösser dann ausgewechselt, zum anderen kam es auf die Geheimhaltung der offiziellen Walküre-Befehle vor der Gestapo gar nicht an. Wichtig waren nur die Zusatzbefehle der Verschwörer, und diese befanden sich vor den Attentatsversuchen des Grafen Stauffenberg zu keinem Zeitpunkt in einem Panzerschrank des Allgemeinen Heeresamtes.

Generaloberst Fromm stand der nationalsozialistischen Staats- und Kriegsführung kritisch gegenüber. Er wusste, dass im Allgemeinen Heeresamt an Umsturzplänen gearbeitet wurde. Er hat das jedoch niemals verraten. Er war aber andererseits nicht bereit, sich aktiv an den Vorbereitungen des Staatsstreiches zu beteiligen. Er liess lediglich durchblicken, dass die Verschwörer im Falle des Gelingens des Attentats mit seiner Mitwirkung rechnen könnten – er im Sinne des legalen

„Walküre-Falles" also die „Walküre-Befehle" unterzeichnen würde. Bezeichnend für seine Einstellung ist eine Bemerkung von ihm – sinngemäss wiedergegeben: „Wenn ihr losschlagt vergesst den Keitel nicht". Ich habe einmal an einem Gespräch zwischen ihm und meinem Schwiegervater im Hause meines Schwiegervaters teilgenommen, in dem er sich bemühte, Fromm für eine vorbehaltlose Mitwirkung an den Vorbereitungen des Umsturzes zu gewinnen. Es war vergeblich! Fromm änderte seine Einstellung nicht. Als ich nach diesem Gespräch meinem Schwiegervater gegenüber die Bemerkung fallen liess, dass Fromm ein „falscher Fünfziger" und ein „dummer Hund" sei, meinte er: „Dumm ist er bestimmt nicht. Gelingt das Attentat, ist er der grosse Mann, misslingt es, hat er von nichts gewusst!"

Die Einstellung Fromms zeigte sich am 20. Juli abends, als er die Hauptbeteiligten ohne Gerichtsverfahren erschiessen liess – zweifellos in der Absicht, diese daran zu hindern, noch etwas über seine Mitwisserschaft auszusagen, und in der – allerdings vergeblichen – Hoffnung, ungeschoren davonzukommen.

4.
Persönlicher und dienstlicher Werdegang
des Generals der Infanterie
Friedrich Olbricht

Friedrich Olbricht wurde am 4. Oktober 1888 als einziges Kind des damaligen Oberlehrers der Realschule in Leisnig in Sachsen, Dr. phil. Richard Olbricht, und seiner Ehefrau Charlotte geb. Junge geboren. Dort besuchte er die Schule, bis sein Vater 1898 an das Gymnasium Albertinum zu Freiberg in Sachsen versetzt wurde, auf das er umgeschult wurde. Schon 1900 wurde sein Vater jedoch zum Direktor der Realschule in Bautzen ernannt. Die Familie siedelte nach Bautzen über, Olbricht kam auf das dortige Kgl. Sächsische Staatsgymnasium, auf dem er bis zum Abitur im Frühjahr 1907 blieb auch als sein Vater 1906 zum Direktor der Realschule in Chemnitz-Kassberg berufen wurde mit dem Auftrag, diese Schule zu einer Oberrealschule zu entwickeln.

Viele der Wesensmerkmale Olbrichts wurden in seinem Elternhaus geprägt. Sein Vater wird als ein besonders vielseitiger, begeisternder Lehrer geschildert, der – wie es in einem Lebensbild der Chemnitzer Oberrealschule heisst – von seinen Schülern schwärmerisch geliebt wurde. Er war ein begeisterter Bergsteiger und weckte auch in seinem einzigen Sohn die Liebe zur Natur und insbesondere auch zu den Bergen. Die Atmosphäre des Elternhauses vermittelte Olbricht ein breites humanistisches Bildungsideal, verbunden mit christlicher Frömmigkeit und ausgeprägter Vaterlandsliebe. Er war ein sehr guter Schüler mit vielseitigen Interessen, die nicht nur in der Schule, sondern auch und vor allem durch seinen Vater entwickelt und gefördert wurden. Als er im Frühjahr 1907 am Bautzener Staatsgymnasium die Reifeprüfung ablegte, wählte er jedoch nicht den der Familientradition entsprechenden Lehrerberuf – auch sein Grossvater war Lehrer –, sondern trat als Fahnenjunker in das Kgl. Sächsische 7. Infanterieregiment König Georg Nr. 106 in Leipzig ein. Eigentlich wollte er

Marineoffizier werden. Seine Bewerbung scheiterte jedoch an seiner Kurzsichtigkeit. Nach Absolvierung der Kriegsschule in Danzig wurde Olbricht Leutnant in seinem Regiment. Während seiner Leipziger Zeit verlor er seinen Vater, der im Jahre 1912 bei einer Bergtour in den Allgäuer Alpen tödlich verunglückte.

Als Leutnant und Regimentsadjutant des 7. Infanterieregimentes Nr. 106 rückte er zu Beginn des Ersten Weltkrieges ins Feld. Bis auf einen kurzen Einsatz des Regimentes an der Ostfront war Olbricht während des gesamten Ersten Weltkrieges an der Westfront im Einsatz – u. a. auch bei den schweren Kämpfen um Verdun im Frühjahr 1916, in denen das Regiment grosse Verluste erlitt. Über diese Kämpfe gibt es einen längeren Bericht des Regimentsadjutanten Olbricht, den er auf Wunsch seines Kommandeurs, Oberstleutnant von Schönberg, anfertigte und der in erster Linie für den Prinzen Friedrich Christian von Sachsen bestimmt war. Der Angriff, den das Regiment zwischen den Forts Douaumont und Vaux zur Eroberung des Caillette-Waldes zu führen hatte, blieb im Feuer französischer Artillerie, das schon damals Tag und Nacht von Flugzeugen und Fesselballons aus gelenkt wurde, und im Feuer von Maschinengewehren und Minenwerfern stecken. Der Bericht Olbrichts schliesst mit den Sätzen:

„Diese Tage vor Verdun, sie sind bisher äusserlich ruhmlos für das Regiment gewesen. Keiner wird später einmal in der Geschichte dieses Krieges dafür grosse Worte finden – wie für die gleiche Zeit des Ausharrens der anderen Regimenter vorn, aber es war ein stilles Heldentum, was da draussen geleistet worden ist. Wir, die wir mitten drin waren, wir wollen daher kein Lob, wollen nur denen, die mit unserem lieben erprobten Regiment durch enge Bande verknüpft sind, durch diese Zeilen sagen: Die Zeit vor Verdun zählt zu den schwersten Tagen, die das Regiment je gesehen. Wer sie miterlebt hat, der wird das Gigantisch-Übermenschliche dieser Tage und das, was ein jeder an seiner Stelle dabei geleistet hat, nicht vergessen und wird stumm derer gedenken, die treu ihrer Pflicht geblieben sind in stillem Heldentum."

Aus dieser Zeit stammt auch die persönliche Freundschaft zu den drei sächsischen Prinzen, dem Kronprinzen Georg, dem Prinzen Friedrich Christian und dem Prinzen Ernst

Heinrich. Von seinem Regiment wurde Olbricht in den Stab des in Friedenszeiten in Leipzig stationierten XIX. Armeekorps versetzt, wo er zum Hauptmann im Generalstab befördert wurde. Von dort aus wechselte er später in den Stab der 3. Armee über. Nach dem Waffenstillstand wurde er im Rahmen der Rückführung der Verbände der 3. Armee und insbesondere des XIX. Korps nach Leipzig und für die Demobilmachung der Verbände dieses Korps eingesetzt – Aufgaben, für die ebenso wie im Jahr 1945 bei Ende des Zweiten Weltkrieges keinerlei Erfahrungen vorlagen, auf die man sich hätte stützen können. Jetzt wurden andere Fähigkeiten von Generalstabsoffizieren erwartet und gefordert als während der Kampfhandlungen. In diesen ungewohnten Aufgaben bewährten sich die grossen menschlichen Qualitäten Olbrichts: seine Fähigkeiten in der Menschenführung, sein diplomatisches Geschick und sein verbindliches, liebenswürdiges Wesen, ohne die alle organisatorischen Erfahrungen als Generalstabsoffizier nicht zur Wirkung gekommen wären.

Unmittelbar nach Kriegsende heiratete Friedrich Olbricht am 28. Dezember 1918 die in der Provinz Posen geborene und dort aufgewachsene Eva Emma Therese Koeppel, Tochter des schon 1904 verstorbenen Thurn und Taxisschen Domänenpächters Friedrich Koeppel und dessen Ehefrau Valeska geb. Angelkorte. Der Ehe entstammten zwei Kinder, die am 29. November 1919 in Leipzig geborene Tochter Rosemarie – meine Frau – und der am 10. Mai 1922 in Dresden geborene Sohn Klaus, der als 19jähriger Leutnant an den Folgen seiner dritten an der Ostfront erlittenen Verwundung am 12. Oktober 1941 verstarb.

Die politischen Verhältnisse im Deutschen Reich waren chaotisch. An vielen Stellen meuterten die Soldaten, die Revolution gewann überhand. Am 9. November 1918 riefen nahezu gleichzeitig in Berlin der Sozialdemokrat Philipp Scheidemann auf der Treppe des Reichstages die Republik und der Spartakist Karl Liebknecht auf dem Platz vor dem Berliner Schloss die „Freie Sozialistische Republik" als Räterepublik nach sowjetischem Vorbild aus. Am 11. November wurde der Waffenstillstand unterzeichnet, der um 11.00 Uhr in Kraft trat. Kaiser Wilhelm II. legte die Krone des Königs von Preussen nieder und verzichtete „für alle Zeiten" auf die mit ihr verbundenen Rechte auf die Krone des deutschen Kaisers. Er entband gleichzeitig alle Beamten und Soldaten von dem ihm geschworenen Treueid.

In allen Teilen des Reiches kam es zu bewaffneten Auseinandersetzungen zwischen Revolutionären und Einheiten der in Rückführung befindlichen Armee. Durch das Gesetz der neuen Reichsregierung vom 6. März 1919 über die Bildung der vorläufigen Reichswehr wurde eine gesetzliche Grundlage zur Wiederherstellung der Ordnung im Deutschen Reich und die Erhaltung seiner Einheit geschaffen.

Auch und besonders in Sachsen war die Revolution ausgebrochen. Am 10. November 1918 wurden der König Friedrich August III. von Sachsen und wenige Tage später die Regierung von Sachsen gestürzt. An ihre Stelle trat ein Rat der Volksbeauftragten. Im Januar 1919 wurde das sächsische Heer aufgelöst. Die Ermordung des neuen sächsischen Kriegsministers Neuring am 12. April 1919 entfesselte einen Bürgerkrieg, der die neue sächsische Regierung veranlasste, die neue Reichsregierung um Hilfe zu bitten. Der neue Reichswehrminister Noske entsandte das Freikorps Maercker zur Wiederherstellung von Ruhe und Ordnung in Leipzig und Dresden. Am 11. Mai 1919 besetzten Verbände dieses Freikorps Leipzig.

In diesen Wirren zeigten sich das Verhandlungsgeschick Olbrichts und seine besonderen Fähigkeiten, zwischen erbitterten Gegnern zu vermitteln. Er war einer derjenigen, die sowohl das Vertrauen der Soldaten- und Arbeiterräte und der führenden Sozialdemokraten als auch das der Führer der Einheiten des Freikorps Maercker, mit denen er aus früherer Zeit kameradschaftlich verbunden war, besassen. Durch seinen persönlichen Einsatz gelang es ihm, blutige Auseinandersetzungen zu verhindern und der kampflosen Besetzung Leipzigs durch die Verbände des Freikorps Maercker den Weg zu ebnen. Diese seine besonderen Fähigkeiten führten dazu, dass er auf Bitten des neuen Oberpräsidenten der Provinz Sachsen, Otto Hörsing, von der Reichswehr vorübergehend als Verbindungsoffizier zur Provinzialregierung nach Magdeburg abkommandiert wurde.

1920 wird Hauptmann Friedrich Olbricht in den Stab der 4. Infanteriedivision nach Dresden versetzt. Sein weiterer militärischer Weg verzeichnet eine dreijährige Tätigkeit als Kompaniechef der 9. Kompanie des Infanterieregimentes 10 in Dresden bis zu seiner Versetzung 1926 in die Abteilung Fremde Heere (T 3) im Truppenamt des Reichsheeres, das die Aufgaben des durch den Versailler Vertrag verbotenen früheren Deutschen Generalstabes wahrnahm. Im Herbst 1931 wird er – inzwischen zum Major befördert – Kommandeur des I. (Jäger)-Bataillons im Infanterie-Regiment 10 in Dresden. 1933 wird er Chef des Stabes der 4. Infanteriedivision, 1934 zugleich Chef des Generalstabes des Wehrkreiskommandos IV in Dresden, des zweitgrössten Wehrkreises in Deutschland mit den Bereichen Dresden, Leipzig und Chemnitz. 1937 zum Generalmajor befördert, folgt 1938 seine Ernennung zum Kommandeur der Chemnitzer 24. Infanteriedivision, mit der er – inzwischen Generalleutnant geworden – ab 1. September 1939 am Polenfeldzug teilnimmt. Nach dessen Beendigung wird die Division an die Westfront in die Eifel verlegt.

Mit Wirkung vom 15.2.1940 wird die bisherige Vereinigung des Befehlshabers des Ersatzheeres mit dem Allgemeinen Heeresamt aufgehoben. General der Artillerie Fromm wird zusätzlich zum Chef der Heeresrüstung ernannt und bleibt gleichzeitig Befehlshaber des Ersatzheeres. Zum Chef des Allgemeinen Heeresamtes wird der Generalleutnant Friedrich Olbricht ernannt und nach Berlin versetzt. 1943 wird der inzwischen zum General der Infanterie beförderte Olbricht in Personalunion Chef des neu geschaffenen Wehrersatzamtes des Oberkommandos der Wehrmacht. In dieser seiner Eigenschaft unterstand er von da an Generalfeldmarschall Keitel, dem Chef des Oberkommandos der Wehrmacht direkt.

5.
Charakter, Eigenschaften, Fähigkeiten

Die Persönlichkeit Friedrich Olbrichts war geprägt durch ein liebenswürdiges, gewinnendes Wesen, eine ausgeprägte, immer wieder zutage tretende Hilfsbereitschaft gegenüber jedermann und eine tief in ihm wurzelnde Bindung an moralische Grundwerte menschlichen Lebens und Zusammenlebens. Sein verbindliches, freundliches Auftreten sicherte ihm oft von der ersten Begegnung an das Vertrauen und die Zuwendung seiner Gesprächspartner. Er konnte zuhören – und schweigen! Er war ein umsichtiger und fürsorgender und in seiner Menschlichkeit gütiger Vorgesetzter in allen Bereichen seiner soldatischen Aufgaben. Er war nicht der Typ eines Helden oder Draufgängers, sondern mehr ein klug abwägender, die Konsequenzen seines Handelns im voraus überdenkender umfassend gebildeter Offizier. Das breite Spektrum seiner Neigungen, das sich von künstlerischen Ambitionen – er zeichnete und malte gern und gut und war ein grosser Opernfreund, persönlich befreundet mit dem berühmten Dirigenten Professor Böhm – bis zu besonderen Interessen für Geschichte und Militärgeschichte erstreckte, sicherte ihm auf der Grundlage einer durch Elternhaus und Schule geprägten und geförderten humanistischen Bildung die Voraussetzungen für sein späteres Wirken und Handeln als Offizier in beiden Weltkriegen, in der Reichswehrzeit und schliesslich an der Spitze des Allgemeinen Heeresamtes.

Axel Freiherr von dem Bussche, den Olbricht für sein Vorhaben zu gewinnen suchte, äusserte sich in dem Interview durch Günter Marquardt für dessen Fernsehfilm über Friedrich Olbricht, der am 19. Juli 1987 erstmalig vom DDR-Fernsehen ausgestrahlt wurde, zur Person Olbrichts:

„Er war kein klirrender General. Er war menschlich sehr überzeugend, gelassener als viele andere. Er war ja wie Sie

Tusche-Zeichnung von Friedrich Olbricht (Original farbig)
Ansichtsbild seiner Heimatstadt Bautzen

wissen – ursprünglich, glaube ich, aus Sachsen. Er hatte noch einen Hauch des sächsischen Akzentes. Er hatte einen ruhigen Humor und in der Sache eine absolut überzeugende Seriosität und menschliche Wärme dabei. Vielleicht ist es besser zu sagen: nichts Klirrendes!"

Und Hermann Kaiser, der zum Kern des Widerstandes gehörte, schrieb am 1. Dezember 1941 über Friedrich Olbricht in sein (erhalten gebliebenes) Tagebuch: „Ernster, kluger, sehr sympathischer Mann. Er gibt zu erkennen, dass er noch auf christlicher Grundlage steht, diese sei aber in Gefahr, zerstört zu werden, und er meint, sie ist uns bereits verlorengegangen."

Eine Schulfreundin meiner Frau, die nach einem Bombenangriff im ersten Halbjahr 1944 im Hause meiner Schwiegereltern Aufnahme fand, erinnerte sich nach dem Krieg an diese Zeit: „Jene letzten Abende im späten Frühjahr und Sommer 1944 im Wildpfad werde ich nicht vergessen. Wir sassen im grösseren Kreise beisammen und fühlten uns in der Nähe des Generals auf seltsame Weise sicher. Er schien viele Fäden in der Hand zu halten. Sein grosses Wissen und die Art, wie er es auszudrücken verstand, hat wohl jeden Zuhörer bereichert. Innerliche Bescheidenheit und aufrichtige Freundlichkeit bestimmten sein Denken und Handeln. Wer ihn kannte., erinnert sich seiner in Hochachtung und Dankbarkeit."

Zwar konnte Friedrich Olbricht in besonderen Situationen von grosser Härte und Schärfe gegenüber Untergebenen und auch gegenüber Vorgesetzten sein – aber bei solchen Gelegenheiten wirkte er eher fremd, weil er plötzlich nicht mehr dem Bild entsprach, das sich andere von ihm gemacht hatten.

Dabei erwies er sich als Offizier an der Front immer wieder als besonders tapferer Soldat und später als umsichtiger, taktisch kluger und entschlossener und auch den persönlichen Einsatz in vorderster Linie nicht scheuender Generalstabsoffizier und Truppenführer. Es passte genau in das Bild, das man sich von ihm machen muss, dass er der erste Offizier seines Regimentes war, dem im Ersten Weltkrieg für persönliche Tapferkeit das Eiserne Kreuz verliehen wurde, dass er im Ersten Weltkrieg durch Verleihung der höchsten sächsischen Tapferkeitsauszeichnung, den „Militär-St.Heinrichs-Orden", geehrt wurde und dass er zu denjenigen Soldaten gehörte, denen als erste nach Abschluss des Polenfeldzuges das neu gestiftete Ritterkreuz des Eisernen Kreuzes verliehen wurde.

Dabei war er von aussergewöhnlicher Bescheidenheit – ja Zurückhaltung – und trat als Generalstabsoffizier immer hinter der Sache zurück. Pflicht- und Verantwortungsbewusstsein, Treue zu seinen Freunden und tiefe Vaterlandsliebe bestimmten sein Handeln in jeder Lebenslage. Seine besonderen militärischen Fähigkeiten als Generalstabsoffizier und Truppenführer, sein politisches Denken und sein diplomatisches Geschick kennzeichneten seinen soldatischen Weg.

Im geselligen Umgang zeigte er andere Seiten seines Wesens, wie Fröhlichkeit, Humor – jedenfalls in jüngeren Jahren – sowie Gastfreundschaft, bestrickende Liebenswürdigkeit als Gastgeber und Hausherr und weltmännische Gewandtheit im Umgang mit ausländischen Diplomaten und Offizieren. Er trank gern einen guten Tropfen Wein, rauchte auch gern eine gute Zigarre und genoss die von seiner Frau gepflegte gastliche Atmosphäre seines Hauses, die ihm Gelegenheit zu zwanglosen und vertrauten Gesprächen mit Gleichgesinnten bot, in denen er Bereitschaft und Entschlossenheit seiner Gesprächspartner zu gemeinsamem Handeln ausloten konnte. So war er auch als Gast bei den verschiedenen gesellschaftlichen Anlässen gern gesehen – auch alles Umstände, die ihm später bei der Bewältigung der sich selbst gestellten Lebensaufgabe von grossem Nutzen sein sollten.

Von allen Seiten wurde ihm Verehrung, Sympathie und Vertrauen entgegengebracht. Alle, die seine Freundschaft, seine Zuneigung und sein Vertrauen erwerben konnten, schätzten sich glücklich. Es ging von ihm eine eigenartige, wohl vor allem aus seiner Güte erwachsende Ausstrahlung aus, der sich eigentlich niemand entziehen konnte. Sogar aus den späteren Berichten des Reichssicherheitshauptamtes zum 20. Juli 1944 und auch in meinen Vernehmungen durch die Gestapo wurde erkennbar, dass selbst diese Leute ihm einen gewissen persönlichen Respekt nicht versagten und die Lauterkeit seiner Motive, seine Vaterlandsliebe und seine persönliche Integrität nicht anzweifelten.

6.
Fachliche und politische Voraussetzungen für Olbrichts Arbeit im Widerstand

Der persönliche und berufliche Lebensweg Friedrich Olbrichts schuf in Verbindung mit seinen charakterlichen Anlagen alle Voraussetzungen für sein späteres Handeln. Ein von tiefer Vaterlandsliebe, gläubigem Christentum und starkem Gerechtigkeitssinn geprägtes Elternhaus, eine humanistische breite Schulbildung und sein liebenswürdiges, verbindliches Wesen bilden das eine Fundament seiner menschlichen Entwicklung, sein Erleben im Ersten Weltkrieg an der Westfront – bei einem Infanterieregiment oft in vorderster Linie –, aber auch als Generalstabsoffizier in höheren Stäben, das bewusste Miterleben des militärischen Zusammenbruchs einer durch die politische Führung vor unlösbare Aufgaben gestellten und trotz aller Tapferkeit überforderten Armee mit der sich daraus ergebenden Gefahr für die Existenz des Vaterlandes und die ihn zutiefst erschütternden Erlebnisse im Polenfeldzug ein anderes.

Olbricht schreibt am 2.10.1939 in seinem privaten Tagebuch, das er während des Polenfeldzuges geführt hat: „Der Eindruck der Stadt (Warschau) war auf mich erschütternd. Es gibt tatsächlich kein Haus, das nicht einen Treffer hat. Eine Fülle von Häusern ist ausgebrannt, der Schutt hereingestürzt; sicher befinden sich unter dem Schutt in den Kellern noch erstickte Menschen. Die Brandbomben haben unerhört gewirkt. Alle öffentlichen Gebäude sind zerstört. Der alte Hauptbahnhof ist zerstört, der neue verschwunden. Das Schloss ist ausgebrannt, die Oper desgleichen. Nur das Belvedere, der Sitz Pilsudskis, der geschont werden sollte, ist so gut wie erhalten."

„Tief erschüttert es einen, wenn man die Parks oder Grünflächen sieht. Entweder sind Fliegergräber darin oder das Grab von Soldaten und Einwohnern. Es ist eine Tragödie von nie dagewesenen Ausmassen, die über diese Stadt hereingebrochen ist."

„Wenn jemand einen Eindruck haben will, welche Schrecken der Krieg hat, dann muss er nach Warschau fahren."

Die Erkenntnis, dass radikale politische Kräfte zu inhumanen, intoleranten und vor keiner Gewalt zurückschreckenden politischen Zuständen führen, musste sich unauslöschlich bei einem Offizier einprägen, dessen bisheriges Leben von Pflichterfüllung, Gehorsam und Treue zum Eid gekennzeichnet war. Seine Intelligenz, sein durch langjährige Generalstabstätigkeit geschultes Organisationstalent und seine als Frontoffizier, als Kompaniechef, als Bataillonskommandeur und später als Divisionskommandeur entwickelten Fähigkeiten zur Menschenführung wurden ergänzt durch die sein Verständnis für aussenpolitische und militärpolitische Entwicklungen und Möglichkeiten schulenden Auslandsreisen u. a. auch in die UdSSR –, die er im Rahmen seiner Aufgabenstellung in der Abteilung Fremde Heere des Truppenamtes der Reichswehr unternahm und die ihm auch wichtige, für seine spätere Arbeit im Widerstand nutzbringende internationale persönliche Kontakte ermöglichten. Als Chef des Stabes der Dresdener 4. Division ab 1933, der bei der Aufrüstung dann in das Generalkommando des Dresdener Wehrkreises IV umgewandelt wurde, kam Olbricht in engeren Kontakt mit innenpolitischen Aufgaben und Problemen, auf die ich noch an anderer Stelle zu sprechen komme.

So hatte Olbricht in den zurückliegenden drei Jahrzehnten seiner Laufbahn immer wieder vielfältige Möglichkeiten zu dienstlichen und persönlichen Kontakten zu bedeutenden Persönlichkeiten seines militärischen, geistigen, kulturellen und politischen Umfeldes, aus denen sich oft lebenslange Freundschaften entwickelten – wie z. B. durch die jährlichen Generalstabsreisen mit dem späteren Generaloberst Beck, die Kontakte zu dem Leipziger Oberbürgermeister Dr. Carl Friedrich Goerdeler, die Freundschaften zu den sächsischen Prinzen, der Verkehr mit den Militärattachés und Diplomaten während seiner fünfjährigen Tätigkeit in der Abteilung Fremde Heere. All' dies verschaffte ihm Einblicke in die politische und militärische Situation und Entwicklung, wie sie normalerweise einem Offizier der Reichswehr nicht zugänglich waren.

Entscheidend waren aber auch bei diesen persönlichen Beziehungen seine menschlichen Eigenschaften, die zur Folge hatten, dass er von den verschiedensten Menschen ins Vertrauen gezogen, informiert und um Rat angegangen wurde. So erfüllten sich in seiner Person, in seiner militärischen Laufbahn dank seiner besonderen Fähigkeiten und seines Überblicks über die Entwicklung alle Voraussetzungen für sein späteres Handeln.

7.
Vom Reichswehroffizier
zum Soldat im Widerstand

Niemals bis zu jenem verhängnisvollen 24. März 1933, an dem der Deutsche Reichstag sich durch das Ermächtigungsgesetz selbst entmachtete, dürfte Friedrich Olbricht ernstlich die Möglichkeit und die Notwendigkeit in Erwägung gezogen haben, dass eines Tages Soldaten den Versuch unternehmen müssten, diese Staatsführung mit Waffengewalt zu beseitigen. Die Ablehnung Hitlers und der NSDAP teilte er seit dem Putschversuch 1923 mit einzelnen anderen Offizieren der Reichswehr – insbesondere des Dresdener Standortes. Mit ihnen teilte er auch die Sorgen um die Entwicklung der politischen Situation in Deutschland für den Fall, dass eines Tages die NSDAP die politische Verantwortung in Deutschland übernehmen würde. Hitler und seine Gesinnungsgenossen haben aus ihren politischen Zielen und Absichten niemals ein Hehl gemacht. Dass die Herrschaft der Nazis den erneuten Weltkrieg zur Folge haben würde, der nur mit der völligen Vernichtung des Vaterlandes enden konnte, dass sie die Errichtung einer kriminellen Diktatur in Deutschland bedeuten würde, war für einen politisch interessierten Reichswehroffizier offenkundig. Da jedoch den Soldaten des Hunderttausendmann-Heeres jede politische Betätigung strikt untersagt war, stand Olbricht vor der Alternative zwischen Resignation – also Hinnahme der Entwicklung, evtl. vorzeitigem Abschied – oder Verbleib in der Armee und Nutzung aller Möglichkeiten der Warnung vor den zu erwartenden politischen und militärischen Konsequenzen gegenüber den in der Verantwortung stehenden Persönlichkeiten des Heeres. Deutschland konnte einen zweiten Weltkrieg auch rein militärisch nie überstehen. Für Olbricht kam nur diese zweite Alternative in Betracht. Seine Einstellung brachte ihn in enge Verbindung zu gleichgesinnten Offizieren der Dresdener Garnison, von denen viele später im Rahmen des Befreiungsversuchs eine massgebliche Rolle gespielt haben, wie z. B. Beck, von Witzleben, Oster, Thomas.

Als Olbricht im Jahre 1933, dem Jahr der nationalsozialistischen Machtergreifung in Deutschland, zum Chef des Stabes der Dresdener 4. Division ernannt wurde, aus dem dann 1934 das Generalkommando des Wehrkreises IV gebildet wurde, wurde Olbricht für seinen Befehlsbereich, der ganz Sachsen umfasste, zu der Persönlichkeit, an die sich alle oppositionellen Kräfte seines Einflussbereiches bei Übergriffen nationalsozialistischer Instanzen mit der Bitte um Rat und Hilfe wandten. Aus dieser Zeit stammten auch seine engen und vertrauensvollen Kontakte zu dem damaligen Oberbürgermeister von Leipzig, Dr. Goerdeler, der von den Nazis seines Amtes enthoben wurde und später als Motor des Widerstandes gegen den Nationalsozialismus im zivilen Bereich eine so bedeutende und tragische Rolle spielte.

Der sogenannte Röhm-Putsch am 30. Juni 1934 gab Olbricht erstmalig Gelegenheit, der kriminellen Staatsführung bei der Durchführung von Verbrechen in den Arm zu fallen. Alarmeinheiten der 4. Division verhinderten auf seinen Befehl die Ermordung von Systemgegnern – unter ihnen Prinz Ernst Heinrich von Sachsen – durch Mordkommandos der SS und befreiten diese Todeskandidaten aus deren Gewalt.

In der sogenannten Fritsch-Krise, die am 4. Februar 1938 durch die Entlassung des Oberbefehlshabers des Heeres, Freiherrn von Fritsch, des Reichskriegsministers von Blomberg und gleichzeitig des Aussenministers von Neurath ausgelöst wurde, unterstützte Olbricht den Admiral Canaris – seit 1935 Chef der Abwehr im Reichskriegsministerium – und General Beck bei ihren Bemühungen, Hitler zur vollen Rehabilitierung des wider besseres Wissen verleumdeten Oberbefehlshabers des Heeres, Generaloberst Freiherr von Fritsch, und dessen Wiedereinsetzung in sein Amt zu zwingen.

Das Kriegsministerium war aufgehoben worden, ein Oberkommando der Wehrmacht unter dem willfährigen General Wilhelm Keitel geschaffen worden. Hitler hatte sich dadurch zum unmittelbaren Oberbefehlshaber der Wehrmacht gemacht. Die Entlassungsgründe im Falle von Blomberg und von

Fritsch waren üble Intrigen der Nazis – im Falle von Fritsch von besonderer Niedertracht.

Generaloberst Werner von Blomberg war von Hitler zum ersten Generalfeldmarschall der deutschen Wehrmacht und zum Reichskriegsminister und Oberbefehlshaber der Wehrmacht ernannt worden, weil er ein dem Nationalsozialismus gegenüber besonders ergebener Wehrmachtsgeneral war und in einem ausgesprochenen Vertrauensverhältnis zu Hitler selbst stand.

Seine zweite Heirat – lange nach dem Tode seiner ersten Frau – wurde ihm zum Verhängnis. Die Gestapo ermittelte schon vor der Eheschliessung gegen diese zweite Frau, die angeblich ein für die Frau eines hohen Generals unwürdiges „Vorleben" hatte, ohne von Blomberg, als dessen Heiratsabsichten bekannt wurden, zu unterrichten und auch ohne Hitler, der bei der Heirat als Trauzeuge fungierte, zu informieren, und stellte über sie ein Dossier zusammen. Erst nach der Heirat händigte Göring (!), der ebenfalls Trauzeuge bei von Blombergs Hochzeit gewesen war, dieses Dossier Hitler aus, der die Angaben als wahr unterstellte und von Blomberg zum Rücktritt aufforderte. Dieser kam der Aufforderung nach, ohne jeden Versuch, die Vorgänge aufzuklären, weil er zutiefst betroffen darüber war, dass er das Vertrauen des „Führers" verloren hatte. Auch nach dieser unwürdigen Verabschiedung blieb er jedoch bis zuletzt ein getreuer Gefolgsmann Adolf Hitlers.

Generaloberst Werner Freiherr von Fritsch, der Oberbefehlshaber des Heeres, wurde durch zu diesem Zweck gefälschte Beschuldigungen der Gestapo der Homosexualität bezichtigt und daraufhin ebenfalls von Hitler aufgefordert, den Oberbefehl des Heeres „bis zur Klärung der gegen ihn erhobenen Vorwürfe" niederzulegen. Die Gestapo hatte von früher her eine Akte gegen einen homosexuellen ehemaligen Offizier der Reichswehr namens von Frisch, der – wie Generaloberst von Fritsch – in Berlin-Lichterfelde wohnte. Diese Akte wurde von der Gestapo so gefälscht, dass der Nachweis der Homosexualität auf den General von Fritsch umgelenkt wurde. Zwar sprach ihn ein Ehrengericht der Wehrmacht unter Vorsitz von Göring (!) von allen Vorwürfen frei, nachdem es die Machenschaften der Gestapo aufgedeckt hatte. Fritsch wurde völlig rehabilitiert, jedoch nicht wieder in sein Amt als Oberbefehlshaber des Heeres eingesetzt und lediglich zum Chef eines Artillerie-Regimentes ernannt. Von Fritsch zog sich tief in seiner Ehre gekränkt und von den gegen ihn angezettelten Intrigen angewidert – in sein Privatleben zurück. Bei Beginn des Polenfeldzuges begab er sich zu seinem Regiment, bei dem er bei Kampfhandlungen den Tod suchte und sich nach schwerer Verwundung nicht bergen liess.

Beide Intrigen dienten Himmler zur Schwächung der Wehrmacht bei den internen Machtkämpfen der SS gegen Wehrmacht, Partei und Hitler selbst.

Im Sommer 1938 informierte Hitler die Generalität, dass er nunmehr nach dem gelungenen Anschluss Österreichs die „Sudetenfrage" lösen werde, und zwar durch Einmarsch der Wehrmacht in diese vorwiegend deutschstämmigen Gebiete im Nordteil der Tschechoslowakei. General Beck versuchte mit den ihm zur Verfügung stehenden Möglichkeiten, dieser Entwicklung entgegenzutreten. Da er als Chef des Generalstabes kein direktes Vortragsrecht bei Hitler hatte, versuchte er seiner Meinung durch eine Denkschrift vom 5. Mai 1938 Geltung zu verschaffen, war aber darauf angewiesen, dass der Oberbefehlshaber des Heeres, Generaloberst von Brauchitsch, diese Denkschrift Hitler vorlegte. Brauchitsch erkannte zwar die Analyse der militärischen und politischen Situation und die aus ihr gefolgerten Konsequenzen durchaus an, zögerte jedoch, sie Hitler vorzutragen. Beck bemühte sich daraufhin, Brauchitsch durch eine gemeinsame Stellungnahme der führenden Generalität des Heeres zur Weiterleitung seiner Denkschrift an Hitler zu zwingen.

Mit Datum vom 16. Juli 1938 verfasste er zu diesem Zweck – in Abstimmung mit der Dresdener Oppositionsgruppe, mit der er aus seiner Dresdener Zeit als Artillerieführer der 4. Infanteriedivision enge Kontakte hielt (insbesondere mit dem Kommandierenden General des aus der 4. Infanteriedivision hervorgegangenen IV. Armeekorps, General der Infanterie Wilhelm List, und seinem inzwischen am 1. 4. 1937 zum Generalmajor beförderten Chef des Generalstabes Friedrich Olbricht) – seine berühmt gewordene schriftliche Vortragsnotiz für v. Brauchitsch. In dieser Vortragsnotiz fasste er erneut seine Besorgnisse über die nationalsozialistische Staatsführung und seine Befürchtungen, dass die Politik Hitlers unweigerlich einen die Existenz des Deutschen Reiches schwer gefährdenden neuen Weltkrieg entfesseln würde, eindrucksvoll und überzeugend zusammen. U. a. schrieb er:

„Der Führer hält anscheinend eine gewaltsame Lösung der sudetendeutschen Frage durch Einmarsch in die Tschechei für unabwendbar. Er wird in dieser Auffassung bestärkt durch eine Umgebung verantwortungsloser, radikaler Elemente. Über die Einstellung von Göring ist man geteilter Auffassung. Die einen glauben, dass er den Ernst der Lage erkennt und versucht, auf den Führer beruhigend einzuwirken. Die anderen meinen, dass er, wie in dem Falle Blomberg und Fritsch, doppeltes Spiel treibt und umfällt, wenn er vor dem Führer steht."

„Die höchsten Führer in der Wehrmacht sind hierzu in erster Linie berufen und befähigt, denn die Wehrmacht ist das ausübende Machtmittel des Staates in der Durchführung eines Krieges."

„Es stehen hier letzte Entscheidungen über den Bestand der Nation auf dem Spiele. Die Geschichte wird diese Führer mit einer Blutschuld belasten, wenn sie nicht nach ihrem fachlichen und staatspolitischen Wissen und Gewissen handeln. Ihr soldatischer Gehorsam hat dort eine Grenze, wo ihr Wissen, ihr Gewissen und ihre Verantwortung die Ausführung eines Befehls verbietet."

„Finden ihre Ratschläge und Warnungen in solcher Lage kein Gehör, dann haben sie das Recht und die Pflicht vor dem Volk und vor der Geschichte, von ihren Ämtern abzutreten. Wenn sie alle in einem geschlossenen Willen handeln, ist die Durchführung einer kriegerischen Handlung unmöglich. Sie haben damit ihr Vaterland vor dem Schlimmsten, vor dem Untergang bewahrt."

„Es ist ein Mangel an Grösse und an Erkenntnis der Aufgabe, wenn ein Soldat in höchster Stellung in solchen Zeiten seine Pflichten und Aufgaben nur in dem begrenzten Rahmen seiner militärischen Aufträge sieht, ohne sich der höchsten Verantwortung vor dem gesamten Volk bewusst zu werden. Aussergewöhnliche Zeiten verlangen aussergewöhnliche Handlungen!"

Beck erreichte schliesslich, dass Brauchitsch die Heeres-

gruppen- und Armee-Befehlshaber sowie die Kommandierenden Generale und die Chefs der Generalstäbe der Heeresgruppen, Armeen und Korps zu einer Tagung am 15. August 1938
auf dem Truppenübungsplatz Jüterbog zusammenrief und
Beck Gelegenheit gab, seine Auffassung der versammelten
Generalität des Heeres vorzutragen. Brauchitsch erklärte anschliessend: „Ich beabsichtige, meine Stellungnahme zur gewaltsamen Lösung der tschechischen Frage und die sich
daraus ergebenden Folgerungen für die politische Leitung
dem Führer in den nächsten Tagen vorzutragen. Ich muss von
Ihnen, meine Herren, verlangen, dass Sie auf Gedeih und
Verderb hinter mir stehen und mir bedingungslos auf dem Weg
folgen, den ich zum Besten unseres deutschen Volkes gehen
muss."
Während der als Befehlshaber an der Westfront vorgesehene Generaloberst Adam die Auffassungen Becks vollinhaltlich
teilte und Brauchitsch bestätigte, dass auch er die Dinge so
sehe, erhoben die Generale von Reichenau, Busch und von
Rundstedt Bedenken – ohne jedoch eindeutig zu widerspre-
chen. Brauchitsch bestätigte seine Absicht – verwirklichte sie
aber nicht, als er kurz darauf in Jüterbog mit Hitler zusammen-
kam. Tief enttäuscht bat daraufhin Beck am 18. August 1938
den Oberbefehlshaber des Heeres, seine Enthebung als Chef
des Generalstabes des Heeres bei Hitler zu erwirken. Brauchitsch kam dieser Bitte nach. Hitler genehmigte den Rücktritt
Becks am 21. August 1938.
Das Verhalten Brauchitschs und anderer führender Generale des Heeres brachte Olbricht zu der Erkenntnis, dass mit
einem geschlossenen Auftreten der Generalität gegen die
nationalsozialistische Staatsführung und Kriegspolitik auch in
der Zukunft nicht mehr gerechnet werden konnte. Zu lange
schon hatte eine verhängnisvolle Personalpolitik bei der Besetzung höherer Führungspositionen der Wehrmacht bewirkt,
dass opportunistische Generäle in Kommando- und Stabsstel-
len gelangten, die ihre Loyalität gegenüber Hitler und der
nationalsozialistischen Staatsführung höher bewerteten als
ihre Verantwortung für die Nation.
Durch seine fünfjährige Tätigkeit im Truppenamt kannte er
die meisten führenden Generäle des Heeres und der späteren
Luftwaffe persönlich. Er wusste daher, was er von Männern

wie Keitel, von Brauchitsch, vom Blomberg, von Reichenau und von Manstein, die Hitler bei seinen Bestrebungen, sich auch die Wehrmacht gefügig zu machen, behilflich waren und infolgedessen beim Aufbau der Wehrmacht in höchste Führungspositionen gelangten, bei seinen Bemühungen, dieses NS-System zu beseitigen, zu halten hatte.

Die Periode, während derer es möglich erschien, in Form von Denkschriften auf die Politik einzuwirken, um Schlimmes zu verhindern, war auch aus seiner Sicht mit dem negativen Ausgang dieses Versuches abgeschlossen. Aus beiden Erkenntnissen zog er für sich die Konsequenzen. Während Beck jedoch äusserlich resignierte und sich in den Ruhestand zurückzog und zur zentralen Figur des deutschen militärischen Widerstandes wurde, war Olbricht der Ansicht, dass der militärische Widerstand zu sehr geschwächt würde, wenn alle so handeln würden. Ihm erschien es richtiger, Männer des Widerstandes in Positionen innerhalb der Machtstrukturen der Wehrmacht zu bringen, aus denen heraus ein gewaltsames Vorgehen gegen den Nationalsozialismus mit Aussicht auf Erfolg unternommen werden konnte.

Das gemeinsame – letztlich vergebliche – Bemühen Becks und Olbrichts, das sich abzeichnende Unheil noch vor Ausbruch des Krieges und ohne Anwendung von Gewalt zu verhindern, begründete das besondere Vertrauensverhältnis zwischen diesen beiden gleichgesinnten Männern, das zur Grundlage des Befreiungsversuches wurde, der schliesslich am 20. Juli 1944 seinen tragischen Abschluss fand.

Als Friedrich Olbricht schliesslich am 15. Februar 1940 Amtschef des Allgemeinen Heeresamtes im Oberkommando des Heeres wurde, konnten die Pläne für eine Zusammenfassung der verschiedenen Oppositionsgruppen innerhalb und ausserhalb der Wehrmacht Gestalt annehmen. Nun war er bereit und entschlossen, die Verantwortung für eine Tat zu übernehmen, die in der deutschen Geschichte ohne Beispiel war. Es ging um die Rettung des Vaterlandes, um die Wiederherstellung der Ehre des deutschen Volkes und seines Ansehens in der Welt. Kein Einsatz und kein Opfer waren dafür zu gross.

8.
Das Allgemeine Heeresamt
im Oberkommando des Heeres

Mit dem Allgemeinen Heeresamt im Oberkommando des Heeres können nur die wenigsten heute noch eine halbwegs zutreffende Vorstellung verbinden. Um den Lesern dieses Taschenbuches jedoch verständlich zu machen, warum die Dienststellung eines Chefs des Allgemeinen Heeresamtes in der damaligen Zeit nahezu optimale Voraussetzungen für die Vorbereitung und Durchführung eines zentral gelenkten Staatsstreiches gegen die nationalsozialistische Staats- und Kriegsführung für eine dazu entschlossene Persönlichkeit bot, müssen die Aufgaben und Möglichkeiten dieses Amtes wenigstens verkürzt dargestellt werden.

Nach der Entlassung des Reichskriegsministers Feldmarschall Werner von Blomberg im Jahre 1938 infolge der von Himmler gegen ihn angezettelten Intrige übernahm Hitler selbst die Funktionen des Reichskriegsministers. Die Funktionen des Reichskriegsministeriums gingen auf das dem Oberbefehlshaber des Heeres direkt unterstellte neu geschaffene Allgemeine Heeresamt (AHA) über. Mit der Mobilmachung (1939) wurde das AHA organisatorisch mit dem Amt des neu geschaffenen Befehlshabers des Ersatzheeres (General der Artillerie Friedrich Fromm) zusammengefasst. Mit Wirkung vom 15.2.1940 erfolgte die Auflösung dieser Verbindung zwischen dem Allgemeinen Heeresamt und dem Befehlshaber des Ersatzheeres. Letzterer wurde zugleich Chef der Heeresrüstung. Chef des AHA wurde Generalleutnant (ab 1. 6. 1940 General der Infanterie) Friedrich Olbricht. Die unmittelbare Unterstellung des AHA unter den Oberbefehlshaber des Heeres wurde abgelöst durch die Unterstellung unter den Chef der Heeresrüstung und Befehlshaber des Ersatzheeres. Diese Neuregelung der Unterstellung des Chefs des Allgemeinen Heeresamtes hatte allerdings für Olbricht den gravierenden Nachteil, dass er – von Ausnahmefällen abgesehen – kein direktes Vortragsrecht beim Oberbefehlshaber des Heeres hatte und nur ganz selten von Hitler selbst zum Vortrag zugelassen wurde. Das galt natürlich ebenso für seinen Chef des Stabes. Ich erinnere mich nur an einen Fall, in dem mein Schwiegervater – allerdings in seiner späteren Eigenschaft als Chef des Wehrersatzamtes im Oberkommando der Wehrmacht – zu Hitler zitiert wurde: er hatte die UK-Stellung („Unabkömmlichkeitsstellung vom Wehrdienst") für einen Teil der zahlreichen Berliner Theaterfriseure aufheben lassen. Goebbels hatte sich dieserhalb bei Hitler beschwert und Olbricht musste sich bei Hitler im Hauptquartier melden. Hitler bekam einen Tobsuchtsanfall und ordnete die sofortige erneute UK-Stellung an. Ich erinnere mich an diesen Fall so gut, weil mein Schwiegervater zur Meldung bei Hitler – wie grundsätzlich jeder andere auch – im Dienstanzug mit Degen erscheinen musste. Da er normalerweise zum Dienstanzug niemals den Degen trug, war dieser nicht aufzufinden. Im ganzen Hause wurde nach dem Degen gesucht – vergeblich! Schliesslich flog mein Schwiegervater mit einem Ehrendegen, der ihm früher einmal von einer ausländischen Armee verliehen worden war – ich glaube es war ein ungarischer Ehrendegen.

Das Allgemeine Heeresamt war zuständig für

1. Die Erfassung und Darstellung der personellen und materiellen Möglichkeiten des Deutschen Reiches während des Krieges zwecks optimaler Erfüllung der Forderungen der Kriegsführung.

2. Erfassung, Musterung, Aushebung und Verteilung der Wehrfähigen für den Wehrdienst; Überwachung, Einteilung und Vorbereitung der Einberufung der nicht im aktiven Wehrdienst stehenden Wehrfähigen;

3. Beschaffung und Verteilung der Pferde und sonstiger für den Kriegsdienst verwendbaren Tiere;

4. Ausarbeitung der Entwicklungs- und Beschaffungsforderungen für Waffen, Gerät aller Art und Munition; Ergänzung von Kraftfahrzeugen, Betriebsstoff und Bereifung durch Einziehung aus der privaten Wirtschaft;

5. Entwicklung, Beschaffung und Verwaltung der Bekleidung und persönlichen Ausrüstung der Soldaten;

6. Planung und Verteilung der Unterbringung der Truppe,

Dienststellen und Einrichtungen (des Ersatzheeres) einschl. Truppenübungsplätze.

7. Rechtsfragen;
8. Sanitäts- und Veterinärwesen;
9. Bearbeitung aller Grundsatzfragen in den Bereichen
   a) Rang- und Vorgesetztenverhältnis,
   b) Disziplinar- und Militärstrafrecht,
   c) Beschwerderecht,
   d) Urlaub,
   e) Wohlfahrtseinrichtungen,
   f) Militärseelsorge
   und Erlass der hierzu erforderlichen Vorschriften.

Darüber hinaus war das AHA auch bei der Vorbereitung und Formulierung einschlägiger Gesetze und Durchführungsverordnungen beteiligt.

Die Zuständigkeiten des Allgemeinen Heeresamtes gingen also weit über die Belange des Heeres hinaus, was u. a. im Bereich des Personal-Ersatzwesens dazu führte, dass im Jahre 1943 ein besonderes Wehrersatzamt im Oberkommando der Wehrmacht geschaffen wurde, dessen Leitung ebenfalls General Olbricht übertragen wurde. In seiner Eigenschaft als Chef des Wehrersatzamtes im OKW war Olbricht nunmehr direkt dem Chef des OKW, Generalfeldmarschall Wilhelm Keitel, unterstellt.

Das Allgemeine Heeresamt war in 20 bis 25 Abteilungen (die Zahl und Aufgabenstellungen der Abteilungen wechselten im Verlauf des Krieges ständig) gegliedert. Dem Chef des AHA unterstanden ca. 4000 Offiziere und Wehrmachtsbeamte sowie ca. 150.000 Soldaten und Wehrmachtsangestellte. Im Stab des Allgemeinen Heeresamtes waren jedoch lediglich 63 Offiziere und 34 Beamte tätig (Stand 10. 6. 1944).

Die Fülle der Aufgaben des Allgemeinen Heeresamtes und dessen Zuständigkeit in vielen Bereichen für die gesamte Wehrmacht ermöglichten dem Chef des AHA einen Einblick und Überblick über die gesamten personellen, materiellen und auch politischen Möglichkeiten des Deutschen Reiches während des 2. Weltkrieges wie kaum einem anderen. Sie verschafften Olbricht persönliche Kontakte zu führenden Persönlichkeiten aller Bereiche, die er für die planmässige Vorbereitung seiner Ziele nutzte. Was dem Chef des AHA indes fehlte, war die Kommandogewalt über Kampf- und Ersatztruppen-truppenteile der Wehrmacht. Nur als Vertreter von Fromm unterstanden ihm die Einheiten des Ersatzheeres auch diszipli-narisch.

Zu der organisatorischen Schlüsselstellung des Allgemeinen Heeresamtes kam für die Durchführung eines militärischen Aufstandes gegen das NS-Regime noch ein weiterer Umstand von besonderer Bedeutung hinzu: Im Allgemeinen Heeresamt befand sich der zentrale Nachrichtenbunker mit direkten Telefon- und Fernschreibverbindungen zu allen Wehrmachts-dienststellen im Heimatkriegsgebiet, im Generalgouvernement Polen, im Reichsprotektorat Böhmen und Mähren, in den besetzten Gebieten und an der Front. Es gab keine auch nur annähernd mit dieser Nachrichtenzentrale vergleichbare Stelle überhaupt – auch nicht die Nachrichtenzentralen in den diversen „Führerhauptquartieren". Von dort aus konnte man – wenn diese Nachrichtenzentrale der Wehrmacht ausfiel oder von dem betreffenden „Führerhauptquartier" aus nicht er-reichbar war – nur über Umwegschaltungen die gewünschten Nachrichtenverbindungen herstellen. Deshalb kam es bei dem geplanten Umsturz so entscheidend darauf an, dass das „Führerhauptquartier" nach dem Attentat nachrichtenmässig so lange isoliert wurde, bis die Aktion „Walküre" einschliess-lich der Zusatzbefehle zu „Walküre" durchgeführt worden waren.

Viele seiner früheren Kameraden und Untergebenen – auch gelegentlich frühere Vorgesetzte – nutzten jede sich bietende Gelegenheit, wie Heimaturlaub oder Abkommandierungen, um Olbricht aufzusuchen, ihn über die Lage an der Front, die Sorgen und Probleme der kämpfenden Truppe usw. zu unter-richten und seinen Rat und Beistand zu erbitten.

Ich erinnere mich an einen Fall im Sommer 1943, der für Olbricht besonders prekär war. Im Generalstab des Heeres bestand begründete Befürchtung, dass der Roten Armee im Mittelabschnitt der Ostfront ein Durchbruch gelingen würde und dass sie dann ohne Gegenwehr durch das Generalgouver-nement Polen bis ins Reichsgebiet vorstossen könne. Die Vorbereitung und der Ausbau rückwärtiger Auffangstellungen waren demzufolge unerlässlich. Hitler hatte jedoch derartige vorbereitende Massnahmen strikt untersagt. Der Chef des

Generalstabes des Heeres entsandte daraufhin einen Offizier seines Stabes zu Olbricht mit der dringenden Bitte, solche Vorbereitungen zu treffen. Er könne sich aber für den Fall, dass Hitler von diesen vorbereitenden Massnahmen etwas erfahren würde, nicht auf diese Bitte des Generalstabes des Heeres berufen, sondern müsse alles auf seine eigene Kappe nehmen. Man werde in einem solchen Falle alles abstreiten. (Die daraufhin im Stabe des AHA ausgearbeiteten Pläne bildeten ein Jahr später die Grundlage für die Pläne, die Stauffenberg im Auftrag des Chefs des Oberkommandos der Wehrmacht Hitler vortragen sollte.)

Von besonderer Bedeutung für Olbricht war, dass er zu denjenigen Persönlichkeiten gehörte, die die tägliche bis in alle Einzelheiten gehende offizielle – natürlich streng geheime Lagekarte aus dem „Führerhauptquartier" zur Kenntnis erhielten. Hin und wieder wenn z. B. eine Besprechung mit dem verabschiedeten früheren Chef des Generalstabes, Generaloberst Ludwig Beck, in seinem Hause anstand – brachte er diese Lagekarte mit nach Hause, um die Kriegslage zu besprechen. Gelegentlich konnte ich auch bei solchen Besprechungen als stummer Zuhörer dabei sein. Ich erinnere mich an eine derartige Besprechung im Herbst 1942, als die Angriffspläne im Südteil der Ostfront mit dem Ziel der Eroberung von Stalingrad akut wurden. Die Gegend, der bei diesem Gespräch die besondere Aufmerksamkeit Becks galt, war die Nordflanke des Vorstosses auf Stalingrad. Beck zeigte mit dem Finger auf eine Stelle der Nordflanke und meinte: Hier wird der Russe angreifen, um mit allen noch verfügbaren Kräften unsere Angriffsdivisionen von ihren rückwärtigen Verbindungen abzuschneiden und einzukesseln. Hoffentlich werden hier besonders kampfkräftige motorisierte Verbände zur Abwehr eines solchen Flankenangriffs bereitgestellt! Als er erfuhr, dass diese Abschnitte von rumänischen Divisionen verteidigt werden sollten, sagte Beck das spätere Schicksal der 6. Armee in Stalingrad voraus. Einflussmöglichkeiten auf strategische Entscheidungen, die sich Hitler grundsätzlich selbst vorbehielt, hatte Olbricht jedoch nicht. Auf diese Weise bekam ich später auch mehrfach die Lagekarte zu sehen, als es um die vergeblichen Versuche des Entsatzes der 6. Armee nach deren Einschliessung ging.

Es kann nicht Aufgabe dieses Taschenbuches sein, den grossen und vielfältigen Verantwortungsbereich Olbrichts als Chef des Allgemeinen Heeresamtes aufzuzeigen. Es geht mir lediglich darum zu verdeutlichen, welche Möglichkeiten diese seine dienstliche Aufgabenstellung für die Planung, Vorbereitung und Durchführung des geplanten Staatsstreiches bot. Sie ermöglichten ihm von Berlin aus direkt unter den Augen der politischen Staatsführung, der Gestapo und des Sicherheitsdienstes –, ohne irgendwelchen Verdacht zu erwecken, Massnahmen vorzubereiten, die im Falle des Gelingens des geplanten Attentates die Durchführung eines Staatsstreiches ermöglicht hätten. Kein Armeebefehlshaber, kein Korps- oder Divisionskommandeur hätten solche Vorbereitungen treffen können. Allenfalls der Befehlshaber des Ersatzheeres verfügte über vergleichbare Möglichkeiten – aber dieser war kein Mann des Widerstandes.

9.
Mein eigener Weg zum Widerstand

Geboren im Kriegssommer 1917, wuchs ich nach dem 1. Welt-krieg in einem liberal-konservativen bürgerlichen Elternhaus in Berlin auf. Mein Vater Rudolf Georgi, 1879 in Leipzig als jüngstes Kind des langjährigen Oberbürgermeisters von Leip-zig, Dr. Otto Robert Georgi, geboren, war nach Absolvierung einer Banklehre als Juniorpartner seines Bruders Arthur Geor-gi in die Verlagsbuchhandlung Paul Parey in Berlin eingetre-ten; hatte als Reserve- und Landwehroffizier von 1914 bis 1918 am 1. Weltkrieg an der West- und Ostfront teilgenommen und nach Kriegsende wieder seine Tätigkeit als Mitinhaber des Verlages aufgenommen. 1911 hatte er die jüngste Tochter des Generals der Artillerie Karl Theodor Kehrer geheiratet.

Ich war das jüngste Kind unter drei Geschwistern, besuchte wie mein drei Jahre älterer Bruder das staatlich-preussische Arndt-Gymnasium in Berlin-Dahlem von der Sexta bis zum Abitur (1935) und wurde bereits mit zwölf Jahren begeistertes Mitglied der Bündischen Jugendbewegung. Elternhaus, Schu-le und Jugendbewegung prägten mich stark. Mein Vater war ein national eingestellter Deutscher – allerdings ohne jegliche monarchistische Ressentiments. Er lehnte die Nationalsozia-listen kompromisslos ab. Die gleiche politische Grundeinstel-lung herrschte im Arndt-Gymnasium, dessen Schülerschaft sich zu etwa zwei Dritteln aus Söhnen Dahlemer, Steglitzer und Zehlendorfer Bürger und zu etwa einem Drittel aus Söhnen meist adliger Grundbesitzer aus Ostpreussen, Pom-mern, Schlesien, Mecklenburg, Brandenburg und der Provinz Sachsen zusammensetzte. Im gleichen Sinne beeinflusste die Bündische Jugendbewegung ihre Mitglieder. Unsere Abnei-gung gegen die Hitlerjugend steigerte sich zum Hass, als wir 1933 nach dem gesetzlich verordneten Verbot der Bündischen Jugend aufgelöst und zwangsweise in das zur Hitlerjugend gehörende Jungvolk überführt wurden. Allerdings konnte ich bereits 1934 mit der Begründung, mich auf mein Abitur vorbereiten zu müssen, ganz offiziell aus der Hitlerjugend austreten, ohne dass mir daraus irgendwelche Schwierigkeiten erwuchsen.

Mein Berufswunsch, auf den mein Vater zunächst keinerlei Einfluss nahm, war, Jurist zu werden. So meldete ich mich auch zum Abitur an und wählte als Thema meiner Oberprima-Jahresarbeit ein juristisches Problem. Inzwischen waren die Nationalsozialisten in Deutschland an die Macht gekommen und zeigten ihr wahres kriminelles Gesicht. Mein Vater besprach daraufhin meinen Berufswunsch mit mir und erklärte mir: „Gib diesen Berufswunsch auf! Wir leben – wer weiss, wie lange noch – in einem Unrechtsstaat. In einem Unrechtsstaat kann man nicht dem Recht dienen wollen – sei es nun als Anwalt, als Richter oder als Staatsanwalt. Ich kenne Dich gut genug, Du würdest daran zu Grunde gehen. Such' Dir einen anderen Beruf!" Das überzeugte mich sofort und ich folgte dem Rat meines Vaters, Offizier zu werden. Die Reichswehr galt damals noch als eine von den Nationalsozialisten freie Insel im Staat, und man hielt es für wahrscheinlich, dass das auch so bleiben würde. Am 1. April 1935 trat ich nach bestandenem Abitur als Fahnenjunker in eine als Fahrabteilung getarnte Flakabteilung in Berlin-Lankwitz ein und besuchte im Jahr 1936 die (Heeres)-Kriegsschule Dresden, wo ich in der Fähnrichstanzstunde meine spätere Frau, die Tochter des späteren Generals Olbricht, und meine zukünftigen Schwiegereltern kennenlernte und mehrfach Gast in ihrem Hause war. Im Krieg nahm ich zunächst als Abteilungsadjutant einer motorisierten schweren Flakabteilung und dann im Stabe des I. Flakkorps am Frankreichfeldzug und später als Batteriechef einer der 18. Panzerdivision im Mittelabschnitt zugeteilten schweren 8,8 cm Flakbatterie am Russlandfeldzug teil. Im September 1941 fiel mein Bruder beim Übergang über den Dnepr, im Oktober verstarb der 19jährige Bruder meiner späteren Frau, der Leutnant Klaus Olbricht, an den Folgen seiner dritten Verwundung bei Dnepropetrovsk.

Zum 1. Dezember 1941 wurde ich zum ersten Generalstabsoffiziers-Lehrgang der Luftwaffe auf die Luftkriegsakademie nach Berlin-Gatow abkommandiert. Kommandeur der Luftkriegsakademie war zu diesem Zeitpunkt der spätere General der Flieger Dr. Robert Knauß. Er gehörte – was wir damals alle nicht wussten – zum militärischen Widerstand. Knauß nutzte seine dienstliche Tätigkeit im Rahmen der damaligen Möglichkeiten, um die angehenden Generalstabsoffiziere über die tatsächliche Situation, in der sich Deutschland militärisch und politisch befand, über die Kriegsaussichten und über die nationalsozialistische Führung umfassend zu informieren. Er lud auch zu diesem Zweck die in seinen Augen besonders belasteten NS-Grössen zu Vorträgen ein und verband diese Einladungen mit dem Hinweis, dass im Anschluss an diese Vorträge Diskussionen stattfinden würden, die auch kritische Aspekte beinhalten würden. Uns Lehrgangsteilnehmer forderte er auf, von diesen Möglichkeiten unbedingt Gebrauch zu machen, was in grossem Umfang genutzt wurde. Aus den Lehrgangsteilnehmern wählte Knauß mit Bedacht und Sorgfalt einzelne aus, die in diesen Diskussionen mit kritischen Fragen und Äusserungen besonders auffielen und die sich zugleich bei der Absolvierung des Lehrgangs als besonders qualifiziert für die spätere Verwendung als Generalstabsoffizier erwiesen. Diese empfahl er vor Abschluss des Lehrgangs für Aufgaben innerhalb der Kriegsspitzengliederung der Wehrmacht oder der Luftwaffe, um bei dem in Vorbereitung befindlichen Befreiungsversuch in möglichst wichtigen Positionen Generalstabsoffiziere zu wissen, die gegen die nationalsozialistische Staats- und Kriegsführung eingestellt waren und mit deren Mitwirkung man im Ernstfall rechnen konnte.

Meiner Auswahl für diese kleine Gruppe ging ein Gespräch zwischen General Knauß und mir gleich in den ersten Tagen des Lehrgangs voraus. Teil einer Art Prüfung, die einen vollen Tag in Anspruch nahm, war ein Aufsatz über das Thema „Ist die Politik Adolf Hitlers eine Friedenspolitik gewesen?". Ich hatte in der damaligen Situation nach Argumenten gesucht, mit der man die Bejahung dieser Frage untermauern konnte, und kam zu dem Ergebnis, dass Adolf Hitler die Erhaltung des Friedens angestrebt habe und die Absicht gehabt hätte, die Befreiung Deutschlands von den Fesseln des Versailler Vertrages auf friedlichem Wege zu erreichen. Das sei ihm allerdings nicht gelungen.

Wenige Tage später musste ich mich bei General Knauß

melden. Ich erwartete, dass er mir eröffnen würde, dass ich in der Prüfung, die tatsächlich wegen ihrer Eigentümlichkeiten auch bei mir erhebliche Wissens- und Bildungslücken offenlegte, versagt habe und wieder zur Truppe zurückversetzt würde. Darüber wäre ich nicht traurig gewesen. Es kam aber ganz anders. Der Kommandeur eröffnete mir, dass ich eine sehr gute Prüfung abgelegt hätte, es sei ihm aber unverständlich, dass ich jetzt – also Ende 1941 – noch den Standpunkt verträte, dass die Politik Adolf Hitlers eine Friedenspolitik gewesen sei. Diese törichte Aussage passe mit der Beantwortung der anderen Prüfungsfragen überhaupt nicht zusammen. Darüber wolle er sich mit mir unterhalten. Nachdem ich meine Fassung mühsam wiedererlangt hatte, offenbarte ich meinem Kommandeur meine wahren Ansichten über die Politik der Nationalsozialisten und erklärte die Formulierungen meines Aufsatzes mit dem Hinweis, dass es in der Situation, in der wir uns befänden, wenig sinnvoll sei, seine wahre Meinung über politische Fragen zu äussern, geschweige denn schriftlich von sich zu geben, und dass es für einen den Nationalsozialisten ablehnend gegenüber stehenden Generalstabsoffiziers-Anwärter klüger sei, seine wirkliche politische Einstellung nicht auf der Zunge zu tragen. Mit meinem jetzigen Bekenntnis hätte ich mich völlig in seine Hand gegeben.

Daraufhin empfahl mir General Knauß, zunächst einmal das mir bis dahin völlig unbekannte Buch von Gustave Le Bon, Psychologie der Massen, zu lesen.[4]

Er werde den Direktor der Akademie-Bibliothek anweisen, mir den Zugang zu der Abteilung der Bibliothek zu ermöglichen, in der die von den Nazis verbotenen Bücher, zu denen auch das Buch von Gustave Le Bon gehörte, aufbewahrt wurden – die sogenannten "Giftschränke". Nach dem Lesen dieses Buches solle ich mich wieder bei ihm melden, dann wolle er dieses streng vertraulich zu behandelnde Gespräch mit mir fortsetzen.

Das Buch von Gustave Le Bon wurde für mich zu einem Schlüsselerlebnis. Ich erkannte, dass alles das, was ich bisher

---

[4] Gustave Le Bon, französischer Sozialpsychologe, 1841-1931. „Psychologie des foules", 1895. Deutsche Übersetzung „Psychologie der Massen", 1908.

über die Nazis gedacht und empfunden hatte, von dem Verfasser vom Grundsatz her zu einem Zeitpunkt, als es die Nationalsozialisten noch gar nicht gab, durchdacht und analysiert worden war, und die Nazis die aus diesem Buch zu ziehenden Erkenntnisse mit grösster Perfektion praktizierten. Das erste anschliessende Gespräch mit General Knauß führte zu mehreren ganz offenen, meine Entwicklung entscheidend beeinflussenden Gesprächen. Knauß machte mir klar, dass es nicht genüge, die Handlungen der Nazis zu kritisieren und sie abzulehnen, sondern dass man auch bereit sein müsse, etwas dagegen zu unternehmen – selbst wenn das naturgemäss mit ausserordentlichen persönlichen Gefahren und auch mit Lebensgefahr verbunden sei. Man müsse mit grösster Vorsicht zu Werke gehen. Er wolle von mir aber wissen, ob ich im Ernstfall dazu bereit sei und ob „man" mit mir rechnen könne. Er wisse zu diesem Zeitpunkt noch nicht, ob ich überhaupt gebraucht würde – das hänge von der weiteren Entwicklung ab. Nachdem ich seine Frage uneingeschränkt bejaht hatte, machte er mich auf weitere verbotene Bücher aufmerksam, die ich mir dann aus den „Giftschränken" der Bibliothek geben liess.

Die wahre politische und sittliche Einstellung dieses klugen und besonnenen Generals, der bereits am 1. Weltkrieg teilgenommen und dann studiert und promoviert hatte, bevor er bei der Schaffung einer deutschen Luftwaffe wieder als Offizier übernommen wurde, enthüllt ein Gedicht, das er im August 1939 verfasst hatte. Er schickte es mir nach Ende des 2. Weltkrieges. Es ist im Anhang dieses Buches abgedruckt.

General Knauß konnte sich der Verfolgung durch die Gestapo durch Flucht in die Schweiz entziehen, noch bevor sie seine Zugehörigkeit zum Widerstand aufgedeckt hatte.

Wenige Wochen vor Beendigung des Lehrgangs wurde ich dann im Oktober 1942 „zum Generalstab kommandiert" – wie das damals hiess – und zum „Reichsminister der Luftfahrt und Oberbefehlshaber der Luftwaffe (General der Flakwaffe)" in Berlin auf die Stelle des 1. Generalstabsoffiziers dieser Dienststelle versetzt und mit der Leitung der Abteilung „Organisation und Einsatz" beim General der Flakwaffe beauftragt. General der Flakwaffe war zu diesem Zeitpunkt General Walther von Axthelm, der frühere Kommandierende General des I. Flakkorps, zu dem ich im Russland-Feldzug 1941 gehörte und der mir grosses persönliches Vertrauen und menschliche Sympathie entgegenbrachte. (Ihm verdanke ich in erster Linie meine vorzeitige Entlassung aus der Gestapohaft Ende Oktober 1944 und damit mein Überleben.)

Im Juli 1942 heiratete ich die Tochter des Generals der Infanterie Friedrich Olbricht. Bald nach unserer Hochzeit kam es zu dem für mich schicksalhaften Gespräch mit meinem nunmehrigen Schwiegervater. Die Initiative ging von mir aus. Ich stellte die Frage – und ich wusste, dass er ein Mann war, dem ich eine solche Frage stellen konnte –, wie lange die Wehrmachtsführung die kriminelle Staats- und Kriegsführung der Nazis, die zum Untergang Deutschlands führen müsse, eigentlich noch hinzunehmen gedenke. Sie mache sich doch mitschuldig an dieser Entwicklung, wenn sie weiterhin tatenlos zusehe, wie Deutschland in den Abgrund geführt werde. Mein Schwiegervater stimmte mir grundsätzlich zu, meinte aber zunächst, dass ein Umsturz nur von jüngeren Offizieren und Generalstabsoffizieren ausgehen müsse und nicht von älteren Generälen, die z. T. schon längst durch ihre Loyalität gegenüber dem herrschenden System in Mitschuld verstrickt seien. Ich erwiderte, dass m. E. ein Umsturzversuch der Wehrmacht wenn er Erfolg haben solle – nur von Generälen ausgehen könne, die mit Führungsaufgaben betraut seien und Kommandogewalt über militärische Verbände besässen. Es würden bestimmt genügend junge Offiziere und Generalstabsoffiziere bereit sein, bei einem solchen Umsturzversuch unter Führung massgeblicher Generäle mitzumachen. Es müsse doch noch Generäle geben, die sich nicht dem herrschenden NS-System angeschlossen hätten und demzufolge die Führung eines solchen soldatischen Aufstandes als Erfüllung ihrer Pflicht gegenüber ihrem Volk und ihrem Vaterland übernehmen müssten. Solche Generäle würden genügend Gefolgschaft unter Jüngeren finden.

Seine Gegenfrage, ob ich denn zu so etwas bereit sei – auch wenn dies mit grosser Lebensgefahr verbunden sein würde bejahte ich. Daraufhin offenbarte er mir schliesslich, dass er seit langem zu einer kleinen Gruppe von Offizieren gehöre, die einen gewaltsamen Umsturz vorbereiteten, und fragte mich, ob ich ihm dabei helfen könne und wolle. Absolute Geheimhaltung all' dessen, was ich im Zuge meiner Mitarbeit erfahren würde gegenüber jedermann sei zwingende Voraussetzung für eine eventuelle Mitwirkung meinerseits. Zu diesem Zeitpunkt konnte ich noch nicht ahnen, dass im Falle eines Scheiterns die Rachejustiz der Nazis auch vor der Verhaftung der Frauen und Kinder der an dem Umsturzversuch Beteiligten nicht zurückschrecken würde – wie wir das als zur Familie meines Schwiegervaters gehörend nach dem 20. Juli 1944 erleben mussten.

Diese absolute Geheimhaltung war natürlich oberstes Gebot bei meiner Mitarbeit im militärischen Widerstand. Sie brachte zwangsläufig schwierige menschliche Situationen mit sich. Natürlich wurde ich oft von guten Kameraden und echten Freunden, die über meine politische Einstellung Bescheid wussten, gefragt, ob denn nichts unternommen würde, um der kriminellen Staats- und Kriegsführung endlich das Handwerk zu legen. Und niemals konnte ich den Betreffenden auch nur andeutungsweise etwas von dem sagen, was ich wusste und tat. Ich hatte nur von dem Zeichner meiner Abteilung einen Spruch von Alfred Rosenberg, dem „Chefideologen der NSDAP" auf eine grosse Tafel malen lassen: „Du sollst der Kriegsführung vertrauen – auch wenn Du manches nicht verstehst" und diese Tafel in meinem Arbeitszimmer hinter meinem Schreibtisch anbringen lassen. Auf diesen Spruch verwies ich meine Gesprächspartner, die natürlich erkannten, wie das von mir gemeint war. Für einen Anhänger des NS-Systems war dieser Spruch dagegen ganz unverfänglich. Er schien meine nationalsozialistische Grundeinstellung und meinen Glauben an den Endsieg zu dokumentieren. Nur ein einziges Mal habe ich einem sehr engen Freund aus meiner früheren Pfadfindergruppe, Leutnant zur See Gerhard Loos, der mich wiederholt aufgesucht und auf die Notwendigkeit des baldigen Handelns nachdrücklich angesprochen hatte, etwas gesagt. Er war U-Boot-Offizier; das Gespräch fand wenige Tage vor dem Auslaufen seines U-Bootes zu neuer Feindfahrt statt. Er war davon überzeugt, dass er von dieser Feindfahrt nicht lebend zurückkommen werde, da unsere U-Boote im Frühjahr 1944 kaum noch Überlebenschancen hatten. Als er mir sagte „Ich komme von dieser Fahrt sicher nicht zurück, aber ich will vor dieser meiner voraussichtlich letzten Feindfahrt wenigstens wissen, ob nun endlich etwas unternommen wird", sagte ich ihm: „ Wenn Ihr auf See seid, geschieht es. Mit dieser Sicherheit kannst Du auslaufen. Gebe Gott, dass Du diesen Einsatz Deines U-Bootes doch lebend überstehst." Auf dieser Fahrt wurde sein Boot jedoch durch Wasserbomben eines britischen Kampfflugzeuges versenkt – er ist dabei gefallen.

Bei meiner Beteiligung am militärischen Widerstand habe ich den geschworenen Fahneneid auf Adolf Hitler niemals als Gewissensproblem empfunden. Durch einen Eid, der durch Strafandrohung erzwungen wurde, habe ich mich nicht gebunden gefühlt – weil für mich die Person des Eidnehmers die Inkarnation des Bösen und der Verderber meines Vaterlandes und in meinen Augen ein Verbrecher war. Ich fühlte mich meinem Volk und meinem Vaterland gegenüber verpflichtet und hielt es mit meiner Selbstachtung als Deutscher und als Soldat nicht für vereinbar, die mir durch die Umstände gebotene Möglichkeit, an dem Sturz und der Beseitigung dieses kriminellen Tyrannen im Rahmen meiner Möglichkeiten mitzuwirken, nicht zu nutzen. Über die möglichen Konsequenzen war ich mir von Anfang an völlig im klaren.

Zweifel hatte ich zunächst dagegen, ob meine Kenntnisse ausreichten, um beurteilen zu können, ob tatsächlich Hitler selbst der Initiator all' dieser kriminellen Handlungen und militärischen und politischen Fehlentscheidungen sei, oder ob nicht die schlimmsten Verbrechen seinen engsten Gefolgsleuten angelastet werden müssten. Es ging damals – wenn im Kameradenkreise über solche Dinge gesprochen wurde – der Spruch um: „Wenn das der Führer wüsste!" Und das war keineswegs von allen Gesprächsteilnehmern nur zynisch gemeint. Es war für mich – ich war damals 25/26 Jahre alt – einfach nicht vorstellbar, dass in einem einzigen menschlichen Gehirn so entsetzliche Dinge ausgedacht werden konnten, wie sie von den Nationalsozialisten begangen wurden. Ich konnte mir zunächst auch nicht vorstellen, dass von mir bewunderte hochdekorierte Offiziere in der engeren Umgebung Hitlers und so viele hohe Generale einem solchen Mann weiterhin Gefolgschaft leisten würden, wenn dieser tatsächlich für all' diese kriminellen Handlungen und militärischen Fehlentscheidungen verantwortlich wäre. Die Diskrepanz zwischen verbalen, von Vaterlandsliebe und Respekt vor der Leistungen „seiner „ Soldaten strotzenden Äusserungen und den Untaten der nationalsozialistischen Machthaber war so ungeheuerlich, dass ich das anfangs einfach nicht glauben konnte. Die Kriegserlebnisse im Russlandfeldzug waren aber so überzeugend, dass ich mich in meiner Ablehnung des Nationalsozialismus immer mehr bestärkt fühlte. Aber war daran wirklich Hitler selbst schuld? Hatte er diesen entsetzlichen völkerrechtswidrigen „Kommissar-Befehl", den ich bei Beginn des Russlandfeldzuges am 22.6.1941 meiner Batterie bekannt geben musste – nicht ohne hinzuzufügen, dass dieser Befehl ein Mordbefehl sei und ich jeden Batterieangehörigen, der sich bei Mordtaten auf diesen Befehl berufen würde, unnachsichtig auf Grund der Bestimmungen des geltenden Militärstrafrechts vor ein Kriegsgericht bringen würde – wirklich selbst ausgedacht, unterschrieben oder gekannt?

Genährt wurden diese Zweifel durch den völligen Meinungswechsel eines Offiziers, mit dem ich zusammen auf der Luftkriegsakademie gewesen war und der sich dort durch besonders kritische Bemerkungen über die Nazis hervorgetan hatte. Er war infolgedessen auch von General Knauß für die von ihm verfolgten Zwecke ausgewählt und nach Abschluss des Lehrgangs ins „Führerhauptquartier" versetzt worden. Bei einer gemeinsamen Schlafwagenfahrt von Rastenburg nach Berlin äusserte sich dieser mir gegenüber sinngemäss wie folgt: Unsere Kritik am Nationalsozialismus und am „Führer" selbst und an seinen strategischen Fähigkeiten war alles dummes Geschwätz. Seitdem ich ihn persönlich kennengelernt habe und ihn häufig bei den Lagebesprechungen und bei anderen Gelegenheiten erlebe, habe ich erkannt, dass nur der „Führer" selbst in der Lage ist, diesen Krieg siegreich zu beenden. Alles was er tut, tut er nur für Deutschland.

Aber das, was ich dann von meinem Schwiegervater über diesen Mann erfuhr, räumte alle aufgekommenen Zweifel aus. Es war Hitler selbst, der für all' das Schreckliche Verantwortung trug.

10.
Vorbereitung des Befreiungsversuchs

Mit Hitlers Machtantritt am 30. Januar 1933 – nach den
Bestimmungen der Verfassung formal völlig legal – bildeten
sich innerhalb und ausserhalb der NSDAP Zirkel, die Hitler
ausschalten wollten und die ihm deshalb nach dem Leben
trachteten. Ganz gewiss gab es keine „42 Attentate" auf Hitler,
wie Will Berthold in der zugkräftigen Titelfassung seines
Buches „Die 42 Attentate auf Hitler" behauptet, aber 42 mehr
oder weniger verbürgte Attentatsversuche mag es gegeben
haben. Sie haben grösstenteils mit dem militärischen Widerstand nichts zu tun und gehören deshalb nicht in dieses Buch.
Die Niederschlagung der Röhm-Revolte am 30. Juni 1934
diente Hitler und Himmler dazu, sich ihrer Gegner durch
Mord zu entledigen, wobei sich der Kreis der Opfer keineswegs auf Röhm und andere höhere SA-Führer beschränkte.
Auch der frühere Reichskanzler, General Kurt von Schleicher,
und seine Frau und der frühere Ministerpräsident von Bayern,
Gustav Ritter von Kahr, der den Hitlerputsch am 8. und
9. November 1923 in München niedergeschlagen hatte, und
viele andere wurden kurzerhand ermordet.

Verbürgt ist der Attentatsversuch von Johann Georg Elser,
einem überzeugten Kommunisten, der am Abend des 8. November 1939 im Bürgerbräukeller in München, wo Hitler an
diesem Tag eine Rede gehalten hatte, nach langen systematischen und planmässigen persönlichen Vorbereitungen des
Attentäters zur Ausführung gelangte. Hitler hatte zu diesem
Zeitpunkt allerdings den Bürgerbräukeller bereits verlassen
und befand sich in seinem Sonderzug, der ihn von München
nach Nürnberg brachte. Die Bombe richtete zwar grosse
Zerstörungen an, es gab mehre Tote und Schwerverletzte – es
wäre aber ein blanker Zufall gewesen, wenn sich Hitler –
vorausgesetzt, die Bombe wäre zu einem Zeitpunkt explodiert,

zu dem Hitler noch im Bürgerbräukeller gewesen wäre – unter den Opfern befunden hätte. Elser war ein Einzelgänger. Mit dem militärischen Widerstand hatte dieser Attentatsversuch nichts zu tun.

Meine persönliche Kenntnis von Attentatsversuchen beschränkt sich auf Attentatsversuche des militärischen Widerstandes, und zwar auf die Zeit zwischen dem Frühjahr 1943 und dem 20. Juli 1944. Von früheren Attentatsversuchen des militärischen Widerstandes hat mir mein Schwiegervater nie etwas gesagt. Ich bin insofern wie jeder andere auf die Nachkriegsliteratur angewiesen und kann derartige Berichte daher aus persönlichem Wissen weder bestätigen noch bezweifeln. Ich werde nur über solche Attentatsversuche des militärischen Widerstandes berichten, von denen ich damals vorher oder nachher Kenntnis erhalten habe. Fest steht jedenfalls, dass alle früheren Attentatsversuche, sofern sie über Absichten und Überlegungen hinaus gelangt sein sollten, keine realistische Grundlage im Sinne eines nachfolgenden Staatsstreiches hatten, da die Voraussetzungen dafür noch nicht geschaffen waren.

Die Einblicke, die Olbricht als Chef des AHA in die politische und militärische Lage gewann, die ständig zunehmende kriminelle Intensität der politischen Führung, der sich massgebliche Persönlichkeiten der obersten militärischen Führung nicht widersetzten, sondern sich im Gegenteil durch bedingungslosen Gehorsam gegenüber Hitler in schwere Mitschuld verstrickten, und die Sinnlosigkeit der dem deutschen Volk abverlangten Opfer veranlassten ihn, seine Vorbereitungen mit aller Energie – zugleich aber auch mit grösster Sorgfalt und vor allem auch grösster Vorsicht – zu treffen. Das Arbeitspensum, das er zu bewältigen hatte, war immens. Gingen schon allein die Aufgaben und die Verantwortung eines Chefs des Allgemeinen Heeresamtes im totalen Krieg über das eigentlich Menschenmögliche hinaus, so kamen dazu noch seine psychischen und physischen Belastungen als Organisator des Aufstandsversuches, wobei er nur einzelne wenige Helfer haben konnte. Er hat diese beiden Aufgaben in einzigartiger Weise bewältigt.

Dass ihm auch die zwingend gebotene Geheimhaltung seiner Vorbereitungen für den Umsturz in vollem Umfang gelungen ist, wird daran erkennbar, dass der Gestapo und dem Sicherheitsdienst bis zum 20. Juli 1944 keinerlei Einbruch in den militärischen Widerstand gelungen war, dass die Staatsführung vom Staatsstreich völlig überrascht wurde und sie sich über das Ausmass der Verschwörung und die eigentliche Rolle Olbrichts noch lange Zeit danach keine richtigen Vorstellungen machen konnten.

Für wie „vertrauenswürdig" Olbricht noch kurz vor dem Attentat galt, geht z. B. daraus hervor, dass Keitel ausgerechnet ihn unterrichtete, dass Gerüchte umliefen, dass im Allgemeinen Heeresamt Putschpläne geschmiedet würden – er möge doch sein besonderes Augenmerk darauf lenken. Olbricht war gewarnt – es blieb nicht mehr viel Zeit.

Ausgangspunkt aller Überlegungen Olbrichts war die in den zurückliegenden Jahren angesichts des Scheiterns zahlreicher Versuche zum Sturz Hitlers gewonnene Erkenntnis, dass 1. ein Versuch, die nationalsozialistische Staatsführung mit militärischer Gewalt zu stürzen, nur ein einziges Mal unternommen werden konnte; 2. die Wehrmachtsführung inzwischen durch planmässige Personalpolitik so von überzeugten Nationalsozialisten und willfährigen Opportunisten durchsetzt war, dass die Wehrmacht als geschlossenes Machtinstrument für einen Umsturz nicht mehr in Betracht gezogen werden konnte; 3. alle innerhalb der Wehrmacht zu einer Aktion gegen Hitler zuverlässig bereiten Personen und Gruppierungen für die Mitwirkung an diesem Aufstand gewonnen werden mussten, sofern sie sich in Positionen befanden oder in solche gebracht werden konnten, die für das Gelingen wichtig waren; 4. der Kreis der an den Vorbereitungen Beteiligten so klein wie irgendmöglich gehalten werden musste, um die Gefahr der Aufdeckung zu minimieren; 5. der Einsatz der an den Fronten kämpfenden Einheiten für den Aufstand nicht in Betracht kam, weil diese Verbände an der Front gebraucht wurden und sie ausserdem weder dem Befehlshaber des Ersatzheeres noch dem Allgemeinen Heeresamt unterstanden; 6. ein militärischer Aufstand nur Chancen hatte, wenn es gelang, Hitler – nach Möglichkeit gleichzeitig auch Himmler und Göring – physisch auszuschalten.

Olbrichts Pläne für die Beseitigung der nationalsozialistischen Gewaltherrschaft gliederten sich in drei Phasen, bei denen die zweite und dritte Phase jeweils das Gelingen der vorangegangenen Phase voraussetzten:

Phase I – Ausschaltung Hitlers – möglichst gleichzeitig auch Himmlers und Görings – durch ein Attentat und Unterbrechung aller Nachrichtenverbindungen des „Führerhauptquartiers".

Phase II – Übernahme der vollziehenden Gewalt in Deutschland und den besetzten Gebieten durch die Wehrmacht unter Führung von antinationalsozialistischen Befehlshabern.

Phase III – Bildung einer für die Feindmächte akzeptablen neuen nichtnationalsozialistischen Reichsregierung, die zum Abschluss eines Waffenstillstandes, zur Räumung der besetzten Gebiete und Vereinbarung eines die Existenz des Deutschen Reiches erhaltenden Friedensvertrages befugt und in der Lage war.[5]

Durch seine engen Verbindungen zu massgeblichen Persönlichkeiten der verschiedensten oppositionellen Gruppierungen im deutschen Volk – Repräsentanten der früheren, inzwischen verbotenen politischen Parteien und Gewerkschaften, oppositioneller Gruppierungen in den christlichen Kirchen beider Konfessionen, im diplomatischen Dienst, in der Wirtschaft, Justiz und Beamtenschaft – konnte er davon ausgehen, dass ein von der Wehrmacht unternommener erfolgreicher Umsturzversuch von wesentlichen Teilen des deutschen Volkes begrüsst und mitgetragen werden würde. Er wusste aber auch, dass all' diese Gruppierungen auf sich allein gestellt einen solchen Umsturz aus eigener Kraft in einer absoluten Diktatur mangels Machtmittel nicht bewirken konnten. Zur Vorbereitung eines solchen Umsturzversuchs war es zunächst erforderlich, die Verbindung zu den verschiedenen Widerstandsgruppierungen innerhalb der Wehrmacht herzustellen

---

[5] Trotz des von Roosevelt und Churchill in der Konferenz von Casablanca (14.-26.1.1943) postulierten Grundsatzes der bedingungslosen Kapitulation Deutschlands – „unconditional surrender" – glaubten die Verschwörer bis zuletzt, dass eine neue deutsche Reichsregierung, die nach dem Sturz der nationalsozialistischen Gewaltherrschaft durch die Wehrmacht die Verantwortung für das Deutsche Reich übernommen haben würde, zu erträglichen Bedingungen den Krieg beenden könnte. Inoffizielle Kontakte zu Politikern und Diplomaten Grossbritanniens und der Vereinigten Staaten von Amerika liessen dies zumindest als möglich erscheinen.

und alle diese oppositionellen Gruppen für eine gemeinsame Aktion zu gewinnen und deren Bestrebungen zusammenzufassen. Ausser der Dresdener Gruppierung, der er selbst angehörte, waren dies im wesentlichen Kreise der Abwehr - Admiral Canaris und Oberst Oster, in der Potsdamer Gruppierung des Infanterieregiments Nr. 9 – personifiziert durch von Tresckow – und im Führerhauptquartier selbst sein früherer Ia im Allgemeinen Heeresamt, Oberst d. G. Meichssner und Oberst d. G. Stieff. Massgeblicher Repräsentant des Widerstandes, der von allen Oppositionsgruppen als integrierende Persönlichkeit anerkannt wurde, war Generaloberst Beck, der von allen vorangegangenen Versuchen führender Militärs, Hitler zu stürzen, wusste, sie mit seinem Rat unterstützt hatte und über die besten Verbindungen zu diesen Persönlichkeiten verfügte. Auch Olbricht stand seit der Dresdener Zeit in immer enger werdender Verbindung zu Beck und gehörte spätestens seit 1938 zu Becks engsten Vertrauten bei der Vorbereitung eines Umsturzes. Mit ihm hielt Olbricht auch bei allen Überlegungen und wesentlichen Entscheidungen von 1940 bis 1944 engsten Kontakt, versicherte sich seines Rates und nutzte dessen Einfluss für seine Pläne.

Mehr als noch das Dienstzimmer Olbrichts im Allgemeinen Heeresamt wurde das Haus Wildpfad 24 in Berlin-Grunewald, in dem Friedrich Olbricht wohnte und in dem sich auch meine Privatwohnung befand, nun zu einem Treffpunkt der Verschwörer. Auch dabei musste natürlich grösste Vorsicht gewahrt werden, um keinen Verdacht zu erregen. Die Gespräche fanden meist nach Anbruch der Dunkelheit statt. Zu den Besuchern Olbrichts gehörten ausser den wichtigsten an der Verschwörung beteiligten Offizieren wie Generaloberst Beck, Generaloberst Erich Hoepner – der von Hitler ohne Disziplinar- oder Gerichtsverfahren zum Reiter Hoepner degradiert worden war, weil er entgegen dem Befehl Hitlers, keinen Fussbreit Boden aufzugeben, seine Verbände zur Begradigung der Front zwecks Stärkung der Abwehrmöglichkeiten gegen russische Angriffe in der Winterschlacht 1942/43 zurückgenommen hatte –, General der Infanterie Georg Thomas, der Chef des Wehrwirtschafts- und Rüstungsamtes – auch ein zu der Dresdener Widerstandsgruppe gehörender enger Vertrauter Olbrichts –, Ministerialdirektor Generalstabsrichter Dr.

Karl Sack, der Chefrichter des Heeres, Stauffenberg, v. Tresckow, Meichssner und unter anderen auch der Polizeipräsident von Berlin, Graf Helldorf, der SS-Gruppenführer Arthur Nebe, Chef des Reichskriminalpolizeiamtes, der die Verschwörer mit allen für sie wichtigen Informationen aus seinem Amt versorgte, Staatssekretär a. D. Erwin Planck, der Sohn des Nobelpreisträgers Professor Max Planck, der preussische Finanzminister Johannes Popitz und viele andere, darunter auch Hans Bernd Gisevius, der nach anfänglicher Mitarbeit beim Aufbau der Geheimen Staatspolizei im Krieg als Agent des Amtes Ausland/Abwehr in Zürich eingesetzt wurde und als Vizekonsul getarnt durch seine dortigen Kontakte zum US-Geheimdienst (Allen Welsh Dulles) Informationen für die Widerstandsbewegung beschaffte und dem US-Geheimdienst Botschaften des militärischen Widerstandes übermittelte.

Nur selten wurde ich zu diesen Gesprächen hinzugezogen meist nur dann, wenn ich die Gesprächspartner an irgendwelchen, vorher verabredeten Stellen in Berlin mit meinem (Luftwaffen)Dienstwagen abholte und dann nach der Besprechung an anderen Stellen wieder absetzte. Nicht immer erfuhr ich, wer bei meinem Schwiegervater gewesen war. Nur bei Besuchen des Grafen Helldorf, der eine besonders stark duftende Haarpomade benutzte, roch es so stark in der Garderobe, wo seine SA-Mütze abgelegt war, dass man sofort wusste, wer der Besucher war. Mein dienstliches Telefon als Angehöriger des Reichsluftfahrtsministeriums gab meinem Schwiegervater die Möglichkeit, Telefongespräche von diesem Anschluss aus zu führen, da die Gefahr der Telefonüberwachung bei meinem Anschluss nicht bestand.

Zum Kreisauer Kreis hielt Olbricht dagegen keine direkten Kontakte – obgleich einzelne Mitglieder dieses Kreises auch zu ihm Verbindung hielten –, weil dieser Kreis zum einen grundsätzlich einen Anschlag auf Hitler ablehnte und stattdessen den Umsturz auf dem Wege einer bedingungslosen Kapitulation gegenüber den Westmächten bewirken wollte und er zum anderen die Diskussion in diesem Kreis einerseits für wenig hilfreich für seine eigenen Pläne, andererseits für ausserordentlich gefährlich für die zwingend gebotene absolute Geheimhaltung des Unternehmens ansah.

Auch an den immer wieder von verschiedenen Gruppierungen des Widerstandes diskutierten Ministerlisten einer deutschen Regierung nach einem gelungenen Umsturz, in denen Olbricht als künftiger Kriegsminister genannt wurde, beteiligte er sich grundsätzlich nicht. Stets erwiderte er auf Fragen, welchen Ministerposten er in einem Kabinett unter Führung von Dr. Goerdeler oder Julius Leber übernehmen würde, dass er sich voll auf seine Aufgabe, den Umsturz vorzubereiten, konzentrieren wolle und alles weitere davon abhänge, wer einen Umsturz überleben würde. Er hielt alle diese Überlegungen für verfrüht und müssig. Er strebte überhaupt keinen Ministerposten an. Er nahm daher auch zu ihm vorgelegten Listen der Zusammensetzung einer künftigen Regierung niemals Stellung. Für ihn stand lediglich fest, dass Beck Reichspräsident oder Staatspräsident oder wie immer dieses Amt in einer neuen Verfassung bezeichnet werden würde, werden sollte. Die Entscheidung über die Zusammensetzung einer künftigen Regierung sollte nach seiner Auffassung nicht Sache der Wehrmacht sein.

Von Anfang an versuchte Olbricht, den Befehlshaber des Ersatzheeres, Generaloberst Fromm, für seine Pläne zu gewinnen, weil bei diesem die Kommandogewalt über die Heereseinheiten im Heimatkriegsgebiet lag. Fromm verhielt sich jedoch abwartend, wenn er auch zu erkennen gab, dass er den Umsturzplänen grundsätzlich positiv gegenüberstand – allerdings, ohne sie durch eigene Aktivitäten zu fördern. Olbricht konnte aber hoffen, dass Fromm bei Gelingen des Attentats auf der Seite der Aufständischen stehen würde.

Zu den engsten Vertrauten Olbrichts bei den Vorbereitungen gehörten ausser Beck zunächst Oberst Oster – bis zu dessen Entlassung aus dem aktiven Dienst (31.3.1943), Oberst Meichssner, Oberst von Tresckow und ab 1. Oktober 1943 sein neuer Chef des Stabes, Oberstleutnant d. G. Claus Schenk Graf von Stauffenberg, den er während dessen vorangegangener Tätigkeit im Generalstab des Oberkommandos des Heeres besonders schätzen gelernt hatte und als möglichen Nachfolger von Oster innerhalb der Organisation der militärischen Widerstandsbewegung und zugleich als seinen Chef des Stabes im AHA in Aussicht genommen hatte.

Parallel zu den organisatorischen Vorbereitungen galt es, die personellen Vorbereitungen zu treffen. Wie Olbricht dabei vorging, ersieht man aus den Äusserungen des schon an anderer Stelle erwähnten Axel Freiherr von dem Bussche zu diesem Zeitpunkt als schwerverwundeter Offizier Regiments-adjutant seines Infanterie-Ersatzregiments 9 in Potsdam – in dem Fernsehfilm von Günter Marquardt. Olbricht hatte sich persönlich mit ihm ohne Angabe von Gründen verabredet. Axel von dem Bussche war ein hervorragender Soldat, der nach dem Eisernen Kreuz I. Klasse mit dem Deutschen Kreuz in Gold (1944 mit dem Ritterkreuz des Eisernen Kreuzes) ausgezeichnet worden war. Er war auch Träger des Goldenen Verwundetenabzeichens. Er hatte vom ersten Tage an an der Ostfront gekämpft. Seine Verwegenheit und sein Charakter standen ausser Frage. Er wurde im Herbst 1942 in Dubno (West-Ukraine) Augenzeuge einer Massenausrottung von Juden und war danach zu Allem und zum Letzten bereit. Dies konnte nur in der Tötung des „Führers" bestehen, um alle „öffentlichen Dienste" im „3. Reich" von ihrer einseitigen Bindung durch den persönlichen Eid, der nach Hindenburgs Tod schon am 2. August 1934 sofort eingeführt worden war, zu befreien.

Von dem Bussche berichtet in dem Fernsehfilm-Interview: „Olbricht nahm mich (schon im Frühjahr 1942) auf einen Spaziergang ins Bornstedter Feld (Truppenübungsplatz bei Potsdam) mit und sagte, es käme darauf an, dass dieses Ersatzregiment (in Potsdam und Spandau) mit einem ständig fluktuierenden Personalbestand möglichst zuverlässig sei im Falle „Walküre", falls es darum ginge, in Berlin Recht und Ordnung herzustellen. Mehr musste gar nicht gesagt werden. Ich war 23, glaube ich, oder 22 und habe dann so gefragt, wie er sich das vorstellte. Und er war ja ein sehr mitteilsamer und sehr gewandter und kluger Mann und er sagte: Man müsse sehen, dass dieses Offizierskorps keine langen Unterrichtun-gen brauchte, um dann eben mit den anderen um Berlin liegenden Einheiten die Ordnung herzustellen, die nicht herge-stellt worden war – sagen wir mal am 30. Juni 1934 oder bei der „Reichskristallnacht" ein paar Jahre später."

Die meisten im Heimatkriegsgebiet stationierten Einheiten gehörten jedoch zur Luftwaffe – und zwar zur Flakartillerie. Damit es im Falle der Ausgabe der Zusatzbefehle zu „Walkü-re" an die im Heimatkriegsgebiet stationierten Heereseinhei-

ten, bei denen es sich ja so gut wie ausschliesslich um Ersatz-
und Ausbildungseinheiten handelte, nicht zur Konfrontation
zwischen diesen und den Flakartillerie-Verbänden käme, arbeitete ich während dieser Vorbereitungszeit für die im Heimatkriegsgebiet stationierten Flakartillerie-Verbände entsprechende Zusatzbefehle zu den „Walküre-Befehlen" unter dem
Stichwort „Perikles" aus, die ich persönlich unter Verschluss
hielt. (Zur Ausgabe dieser „Perikles-Befehle" ist es dann nicht
mehr gekommen, da mir bei meiner Flucht aus der Bendlerstrasse in der Nacht vom 20. auf den 21. Juli ja klar war, dass
der Befreiungsversuch gescheitert war, und ich unnötige Opfer
unter den zum Widerstand bereiten Offizieren der Heimatflak-
artillerie vermeiden musste.) Mein Vorschlag, das Attentat auf
Hitler im Hauptquartier durch eine Gruppe absolut zuverlässiger Fallschirmjäger ausführen zu lassen, wurde von Stauffenberg abgelehnt.

Auch ein anderer Vorschlag von mir verfiel der Ablehnung.
Zu den dem General der Flakwaffe unterstellten Einheiten
gehörte die sogenannte "Fliegerzieldivision". Deren Aufgabe
war es, bei Tag und Nacht mit Kampf- und Jagdflugzeugen
Zieldarstellungsflüge im Heimatkriegsgebiet für die Ausbildung der Jäger und der Flakartillerie und für die sogenannte
„Helle Nachtjagd" (mit Scheinwerfern, die das Ziel anleuchte-
ten) und die sogenannte „Dunkle Nachtjagd" (ohne Schein-
werferbeleuchtung des Zieles) durchzuführen. Kommandeur
dieser Fliegerzieldivision war der bekannte Sturzkampfflieger
Oberst Dinort, sein 1. Generalstabsoffizier Oberstleutnant im
Generalstab Knapp. Beide waren – wie ich wusste – Gegner
der nationalsozialistischen Gewaltherrschaft. Der Stab der
Fliegerzieldivision lag in Thüringen. Beide gewann ich für den
Plan, zum Zeitpunkt des Attentats auf kleineren Flugplätzen in
der näheren Umgebung von Berlin nachtflugtaugliche Maschinen der Fliegerzieldivision mit absolut zuverlässigen Besat-
zungen zu stationieren, um im Falle eines Scheiterns des
Befreiungsversuches die am meisten gefährdeten Männer des
Widerstandes ins neutrale Ausland (Schweden oder Schweiz)
auszufliegen. Als ich diesen Plan meinem Schwiegervater
vortrug, lehnte er ohne Zögern sofort ab mit den Worten: Wir
kämpfen mit dem Rücken an der Wand und haben alle
Brücken hinter uns abgebrochen. Dass wir als die Verantwort-

lichen uns in Sicherheit bringen und unsere Helfer der Rache-justiz des Regimes überlassen, kommt überhaupt nicht in Frage.

Die Aufdeckung der Widerstandsgruppe „Weisse Rose" an der Universität München und die brutale Aburteilung der Beteiligten durch den Volksgerichtshof im Februar 1943 be-wies erneut die dringende Notwendigkeit der Beendigung dieser Schreckensherrschaft. Alle Bemühungen Olbrichts und des obersten Heeresrichters Dr. Sack, die beide von den Ak-tivitäten der „Weissen Rose" bis zu deren Aufdeckung nichts wussten, das Gerichtsverfahren in die Militärgerichtsbarkeit zu verlagern, weil auch ein Soldat an dieser Widerstandsgrup-pe beteiligt war, waren vergeblich. Beide wussten, dass das Verfahren vor dem Freisler-Tribunal nur mit dem Tode enden konnte, während ein Verfahren vor einem Militärgericht bis zum erhofften Umsturz hätte verzögert werden können.

Die Verzweiflung meines Schwiegervaters, dass er diesen heldenhaften, von Idealismus getriebenen jungen Menschen nicht helfen konnte, sie nicht mehr vor dem sicheren Tod retten konnte, belastete ihn besonders schwer. Es gab in diesen Tagen nichts, was ihn innerlich stärker erregte. Alle Gespräche innerhalb unserer Familie kreisten um das Schicksal der Geschwister Scholl und der „Weissen Rose", zumal meine fast gleichaltrige Frau zu dieser Zeit an der Berliner Universität Medizin studierte und uns die Gefährdung durch die geringste Unvorsichtigkeit in so entsetzlicher Weise bewusst wurde.

Am 18. Februar 1943 wurden Sophie Scholl – noch keine 22 Jahre alt – und ihr Bruder Hans Scholl – beides Kinder des Bürgermeisters von Ulm – in der Münchener Universität verhaftet und bereits am 22. Februar gemeinsam mit dem Studienfreund von Hans Scholl, Christoph Probst, vom Volks-gerichtshof unter Vorsitz Freislers zum Tode verurteilt. Sie wurden wenige Stunden nach der Urteilsverkündung durch das Fallbeil hingerichtet. Zu der Kerngruppe der „Weissen Rose" gehörten Professor Dr. Kurt Huber, Willy Graf und Alexander Schmorell. Sie erlitten das gleiche Schicksal.

Zu diesem Zeitpunkt waren die organisatorischen Vorberei-tungen Olbrichts und Osters für den eigentlichen Staatsstreich abgeschlossen. Die zur Durchführung des Umsturzes vorgese-henen Zusatzbefehle zu „Walküre" waren ausgearbeitet – wie

70

z. B. ein Befehl zur Festnahme der Höheren SS- und Polizei-
führer, Befehle zur Besetzung aller Konzentrationslager zum
Schutz der Häftlinge gegen Übergriffe der Wachmannschaf-
ten, zur Entwaffnung aller im Heimatkriegsgebiet und in den
besetzten Gebieten stationierten Teile der Waffen-SS und des
Sicherheitsdienstes, zur Besetzung der Rundfunksender, zur
Festnahme der Minister und Staatssekretäre der Reichsregie-
rung und aller Gauleiter in Deutschland und den besetzten
Gebieten, zur Besetzung aller Dienststellen der Geheimen
Staatspolizei usw. Von Tresckow erhielt grünes Licht für das
Attentat. Hitler war nach dem gelungenen Attentat auf den
SS-Obergruppenführer Reinhard Heydrich, den früheren Chef
des Reichssicherheitshauptamtes – seit September 1941 stellv.
„Reichsprotektor in Böhmen und Mähren" –, am 27. Mai 1942
besonders vorsichtig geworden. Er verliess sein Hauptquartier
nur noch selten. V. Tresckows Pläne basierten auf einem
Besuch Hitlers bei der im Verband der an der Ostfront
kämpfenden Heeresgruppe Mitte eingesetzten 2. Armee, deren
Chef des Stabes er war. Bei einem solchen Besuch sollte Hitler
getötet werden. Der Oberbefehlshaber der Heeresgruppe,
Generalfeldmarschall Hans Günther von Kluge, lud Hitler auf
Betreiben v. Tresckows und in Kenntnis seiner damit verbundenen Absichten wiederholt zu einem Besuch seiner Heeresgruppe ein. Schliesslich erreichte v. Tresckow über seinen
früheren Regimentskameraden und damaligen Adjutanten
Hitlers, General Schmundt, die Zusage Hitlers zu einem
Besuch der Heeresgruppe in Smolensk am 13. März 1943. Für
die Beseitigung Hitlers hatte v. Tresckow – um ganz sicher zu
gehen – drei Alternativen vorbereitet.

Falls es gelingen sollte, Hitler zu einem Besuch des einzigen
Reiterregimentes der deutschen Wehrmacht unter dem Kommando des Obersten Georg Freiherr von Boeselager zu bewe-
gen, sollte er samt seiner Begleitung von den Schwadronen
dieses Regimentes, zu denen auch vierhundertfünfzig Kosaken
gehörten, niedergemacht werden. Georg von Boeselager hatte
sich persönlich für das Gelingen verbürgt.

Falls Hitler das Regiment nicht besuchen würde, sollte er im
Offizierskasino beim Mittagessen von mitverschworenen Offizieren erschossen werden. Oberst Berndt von Kleist, Rittmeister Schmidt-Salzmann und Rittmeister König hatten sich

bereit erklärt, ein zehnköpfiges Offizierskommando anzuführen, das Hitler und seine Begleiter auf ein Zeichen hin zusammenschiessen sollte. Gegen diesen Plan erhob im letzten Augenblick der Generalfeldmarschall von Kluge Einspruch mit der Begründung, es widerstrebe ihm, jemanden beim Essen zu erschiessen, und ausserdem könnten dabei auch Unschuldige getroffen werden. Als dritte Variante war der Plan vorbereitet worden, in das Flugzeug, das Hitler von Smolensk nach Ostpreussen zurückbringen sollte, eine Zeitzünder-Bombe einzuschmuggeln, die das Flugzeug zerstören sollte. Der verwendete Sprengstoff war der gleiche englische Sprengstoff, der bei dem Attentat auf Heydrich benutzt worden war. Der I c der Heeresgruppe Mitte, Freiherr von Gersdorff, hatte den Sprengstoff beschafft.

Zu einem Besuch des Reiterregiments v. Boeselager kam es nicht. Das gemeinsame Pistolenattentat auf Hitler beim Mittagessen unterblieb auf Anordnung des Feldmarschalls von Kluge. So blieb als letzte Möglichkeit das Bombenattentat während des Rückfluges. V. Tresckow und sein Ordonnanzoffizier Oberleutnant von Schlabrendorff begleiteten Hitler zum Flugzeug. Unter dem Vorwand, er habe eine Wette gegen den im Hauptquartier tätigen General Stieff verloren und müsse zwei Flaschen Cointreau möglichst schnell und sicher zu seinem Wettpartner gelangen lassen, bat er einen Begleitoffizier Hitlers, ein Paket mitzunehmen. Dieser erklärte sich sofort dazu bereit, v. Schlabrendorff machte den Zünder scharf, das Flugzeug – eine viermotorige Focke-Wulf Condor – startete.

Aber auch dieser Attentatsversuch schlug fehl, die Bombe explodierte nicht, das Flugzeug landete unversehrt in Rastenburg. Nun musste v. Schlabrendorff die Bombe dort wieder abholen, was am nächsten Tag geschah. Seine Untersuchung des „Paketes" ergab, dass der Zünder an sich funktioniert hatte, die Sprengladung aber nicht gezündet hatte. (Möglicherweise ist das Versagen des Zünders auf die grosse Kälte in der Flughöhe der Maschine zurückzuführen.)

Bald darauf – am 21. März 1943 – ergab sich eine neue Gelegenheit für ein Attentat. An diesem Tag, dem „Heldengedenktag" wollte Hitler im Berliner Zeughaus eine grosse Rede halten und anschliessend eine Ausstellung russischer Beutewaffen im Zeughaus besichtigen. Mein Schwiegervater und auch ich nahmen an dieser Gedenkfeier teil. In das Rednerpult sollte eine Zeitzünderbombe eingebaut werden, die während der Rede Hitlers detonieren sollte. Den Einbau der Bombe in das Rednerpult und die Auslösung des Zünders übernahm Oberst Freiherr von Gersdorff. Und wiederum ging es schief! Entgegen seiner Ankündigung sprach Hitler nur wenige Minuten und machte dann einen nur kurzen Rundgang durch die Ausstellung. Es blieb nichts anderes übrig, als die Bombe wieder aus dem Rednerpult zu entfernen und sie zu entschärfen. Auch diese heikle Aufgabe übernahm Freiherr von Gersdorff.

Von besonderer Tragweite für den militärischen Widerstand war die vorzeitige Beurlaubung des Generalmajors Hans Oster am 31.3.1943 von seiner Aufgabe als Chef des Stabes des Amtes Ausland/Abwehr.

Generalmajor Hans Oster, Mitglied der Dresdener militärischen Widerstandsgruppe um Olbricht, wie dieser 1888 geboren und als Generalstabsoffizier Teilnehmer am 1. Weltkrieg, war ebenfalls nach Aufstellung der Reichswehr in diese übernommen worden. 1932 schied er wegen persönlicher Probleme aus der Reichswehr aus, konnte aber 1933 – zunächst als Angestellter, später wieder als Offizier – im Reichswehrministerium tätig werden. Er wurde dort Chef der Zentralabteilung der Abwehr, die u. a. für Finanz- und Verwaltungsangelegenheiten zuständig war und die Zentralkartei der Agenten der Reichswehr, später der Wehrmacht, führte. Bis zur Schaffung des Oberkommandos der Wehrmacht gehörte die Abwehr zum Allgemeinen Heeresamt. Von da an wurde diese Abteilung ein selbständiges Amt „Ausland/Abwehr" im Oberkommando der Wehrmacht. Amtschef war Admiral Wilhelm Canaris, Stabschef der damalige Oberst Oster.

Oster war schon lange vor der nationalsozialistischen Machtergreifung ein überzeugter Gegner des Nationalsozialismus. Seine Möglichkeiten als Stabschef des Amtes Ausland/Abwehr nutzte Oster zum Kampf gegen das NS-Regime – z. T. mit Wissen von Canaris, der seine Aktivitäten abschirmte. Durch verschiedene Tarnorganisationen, die unter dem Schutz des Amtes Ausland/Abwehr für dieses im In- und Ausland arbeiteten, ermöglichte er auch Juden die Flucht aus Deutschland und den Aufbau einer neuen Existenz im Ausland. Als

Olbricht 1940 Chef des Allgemeinen Heeresamtes wurde, wurde Oster sein engster Mitarbeiter bei der Ausarbeitung der Pläne für einen gewaltsamen Umsturz. Als die Gestapo Ende 1942 – im Zuge ihrer grundsätzlichen Bestrebungen, die Aktivitäten des Amtes Ausland/Abwehr einzuschränken und die Kontrolle über dieses Amt zu gewinnen – Ermittlungen gegen den in diesem Amt tätigen Reichsgerichtsrat a. D. Hans von Dohnányi wegen angeblicher Devisenvergehen einleitete, dehnte sie den Verdacht und ihre Ermittlungen auch gegen Oster aus und überwachte ihn. Dadurch wurde die enge Zusammenarbeit zwischen Olbricht und Oster für die Vorbereitung des Umsturzes zu gefährlich.

Zwar trafen sich beide auch nach der Beurlaubung Osters in regelmässigen Abständen bei Ausritten im Grunewald an vorher vereinbarten Treffpunkten, um trotz der Gestapoüberwachung noch im Rahmen des Möglichen Kontakt zu halten – eine effektive weitere Mitarbeit Osters für den militärischen Widerstand wäre jedoch mit einem zu grossen Risiko belastet gewesen. Olbricht benötigte nun dringend einen Nachfolger für Oster für die Fortführung seiner Pläne.

Am 31.3.1943 wurde Oster vom Dienst beurlaubt und am 31.3.1944 aus der Wehrmacht entlassen. Nach dem Attentat wurde er wegen des Verdachts der Teilnahme an der Verschwörung verhaftet und in das Konzentrationslager Flossenbürg eingeliefert. Unmittelbar vor der Befreiung dieses Konzentrationslagers durch die US-Armee wurde er dort am 9. April 1945 ermordet.

Als Nachfolger für Oster wählte Olbricht nach Beratung mit Beck und von Tresckow den damaligen Oberstleutnant des Generalstabes Claus Schenk Graf von Stauffenberg aus, den er durch dessen Tätigkeit (seit 1940) in der Organisationsabteilung des Generalstabes des Heeres im Hauptquartier dienstlich kennen und schätzen gelernt hatte. Er forderte ihn als neuen Chef des Stabes des Allgemeinen Heeresamtes an, weil er zur Erleichterung seiner Arbeit einen Chef des Stabes haben wollte, der zugleich die bisherigen Aufgaben Osters für den militärischen Widerstand übernehmen sollte. Für beide Aufgaben schien Stauffenberg hervorragend geeignet. Zwischen seiner Tätigkeit im Hauptquartier und seiner Verwendung als Chef des Stabes bei Olbricht musste und wollte Stauffenberg jedoch eine Zeit lang an der Front Dienst tun. Er wurde daher zunächst als 1. Generalstabsoffizier der 10. Panzerdivision zum Afrika-Korps versetzt, wo er Anfang Februar 1943 seinen Dienst antrat. Dort wurde er am 7. April 1943 – als sein Fahrzeug auf eine Mine fuhr – schwer verwundet. Er verlor seinen rechten Arm, zwei Finger der linken Hand und das linke Auge und fiel infolgedessen längere Zeit aus.

Am 10. August 1943 konnte sich Graf Stauffenberg schliesslich bei General Olbricht melden. Er war allerdings noch nicht wieder dienstfähig. Er hatte eine längere Behandlung durch Geheimrat Sauerbruch abgelehnt, um keine Zeit zu verlieren. An dem Gespräch im Arbeitszimmer Olbrichts nahm auch Henning von Tresckow teil. Olbricht und er weihten Stauffenberg in ihre Pläne ein und gewannen ihn als neuen Mitverschworenen. Er konnte seinen Dienst als Chef des Stabes des Allgemeinen Heeresamtes und damit als engster Mitarbeiter Olbrichts bei der Vorbereitung des Staatsstreiches und Nachfolger von General Oster in dieser Funktion allerdings erst am 1. Oktober 1943 antreten.

Auch Generaloberst Beck stand im Sommer 1943 infolge einer längeren schweren Erkrankung für die Widerstandsbewegung praktisch nicht zur Verfügung.

Mit dem Dienstantritt Stauffenbergs im Allgemeinen Heeresamt wurden wieder neue und effektive Aktivitäten möglich. Stauffenberg wurde zu einem der energischsten und kompromisslosesten Mitkämpfer des militärischen Widerstandes. Die sachliche und menschliche Zusammenarbeit zwischen Olbricht und Stauffenberg entwickelte sich hervorragend. Sie bildeten ein ideales Gespann, das sich nun auch in die Planung des Attentats einschaltete. Da Hitler sein Hauptquartier praktisch nicht mehr verliess, konzentrierten sich die Überlegungen auf ein Attentat dort.

In dieser Zeit wurde vorübergehend noch eine andere Möglichkeit erwogen, Hitler auf der Grundlage seiner Krankenpapiere aus dem 1. Weltkrieg, die ihm bei der Entlassung aus dem Lazarett Pasewalk Beeinträchtigung seines Geisteszustandes infolge seiner Verschüttung, Gasvergiftung und Verwundung bescheinigten, durch ein Gutachten angesehener Psychiater für geisteskrank erklären zu lassen und ihn auf diese Weise als Reichskanzler abzusetzen. Der Plan wurde nicht weiter verfolgt, weil den Verschwörern dieses Geheim-Dossier nach fachkundiger medizinischer Beurteilung nicht eindeutig und überzeugend genug für eine so weitgehende Aktion erschien.

Professor Dr. med. Ernst Günther Schenck berichtet in seinem 1989 erschienenen Buch „Patient Hitler" zu dieser ansonsten in der Literatur m. W. nicht erwähnten Variante der Überlegungen der Verschwörer, an die ich mich so deutlich erinnere, weil als Leiter des medizinischen Gutachterteams ein Berliner Neurologe, der ein Zentral-Institut für Psychotherapie in der Budapester Strasse unterhielt und ausgerechnet den Namen Göring (Professor Dr. Dr. Heinrich Göring) hatte, in Aussicht genommen war, interessante Details. Danach soll Himmler am 12.12.1943 seinem Masseur Felix Karsten ein geheimes Dossier über Hitlers Gesundheitszustand zur Durchsicht und Beurteilung übergeben haben. Dem Dossier zufolge sollte bereits im Herbst 1918, als Hitler wegen einer besonders die Augen betreffenden Gasvergiftung im Lazarett Pasewalk behandelt wurde, eine Lues diagnostiziert worden sein. Diese soll 1937 erneut in Erscheinung getreten sein und ab 1942 soll kein Zweifel mehr daran bestanden haben, dass Hitler an einer syphilitischen Späterkrankung, einer progressiven Paralyse litt, so dass er eigentlich als „Führer" nicht mehr brauchbar sei.

Wahrscheinlich hat der SS-Gruppenführer Arthur Nebe, Chef des Reichskriminalpolizeiamtes, der Olbricht wiederholt mit für die Verschwörer wichtigen Informationen aus dem Reichssicherheitshauptamt versorgte, diesem eine Kopie dieses Dossiers zukommen lassen.

Schenck bezeichnet die dem Dossier zugrunde liegenden medizinischen Fakten als unrichtig und wertlos. Hitler habe offenbar keine Syphilis gehabt. Die später bei ihm aufgetretene Schüttellähmung (Paralysis agitans) wurde 1942 noch nicht diagnostiziert.

Als Hitler zu Beginn des Winters 1943/44 die Vorführung der neuen Winterausrüstungen für die Ostfront anordnete, zeichnete sich eine Möglichkeit ab, das geplante Attentat auf Hitler in seinem Hauptquartier auszuführen – vorausgesetzt, es würde gelingen, einen Offizier zu finden, der bereit wäre, bei dieser Gelegenheit das Attentat auszuführen.

Da auch die Luftwaffe wegen der an der Ostfront kämpfenden Flak-Verbände und der Luftwaffenfelddivisionen und die Waffen-SS wegen der an der Ostfront eingesetzten SS-Division an dieser neuen Winterausrüstung interessiert waren, konnte sogar mit der Teilnahme von Göring und Himmler an dieser Vorführung gerechnet werden. Olbricht empfahl auf Grund seiner früheren Kontakte zu Axel von dem Bussche, diesen als ersten zu fragen. Um die Situation zu beleuchten, lasse ich erneut Axel von dem Bussche persönlich zu Worte kommen – so wie er es in seinem Interview mit Günter Marquardt für dessen Fernsehfilm über General Olbricht geschildert hat:

„Ich wurde zu Stauffenberg geführt durch Schulenburg, ohne dass Schulenburg mir den Namen genannt hatte; das wäre ein wichtiger Mann, der wolle mich unbedingt sprechen. Warum weiss ich nicht. Wusste ich damals nicht. Ich wurde in das Büro von Stauffenberg reingeführt, Schulenburg ging raus, Stauffenberg fing ohne weitere Umstände an zu reden, dass nun der Moment gekommen wäre, dass man den Führer umbringen müsse, um die Apparatur, um das Heer, die Wehrmacht, die Beamten eidfrei zu machen. Ich war durch die Erlebnisse in der Ukraine und in Warschau, zuschauende Erlebnisse, zu allem bereit. Das hatte er wohl erfahren und er ging ohne weitere Umstände auf die Frage ein, was heutzutage etwas verblümt, „der Tyrannenmord" heisst. Und ich war also bereit, er rannte gewissermassen offene Türen ein, schickte mich dann weg, sagte, überlegen Sie sich das über's Mittagessen. Und ich sagte, gut. Wir müssen diese neuen Uniformteile vorführen, die will der Chef des Generalstabes Zeitzler erst sehen. Der Termin ist dann gleich anschliessend. Eine ganz seltene Gelegenheit, bei der Göring und Himmler zusammenkommen, denn die haben alle Truppenteile im Felde stehen und da muss es geschehen.

Und da bin ich ins Hauptquartier nach Ostpreussen gefahren und habe abgewartet, wurde dort ausgestattet mit den Notwendigkeiten, die man brauchte, um ein Sprengstoffattentat auszuführen, und dann ist der Eisenbahnwaggon, in dem diese Uniform- und Ausrüstungsteile verpackt waren, um aus Berlin nach Ostpreussen gebracht zu werden, ausgebombt worden."

Was Hauptmann von dem Bussche in dem Fernsehinterview nicht sagte, muss aber noch hinzugefügt werden: Auf die Frage

Stauffenbergs, ob er bereit sei, bei der Vorführung der neuen Winteruniform eine Aktentasche mit sich zu führen, in der sich die Sprengladung befinden sollte, und diese Aktentasche Hitler „vor die Füsse zu legen", erwiderte er: „Nein – das Zeug muss man sich schon um den Bauch binden". Deshalb lehnte er auch die Verwendung eines Zeitzünders ab und entschloss sich für einen deutschen Handgranatenzünder, mit dessen 4 1/2 Sekunden Zündzeit er als Frontsoldat genauestens vertraut war.

Dieses Attentat war ursprünglich für den 23. oder – ersatzweise – für den 25. November 1943 geplant, musste aber dann – weil die Vorführmuster nicht wieder rechtzeitig in Stand gesetzt werden konnten – auf Anfang Dezember oder sofort ins neue Jahr verschoben werden.

V. d. Bussche ging „auf Abruf" aus dem Hauptquartier wieder an die Ostfront zurück. Die Gestapo hat diesen Attentatsversuch niemals aufgedeckt. Der Hauptmann war an der Front als Kommandeur eines Infanterie-Bataillons eingesetzt und wurde erneut schwer verwundet. Er verlor ein Bein (kam in ein Lazarett) und überlebt so das Ende des Krieges.

Dass Oberst Berndt von Kleist – ein Mitarbeiter v. Tresckows – bereit war, ein gleichartiges Attentat um den 11. Februar 1944 herum durchzuführen, das allerdings wiederum nicht ausgeführt werden konnte, weil die Vorführung abgesagt wurde, habe ich erst nach dem Krieg erfahren. Dasselbe gilt auch für die Bereitschaft des Ordonnanzoffiziers von Graf Stauffenberg, Oberleutnant Werner von Haeften, auf Hitler ein Pistolenattentat auszuführen. Sein Angebot wurde als undurchführbar abgelehnt. Auch von dem Versuch des Rittmeisters Eberhard von Breitenbuch, ebenfalls ein Mitarbeiter v. Tresckows, am 11. März 1944 ein Pistolenattentat auf Hitler auf dem „Berghof" auszuführen, erhielt ich erst nach Kriegsende Kenntnis. Es kam nicht zur Durchführung, weil der an sich an diesem Tag zur Lagebesprechung befohlene Rittmeister dann doch nicht zur Teilnahme an der Lagebesprechung zugelassen wurde. Er musste unverrichteter Dinge nach Smolensk zur Heeresgruppe Mitte zurückfliegen.

Nun entstand der Plan, Hitler durch ein Bombenattentat bei einer Lagebesprechung im Hauptquartier zu beseitigen. Generalmajor Stieff, der im Generalstab des Heeres im Hauptquartier tätig war und an den Lagebesprechungen teilnahm, erklärte sich zur Übernahme dieser Aufgabe bereit. Die Bombe wurde zu ihm gebracht und von ihm aufbewahrt – weswegen er nach dem Attentat vom Volksgerichtshof zum Tode verurteilt und in Plötzensee durch Erhängen hingerichtet wurde.

Das war im Prinzip die Form des Attentats, die später bei den drei Attentatsversuchen Stauffenbergs angewandt wurde. Nach einiger Zeit erkannte Stieff jedoch, dass er sich die Ausführung eines solchen Attentats doch nicht zutraue, er besässe nicht die Kaltblütigkeit und Nervenstärke, ein solches Attentat auf Hitler durchzuführen.

So kam es schliesslich dazu, dass sich Stauffenberg, der sich die Ausführung eines derartigen Attentats sehr wohl zutraute, selbst bereit erklärte, nun auch noch das Attentat zu übernehmen. Er nutzte die Chancen, die sich daraus ergaben, dass der Befehlshaber des Ersatzheeres, Generaloberst Fromm, um Freigabe Stauffenbergs für die Position seines Chefs des Stabes bat. Am 15. Juni 1944 übernahm Stauffenberg seine neue Aufgabe. Sein Nachfolger bei Olbricht wurde Oberst d. G. Albrecht Ritter Mertz von Quirnheim, ein enger Freund Stauffenbergs und ein ebenfalls zum Äussersten entschlossener Gegner des Nationalsozialismus. Stauffenbergs Versetzung brachte zwei entscheidende Vorteile für den Widerstand. Zum einen konnte er als Chef des Stabes bei Fromm im Falle von Walküre legal in seinem Namen handeln – was bei der noch immer ungeklärten Haltung Fromms von grosser Wichtigkeit gewesen wäre –, zum anderen hatte er in dieser Position Gelegenheit zum direkten Vortrag bei Hitler und fallweise Zutritt zu den Lagebesprechungen im Hauptquartier.

Da das Betreten des Hauptquartiers mit einer Schusswaffe für jeden Besucher schon seit langem strikt verboten war und sich jeder von aussen kommende Teilnehmer an den Lagebesprechungen ebenso wie jeder andere, der zu Hitler befohlen wurde, einer Leibesvisitation durch SS-Wachkommandos unterziehen musste, blieb als einzige, ohnehin gefahrvolle Möglichkeit nur ein Bombenattentat übrig.

Die Entschlossenheit Stauffenbergs, diese Chancen zu nutzen und nunmehr auch die Durchführung des Attentats selbst zu übernehmen, barg naturgemäss aber gleichzeitig neue Gefahren und Risiken in sich. Zum einen handelte es sich bei ihm um einen Mann, der durch seine schwere Verwundung bei einem derartigen Attentat schwer behindert war – jedoch vielleicht gerade wegen dieser Behinderung von den SS-Wachen nicht so intensiv durchsucht werden würde wie andere, zum anderen hing nun nicht mehr nur alles von dem Gelingen des Attentats, sondern zusätzlich auch von der anschliessenden Rückkehr Stauffenbergs in die Bendlerstrasse ab. Hier war er als Stabschef des Befehlshabers des Ersatzheeres für das Gelingen der Phase II – den Staatsstreich selbst – unentbehrlich und durch niemanden ersetzbar. Es blieb jedoch keine andere Wahl – auch diese zusätzlichen Risiken mussten nach Lage der Dinge eingegangen werden. Es war keine Zeit mehr zu verlieren.

Die Entwicklung des Krieges, die Verhaftung der sozialdemokratischen mitverschworenen Oppositionspolitiker Adolf Reichwein und Georg Leber, dem sich Stauffenberg besonders verbunden fühlte, und ein in Vorbereitung befindlicher Haftbefehl gegen Dr. Goerdeler, über den Nebe die Verschwörer informiert hatte, liessen kein weiteres Abwarten zu. Am 11. Juli 1944 wollte Stauffenberg bei einer Lagebesprechung auf dem Obersalzberg das Attentat das erste Mal ausführen, unterliess es jedoch, weil Himmler und Göring entgegen ursprünglicher Ankündigungen nicht an dieser Besprechung teilnahmen. Der zweite Versuch sollte am Sonnabend, dem 15. Juli, – dieses Mal in Rastenburg - unternommen werden. Für diesen Tag hatten sich Beck, Olbricht, Stauffenberg und Mertz von Quirnheim dahingehend geeinigt, dass Stauffenberg das Attentat notfalls auch in Abwesenheit von Himmler und Göring ausführen sollte.

Um Zeit zu gewinnen, sahen die Pläne für die „Walküre"-Befehle als Stufe 1 eine Vorlaufzeit von zwei Stunden für die dem Allgemeinen Heeresamt in Berlin, Spandau, Potsdam und Umgebung unterstellten Schulen und Ausbildungseinheiten des Heeres vor. So geschah es am 15. Juli – zwei Stunden vor dem festgesetzten Beginn der Lagebesprechung. Olbricht ordnete die Ausgabe der Befehle an die Panzertruppenschule in Wünsdorf, die Infanterieschule in Döberitz, die Fahnenjunkerschule in Potsdam und die Offiziersschule in Potsdam an. Er war dazu – wie ich ausgeführt habe – nicht berechtigt. Als Stauffenberg nach der Lagebesprechung im Hauptquartier telefonisch meldete, dass er keine Möglichkeit gehabt hatte, das Attentat auszuführen, bemühte sich Olbricht sofort, die Alarmierung dieser Einheiten als Übungsalarm hinzustellen, und besichtigte die alarmierten Einheiten, um sich von ihrer Einsatzbereitschaft zu überzeugen.

Wie sehr sich General Olbricht auch um Details der Vorbereitungen kümmerte, geht nicht nur aus der Schilderung von Axel von dem Bussche über das erste Kontaktgespräch zwischen Olbricht und ihm (Seite 68) hervor, sondern wird z. B. auch durch den Artikel von Georg Meyer „Generaloberst Guderian – Zur Erinnerung an seinen 100. Geburtstag" bestätigt (Militärgeschichtliches Beiheft zur Europäischen Wehrkunde, Heft 3, Juni 1988). Meyer schreibt in diesem Beitrag unter Berufung auf „Guderian, Erinnerungen": „Aber die Zeit drängte. Denn am folgenden Tage (19. Juli 1944) erbat sein Chef des Stabes, General Thomale – an dessen unbedingter, ja nahezu gläubiger Loyalität zu Hitler niemand zweifelte – die Genehmigung, den eigentlich beabsichtigten Abtransport der Panzerlehrtruppen von Berlin nach Ostpreussen um drei Tage zu verschieben. General Olbricht, Chef des Allgemeinen Heeresamtes, habe darum gebeten, weil am 20. Juli 1944 eine „Walküre"-Übung der Einsatz- und Lehrtruppen in der Umgebung Berlins stattfände, die ohne die Teilnahme der Panzerlehrtruppen nicht zustande kommen würde."

Auch aus den ja nur teilweise erhaltenen Protokollen der Verhandlungen vor dem Volksgerichtshof geht immer wieder hervor, wie stark sich Olbricht bei den Vorbereitungen zum Umsturzversuch in Einzelheiten persönlich einschaltete.

Regionale Alarmübungen zu „Walküre" haben – wie ich einer Nachkriegsmitteilung von Professor Dr. Adolf Eggelsmann, der 1944 als Fahnenjunker-Unteroffizier bei der leichten Artillerie-Ersatzabteilung 75 (mot) in Neuruppin Dienst machte, entnommen habe – auch schon früher stattgefunden. Er berichtete mir, dass in der ersten Aprilhälfte 1944 nachts Alarm unter dem Kennwort „Walküre" gegeben worden sei. Er war als Fernsprechtruppführer der 2. Batterie zugeteilt worden. Der vorgesehene Einsatz zum Schutz wichtiger Plätze bei Aufständen von Fremdarbeitern wurde jedoch nicht durchgeführt. Morgens – vor dem Ausrücken aus der Kaserne – wurde der Alarm als Übung bezeichnet und beendet.

81

Die Ausgabe von „Walküre"-Befehlen an so viele Einheiten konnte nicht verborgen bleiben. Die Bemühungen Olbrichts, die Ausgabe der „Walküre"-Befehle (1. Stufe) als Übungsalarm hinzustellen, konnte entstandenes Misstrauen, das zu einer schweren Auseinandersetzung zwischen Fromm und Olbricht am Montag, dem 17. Juli 1944, führte, nur notdürftig mildern. Dieser „Übungsalarm" sollte jedoch für den Ablauf des 20. Juli folgenschwere Konsequenzen haben, da eine nochmalige „Alarmübung" wenige Tage später unvermeidlich die Aufdeckung der Verschwörung zur Folge gehabt haben würde.

11.
Die militärische Lage am 20. Juli 1944

Der offizielle Wehrmachtsbericht des Oberkommandos der Wehrmacht vom 20. Juli 1944 (s. Anhang) ist für die Beurteilung der militärischen Situation, in der sich Deutschland zu diesem Zeitpunkt befand, trotz aller Schönfärberei aufschlussreich, wenn man ihn zwischen den Zeilen liest. Die Mitteilung, dass der Feind seine Angriffe im Raum östlich und südöstlich Caen (Süd-Ost-Zipfel der Normandie) mit starker Panzer-, Artillerie- und Fliegerunterstützung während des ganzen Tages fortgesetzt habe, ohne dass ihm der erstrebte Durchbruch gelungen sei, räumt de facto ein, dass die Invasionstruppen inzwischen über starke Verbände an der Invasionsfront verfügen und der Durchbruch nur noch eine Frage der Zeit ist. Auch wird die Aufgabe von St. Lô (in der Mitte der Normandie) zugegeben. Tatsächlich gelang den amerikanisch/britischen Invasionsverbänden nach der geglückten Landung am 6. Juni 1944 bereits am 30. Juli der Durchbruch bei Avranches (Süd/West-Ecke der Normandie), und am 25. August 1944 marschierte General de Gaulle in Paris ein.

In Italien wird der Verlust von Livorno (Toskana/Tyrrhenisches Meer) und Ancona (Adriatisches Meer) mit den üblichen Beteuerungen erbitterter Gegenwehr und schwerer feindlicher Verluste eingeräumt. Am 4. Juni hatte die U.S. Army Rom besetzt.

An der Ostfront werden schwere Abwehrkämpfe östlich von Lemberg gemeldet, es wird zugegeben, dass die Sowjet-Armee den Bug erreicht hat und nördlich Brest heftige Kämpfe im Gange seien. Auch Grodno, Wilna und der Njemen werden bereits im Zusammenhang mit „abgeriegelten Einbrüchen" genannt.

Die Protokolle von Hitlers Lagebesprechungen[6] sind nur teilweise und bruchstückhaft erhalten bzw. veröffentlicht. Das letzte erhaltene Protokoll vor dem Attentat gibt die Lagebesprechung auf dem „Berghof" bei Obersalzberg am 18. Juni 1944, das erste nach dem Attentat erhaltene die Lagebesprechung in „Wolfschanze", dem Hauptquartier bei Rastenburg in Ostpreussen, am 31. Juli 1944 wieder. Die Protokolle offenbaren dem Leser die Art und Weise, wie die Wehrmacht geführt wurde. Sie enthalten wenig Substanz und wenig Konkretes. Nirgends ist eine strategische Konzeption für die Führung des Krieges unter Berücksichtigung der Deutschland noch zur Verfügung stehenden personellen und materiellen Ressourcen und der daraus zu ziehenden politischen Konsequenzen erkennbar.

Hitlers Monologe und die meist vergeblichen Versuche des Generalobersten Alfred Jodl, dem Chef des Wehrmachtführungsstabes, Hitler zu den nach Lage der Dinge richtigen Entscheidungen zu veranlassen, verlieren sich in Detailanordnungen für einzelne Divisionen und Regimenter und langen Diskussionen über Nebensächlichkeiten und in realitätsfernen Visionen. Wesentlich erscheint mir die Vorbemerkung von Helmut Heiber, dem Herausgeber der „Protokollfragmente", wie er sein Werk „Hitlers Lagebesprechungen" bezeichnet, zur Lagebesprechung am 31. Juli 1944:

„Die weit gedehnte Front der Heeresgruppe Mitte ist Ende Juni unter der Wucht des sowjetischen Ansturms bei der 9. Armee, der 4. Armee und der 3. Panzerarmee zusammengebrochen und auf 300 km Breite zerrissen. Ende Juli steht die Rote Armee an der Memel zwischen Grodno und Kowno. In-

---

[6] Auf Anordnung Hitlers wurde vom 12. September 1942 bis zum 22. April 1945 von besonders ausgewählten und vereidigten Reichstagsstenographen jedes Wort niedergeschrieben, das im Beisein Hitlers über die militärischen Operationen gesprochen wurde. Mehr als 100.000 Blatt lagen schliesslich in den Tresoren der Reichskanzlei, wurden kurz vor der Eroberung Berlins nach Berchtesgaden verlagert und dort verbrannt. Nur 1.500 Blatt – also weniger als 1,5% – überstanden mehr oder weniger verkohlt die Verbrennung. Es handelt sich dabei um die Niederschriften von rund 50 Besprechungen zwischen dem 1. Dezember 1942 und dem 23. März 1945 – teils völlig erhalten, teils mit Lücken, teils auch nur noch aus wenigen Bruchstücken bestehend. Im Auftrag des Münchener Institutes für Zeitgeschichte hat Helmut Heiber diese Protokollfragmente im Jahr 1962 bei der Deutschen Verlagsanstalt erstmalig veröffentlicht.

zwischen ist am 13. Juli auch die Heeresgruppe Nord angegriffen worden, deren Zurücknahme hinter die Düna Hitler verweigert hat. Am folgenden 1. August erreichen die Sowjets den Rigaer Meerbusen bei Tukkum: Die Heeresgruppe Nord, die noch an der Narwa und am Peipussee steht, ist abgeschnitten. Zur gleichen Zeit ist der Feind bis fast an die ostpreussische Grenze vorgedrungen. Gegen die Front der Heeresgruppe Nordukraine hat der russische Stoss am 14. Juli eingesetzt. Nach Durchbrüchen bei Brody und bei Kowel ist die Rote Armee über den Bug jetzt bis an den San vorgestossen.

In Richtung Weichselbogen ist Lublin bereits am 24. Juli gefallen, der Stoss auf Warschau allerdings zunächst gescheitert. (Anmerkung des Verfassers: Wahrscheinlich hat die Rote Armee die an sich mögliche Befreiung Warschaus auf Anordnung Stalins bewusst verzögert, weil diesem ein Erfolg des gleichzeitig unternommenen Warschauer Aufstands nicht in sein politisches Nachkriegskonzept für Polen passte. Stalin wollte ein kommunistisches Nachkriegspolen und nicht einen freien demokratischen Staat in Polen.)

In der Normandie haben die Anglo-Amerikaner ihren Landekopf bis Mitte Juli zu einem rund 30 km breiten Streifen bis zu Divesmündung im Osten und einschliesslich der Halbinsel Cotentin im Westen ausbauen können.

Am 25. Juli sind sie zum Grossangriff angetreten. Während die Engländer in Richtung auf Falaise nicht gross vorankommen konnten, gelang an der Westküste den Amerikanern der Durchbruch. Am Abend des 30. Juli ist Avranches in ihre Hand gefallen. Damit ist die Bretagne erreicht; der Ausbruch aus dem Landekopf nach Frankreich hinein geglückt.

Am 20. Juli hat Graf Stauffenberg in Rastenburg das seit langem geplante Attentat auf Hitler verübt. Es ist gescheitert."

Wie der Oberbefehlshaber der in Frankreich an der Invasionsfront kämpfenden Heeresgruppe, Generalfeldmarschall Erwin Rommel, die Lage an der Westfront beurteilte, geht aus seinem historischen Blitzfernschreiben vom 15. Juli 1944 an Hitler hervor (Anhang), in dem es u. a. heisst: „Unter diesen Umständen muss damit gerechnet werden, dass es dem Feind in absehbarer Zeit – 14 Tage bis drei Wochen – gelingt, die eigene dünne Front, vor allem bei der 7. Armee, zu durchbrechen und in die Weite des französischen Raumes zu stossen.

Die Folgen werden unübersehbar sein. Die Truppe kämpft allerorts heldenmütig, jedoch der ungleiche Kampf neigt sich dem Ende entgegen. Ich muss Sie bitten, die Folgerungen aus dieser Lage unverzüglich zu ziehen. Ich fühle mich verpflichtet, als Oberbefehlshaber der Heeresgruppe dies klar auszusprechen."

Auf dieses dramatische Fernschreiben des Feldmarschalls, der bei Hitler grösstes Ansehen genoss und dem er bis dahin besonderes Vertrauen entgegenbrachte, reagierte Hitler überhaupt nicht.

(Zwei Tage später wurde Rommel bei einem Tiefffliegerangriff schwer verwundet. Er überlebte – geriet jedoch nach dem 20. Juli auf Grund von ihn belastenden Aussagen inhaftierter Offiziere noch nachträglich in den in Wirklichkeit nicht berechtigten Verdacht, an der Verschwörung beteiligt gewesen zu sein. Die Ermittlungen der Gestapo ergaben keinerlei Verdachtsmomente gegen Rommel. Dennoch entsandte Hitler am 14. Oktober die Generäle Wilhelm von Burgdorf (Nachfolger des seinen Verletzungen beim Attentat vom 20. Juli erlegenen Generals Schmundt als Chef des Heerespersonalamtes) und Generalleutnant Ernst Maisel, Beauftragter für die Sühnung des 20. Juli im Oberkommando des Heeres, nach Schloss Herrlingen, wo sich der schwer verwundete Feldmarschall aufhielt, mit dem Befehl, Rommel unverzüglich nach Berlin zu bringen. Sie überbrachten ihm mündlich eine persönliche Botschaft Hitlers, der ihn – offenbar wegen dieses in Hitlers Augen defaitistischen Fernschreibens – vor die Wahl stellte, entweder wegen seiner Beteiligung am 20. Juli vor dem Volksgerichtshof angeklagt zu werden oder „Selbstmord" zu begehen. Im Falle eines „Selbstmordes" könne er mit einem Staatsbegräbnis rechnen. Das Gift hatten die beiden Generale gleich mitgebracht. Während der etwa einstündigen Unterredung wurde das Dorf von Waffen-SS und SD umstellt. Rommel entschied sich aus Rücksicht auf seine Familie und aus der Befürchtung heraus, auf der Fahrt nach Berlin ermordet zu werden, für Selbstmord. Hitler ordnete ein Staatsbegräbnis an, widmete Rommel einen Tagesbefehl und ordnete die Errichtung eines besonders würdig gestalteten Ehrenmals zum Gedenken an den Feldmarschall an, der angeblich an den Folgen seiner Verwundung gestorben war.)

Der wichtigste Verbündete Deutschlands in Europa – Finnland war am Ende seiner Kräfte. Es wurde bekannt, dass der damalige finnische Staatsrat Paasikivi im März 1944 mit Einverständnis der finnischen Regierung in Moskau über einen Sonderfrieden Finnlands mit der Sowjetunion verhandelt hatte. Die Bedingungen schienen jedoch der finnischen Regierung unannehmbar. Daraufhin begann die Rote Armee am 9. Juni 1944 mit stark überlegenen Kräften eine Grossoffensive an der Karelischen Landenge. Am 19. Juni gelang ihr der Durchbruch durch die „Mannerheim-Linie", am 20. Juni wurden Viborg, am 29. Juni Petrosawodsk erobert, Ostkarelien lag offen vor der Roten Armee. Die von dem deutschen Aussenminister von Ribbentrop bei einem Blitzbesuch in Helsinki am 21. Juli versprochene deutsche Waffenhilfe war völlig unzureichend und konnte im übrigen in der erforderlichen Eile auch gar nicht mehr herangeführt werden. Sechs Tage nach dem 20. Juli ging Narwa verloren. Am 19. September wurde der Waffenstillstand unterzeichnet. Damit war die in Nordfinnland stehende deutsche Gebirgsjäger-Armee abgeschnitten. Die Rückführung dieser kampfstarken Armee nach Norwegen gelang zwar, für einen Einsatz an der Ostfront zur Entlastung der dort noch kämpfenden deutschen Verbände reichte jedoch die Zeit nicht mehr.

Die sowjetische Offensive gegen Rumänien führte zur Einschliessung des Grossteils der 6. deutschen Armee bei Kischinew (23. August 1944), bei der rund 150.000 Soldaten mit allen Waffen, Geräten und Fahrzeugen in Gefangenschaft gerieten. König Michael von Rumänien befahl am 23. August 1944 die Einstellung des Kampfes gegen die Rote Armee, die am 30. August die Ölfelder von Ploest besetzte und am 31. August in Bukarest einmarschierte. Auch die Besetzung des bis dahin mit Deutschland verbündeten Ungarn durch deutsche Truppen am 19. März 1944, um einem befürchteten Abfall zuvorzukommen und sich das ungarische Wehrpotential zu sichern, brachte keine Stabilisierung der sich auflösenden südlichen Ostfront.

Eine einsatzfähige, militärisch effektive deutsche Kriegsmarine existierte zu diesem Zeitpunkt nicht mehr. Das einzige, erst im Frühjahr 1941 in Dienst gestellte moderne Schlachtschiff, die „Bismarck", war bei seinem ersten Einsatz nach

einem zunächst erfolgreichen Seegefecht in der Dänemark-
strasse (zwischen Island und Grönland) von britischen Träger-
flugzeugen, Schlachtschiffen, Kreuzern und Zerstörern in der
zweiten Maihälfte 1941 niedergekämpft und schliesslich durch
Torpedos versenkt worden. Der die „Bismarck" begleitende
schwere Kreuzer" Prinz Eugen" verliess auf Befehl des Flot-
tenkommandanten das Gefechtsgebiet und konnte sich in
einen norwegischen Hafen retten.

Am 12. Februar 1942 gelang zwar den in Brest an der
Westspitze der Bretagne in Reichweite der englischen Luftwaffe stationierten beiden Schlachtkreuzern „Scharnhorst" und
„Gneisenau" sowie dem schweren Kreuzer „Prinz Eugen" in
einem tollkühnen Unternehmen der Durchbruch durch den
Ärmelkanal, jedoch wurde die „Gneisenau" wenig später
durch Luftangriffe so schwer beschädigt, dass sie ausser
Dienst gestellt werden musste. Die „Scharnhorst" wurde am
26. Dezember 1943 in einem Seegefecht versenkt. Mit Ausnahme des Schlachtkreuzers „Tirpitz" verfügte die Kriegsmarine
über kein einsatzfähiges grösseres Kriegsschiff mehr. Hitler
untersagte den Einsatz dieses letzten schweren Kriegsschiffes,
da jeder weitere Einsatz den Verlust des Schiffes bedeutet
hätte. (Es wurde am 12. November 1944 in dem norwegischen
Hafen Tromsoe durch Luftangriffe versenkt.)

Auch die U-Boot-Waffe war nicht mehr von einer den
Verlauf des Krieges beeinflussenden Bedeutung. Die Geleitzü-
ge, die die amerikanischen Hilfslieferungen für die Sowjetunion nach Murmansk brachten, konnten nur noch wenig behindert werden. Die „Geleitzug-Schlacht im Atlantik" war schon
1943 verloren, nachdem die britischen Flugzeuge mit Radar
ausgerüstet worden waren und die aufgetauchten U-Boote
auch bei Nacht und Schlechtwetter orten konnten. Die deutschen Verluste der chancenlos gewordenen deutschen U-Boote standen nach anfänglichen grossen Versenkungserfolgen
schon lange nicht mehr in einem vertretbaren Verhältnis zu
den Opfern, die gebracht werden mussten. Aber immer wieder
wurden neue U-Boote in den aussichtslos gewordenen Einsatz
geschickt. Von 1170 in Dienst gestellten U-Booten waren 863
im Fronteinsatz – 630, das sind fast drei Viertel aller auslaufen-
den U-Boote, sanken auf Feindfahrt. Von 39.000 U-Bootfah-
rern fielen 27.082 – das sind fast 70%.

Die Luftwaffe hatte sich von den verlustreichen Einsätzen beim vergeblichen Kampf um die Luftherrschaft über England 1940/41 nie wieder erholen können. Trotz der technischen Überlegenheit der deutschen Maschinen gegenüber britischen und amerikanischen Typen und trotz der anfänglich besseren Ausbildung war sie der gewaltigen zahlenmässigen Übermacht der britischen und amerikanischen Kampfverbände auf die Dauer nicht gewachsen. Trotz hoher eindrucksvoller Abschusszahlen, die die im Heimatkriegsgebiet stationierten Flak- und Jagdverbände bei den Tagesangriffen amerikanischer und Nachtangriffen britischer Bomberverbände erzielten, eroberten die Alliierten immer eindeutiger die Luftherrschaft über dem Heimatkriegsgebiet und den besetzten Gebieten. Massierte Angriffe starker amerikanischer (am Tage) und britischer (bei Nacht) Bomberverbände auf Rüstungsbetriebe, Bahnhöfe und Bahnanlagen, Brücken, Talsperren, Wasserstrassen, Kasernen beeinträchtigten die Wehr- und Rüstungswirtschaft, die Energieversorgung, den Nachschub und den Personalersatz in ständig wachsendem Ausmass. Reine Terrorangriffe auf militärisch bedeutungslose Städte demoralisierten die Bevölkerung und liessen sie mehr und mehr an dem von den Nazis mit allen Mitteln der Propaganda und Lüge verkündeten „Endsieg" zweifeln.

Es nützte auch nichts, wenn der „Reichsmarschall" Göring – um sein Gesicht bei Hitler nicht zu verlieren – strikt verbot, dem „Führer" die wahren Zahlen der an den Angriffen beteiligten alliierten Kampfflugzeuge zu nennen, und zuwiderhandelnde Offiziere sofort wegen Ungehorsam an die Front strafversetzen liess.

In Deutschland wurden in den Jahren 1939 bis 1945 insgesamt 113.515 Flugzeuge produziert (in den USA über 300.000, in Grossbritannien über 125.000 und in der Sowjetunion knapp 100.000), davon 18.255 Kampfflugzeuge (Bombenflugzeuge), 53.729 Jagdflugzeuge, 12.325 Schlachtflugzeuge (Erdkampfunterstützung). Die deutsche Luftwaffe verlor während des 2. Weltkrieges ca. 72.000 Maschinen = 85,4% der im Kriegseinsatz befindlichen Flugzeuge.

Es gab auch keine Geheimwaffe, die imstande gewesen wäre, eine Wende herbeizuführen. Die sogenannte V 1 (Vergeltungswaffe 1) war während des Krieges kurzfristig unter den

Tarnbezeichnungen Fi 103 - später „Kirschkern", zuletzt FZG (Fliegerzielgerät) 76 – von der Luftwaffe in Peenemünde mit billigsten Mitteln entwickelt worden. Sie bestand aus einem kleinen unbemannten Flugträger nach Art eines Flugzeuges, der eine 1000-Kilo-Bombe trug. Sie wurde von einer 30 m langen Rampe in Richtung auf das Ziel abgeschleudert und während des Fluges von einem genial-primitiven Flüssigstoff-Motor angetrieben. Sie erreichte Reichweiten von ca. 250 km, Flughöhen bis zu 3.000 m und flog mit einer Geschwindigkeit von 650 km/Stunde. Nach Erreichen der vorher bestimmten Entfernung wurden über dem Ziel die Tragflächen des Flugkörpers abgesprengt – die Bombe stürzte ins Ziel. Sie wurde erstmalig in der Nacht vom 12. auf den 13. Juni 1944 – im Hinblick auf die gelungene Invasion verfrüht – eingesetzt, bevor genügend Stückzahlen zur Verfügung standen. Insgesamt kamen ca. 8.000 V 1 zum Einsatz – nahezu vollständig mit dem Ziel Grossraum London. Das Gerät war vom Boden aus nach dem Abschuss nicht mehr lenkbar. Die Vorteile dieser Waffe lagen in der Einfachheit, Billigkeit der Produktion und der leichten Verfügbarkeit des erforderlichen Materials. Die Nachteile waren gravierend. Sie konnte nur gegen Flächenziele eingesetzt werden, da die Treffgenauigkeit begrenzt war, sie flog von der Abschussrampe aus immer in derselben Flugrichtung und in niedriger Flughöhe (der sogenannte „Winkelschuss" war beim anfänglichen Einsatz noch nicht frontreif, desgleichen der Abschuss von fliegenden Startflugzeugen). Der Flugkörper war bei Nacht und Tag durch seinen weithin leuchtenden Feuerschweif leicht erkennbar und bot so Jagdfliegern und Flak ein leichtes Ziel.

Nur etwa 20 % der gestarteten V 1 erreichten ihr Ziel. Alle anderen wurden vorher durch britische Jagdflugzeuge oder Flakartillerie abgeschossen bzw. durch Ballonsperren abgefangen. Es mag sein, dass ihre Wirkung anfänglich grösser gewesen wäre, wenn gleich von Anfang an mehr Geräte von verschiedenen Startrampen aus gleichzeitig hätten gestartet werden können und die Geheimhaltung bis zuletzt gewahrt worden wäre. Beides gelang nicht. Goebbels setzte es bei Göring durch, dass ein Film über die Einsatzmöglichkeiten der V 1 für eine Pressevorführung vor der inländischen und der in Berlin noch tätigen ausländischen Presse gedreht und auch vorgeführt wurde. Eine Kopie dieses Films geriet in britische Hände. Diese ermöglichte es der britischen Luftwaffe und Flakartillerie, sich systematisch auf den verhältnismässig einfachen Abschuss dieser Flugkörper vorzubereiten. An der geringen militärischen Wirkung dieser Waffe hätte sich aber auch durch mehr Treffer nichts geändert.

Ganz anders die V 2 ! Sie wurde aus bereits 1929 vom Heereswaffenamt begonnenen Anfängen planmässig unter wechselnden Tarnbezeichnungen zuletzt in Peenemünde entwickelt. In der Nacht vom 17. auf den 18. August 1943 flog die Royal Air Force ihren ersten schweren Luftangriff auf Peenemünde, der die weitere Entwicklung dieser Geheimwaffe stark verzögerte. An der wissenschaftlichen Entwicklung dieser Rakete waren in erster Linie Professor Oberth, Professor Dornberger und Wernher von Braun beteiligt. In der Nacht vom 5. auf den 6. September 1944 wurde die V 2 erstmalig – ebenfalls mit dem Ziel London – eingesetzt. Es handelte sich um eine ferngelenkte Flüssigstoff-Rakete, die eine Flughöhe von 96 km erreichte und dann auf das Ziel gelenkt wurde. Sie erreichte im Horizontalflug eine Geschwindigkeit von 5000 km pro Stunde. Auf 350 km Entfernung betrug die Abweichung vom Ziel nur 4 km. Die Flugzeit nach London betrug 320 Sekunden. Im Gegensatz zur V 1 bestand also keine Abwehrmöglichkeit. Die Rakete beförderte im Kopf eine Sprengladung im Gewicht von 975 kg. Insgesamt wurden während des Krieges 1.115 (nach anderen Quellen 1.359) V 2 auf London und weitere ca. 2.100 gegen den Versorgungshafen Antwerpen und die Nachschubbasen Lüttich und Brüssel abgeschossen. Die Produktionskosten pro Stück betrugen weniger als 10 % der eines Jagdflugzeuges.

So einzigartig die Entwicklung dieser Rakete auch gewesen ist, die zur Vorstufe der Raumfahrt in den USA nach dem 2. Weltkrieg wurde – von einer den Zusammenbruch Deutschlands abwendenden Bedeutung war sie nicht. Auch das wusste Olbricht, dem auch Peenemünde unterstand.

Auch eine andere Geheimwaffe, die ebenfalls in Peenemünde unter der Tarnbezeichnung „Wasserfall" entwickelt wurde, eine lenkbare Flugabwehrrakete mit Annäherungszünder, mit der man – wenn sie 1944 flächendeckend zur Verfügung gestanden hätte – die britisch/amerikanischen Luftangriffe auf Deutschland wirksam hätte bekämpfen können, konnte nicht mehr zum Einsatz kommen. Die Versuchseinheit (Flakabteilung zbV 500) wurde Ende des Krieges mit Versuchsraketen noch eingesetzt, die verheerende Wirkung zeitigten. Aber die Serienproduktion war bei Kriegsende noch nicht einmal angelaufen.

Auch über eine Atombombe verfügte Deutschland entgegen allen ausgestreuten Gerüchten nicht. Die deutschen Vorbereitungen waren auf Anordnung Hitlers im August 1942 eingestellt worden, nachdem die damit befassten deutschen Atomwissenschaftler auf Befragen Hitlers keine Gewähr dafür übernehmen konnten (oder wollten), dass eine derartige Bombe binnen zwei Jahren einsatzbereit sein könnte. Hitler rechnete damals nicht mit einer längeren Kriegsdauer als zwei Jahre. Die danach noch fortgeführten Kleinversuche wurden 1943 durch Luftangriffe der Alliierten auf das Werk Rjukan in Norwegen – das einzige Werk, das das für die Versuche erforderliche „schwere Wasser" erzeugte – unterbunden.

Von besonderer Bedeutung für die richtige Beurteilung der Situation, in der sich Deutschland zum Zeitpunkt des Attentats befand, ist die Analyse des Historikers Professor Dr. Percy Schramm, der seit März 1943 als Nachfolger von Helmuth Greiner das Kriegstagebuch des Oberkommandos der Wehrmacht geführt hat. Er äussert sich in der Einleitung des 1961 erschienenen ersten Halbbandes des Bandes IV (1944-1945) des vierbändigen Werkes „Kriegstagebuch des Oberkommandos der Wehrmacht 1940-1945" nach souveräner Untersuchung der wichtigen Einzelbereiche zusammenfassend wie folgt:

„In der Mitte des Jahres 1944 war die militärische Lage an allen Fronten so bedrohlich, z. T. so katastrophal, dass der Krieg als endgültig verloren angesehen werden musste.

Das Heer war „ausgebrannt", die Wehrwirtschaft trat in einen unaufhaltsamen, durch den Verlust Oberschlesiens (Ende Januar 1945) noch ruckartig verschlimmerten, Schrumpfungsprozess ein; die unheilvolle Entwicklung der Treibstofffrage drohte eines Tages das Heer zum Stillstand zu bringen und die Luftwaffe der des Gegners vollends unterlegen zu machen.

Solange Hitler die politische und militärische Führung in

der Hand behielt, bestand andererseits keine Möglichkeit, um die auf der Konferenz von Casablanca (Januar 1943) als Ziel verkündete „bedingungslose Übergabe" herumzukommen. Wie man die Dinge auch wenden, von welcher Ebene, von welchem Sektor aus man den Krieg betrachten mag: Der seit Landung im Westen (6.6.1944) tatsächlich zum „Allfrontenkrieg" gewordene II. Weltkrieg war von Deutschland nicht mehr zu gewinnen. Da der Versuch, eine neue Regierung ans Ruder zu bringen, am 20. Juli 1944 gescheitert war, und die darauf vermehrten Sicherheitsmassnahmen eine Wiederholung des Versuchs, die führenden Männer des Regimes zu beseitigen, völlig aussichtslos machten, war die Schlusskatastrophe gewiss. Nur ihr Datum stand noch nicht fest."

12.
Der 20. Juli 1944

An einem strahlend schönen Sommertag fliegen Graf Stauffenberg und sein Ordonnanzoffizier, Oberleutnant Werner von Haeften, von Rangsdorf südlich von Berlin mit einer He 111 des Generalquartiermeisters des Heeres, General der Artillerie Eduard Wagner, die dieser für diesen Zweck zur Verfügung gestellt hat, nach Rastenburg in Ostpreussen, in dessen Nähe sich das „Führerhauptquartier Wolfsschanze" befindet. Dasselbe Flugzeug benutzt auch Generalmajor Helmut Stieff, der Chef der Organisationsabteilung im Oberkommando des Heeres, der seit 1942 dem Verschwörerkreis angehört. Stauffenberg ist erneut ins Hauptquartier befohlen worden, um in seiner neuen Eigenschaft als Chef des Stabes des Befehlshabers des Ersatzheeres Generaloberst Friedrich Fromm bei der heutigen Lagebesprechung Hitler über die Vorbereitungen zur Aufstellung von „Sperrdivisionen" Bericht zu erstatten, die hinter der Ostfront stationiert, möglicherweise durchgebrochenen Verbänden der Roten Armee den Weg nach Westen verlegen sollen. Bei dieser Gelegenheit will er das Attentat ausführen. Er führt zwei als holländischer Stangenspargel getarnte Zeitzünder-Sprengbomben in seiner Aktentasche mit sich. Die Bomben waren mit chemisch-mechanischen Zeitzündern englischer Herkunft ausgestattet.

„Wolfsschanze" war durch drei Sperrkreise gesichert, die jeweils nur mit einem besonderen Ausweis betreten werden durften. Besucher wurden von SS-Wachkommandos kontrolliert.

Um 10.15 Uhr landet das Flugzeug in Rastenburg. Stauffenberg begibt sich sofort ins Hauptquartier und frühstückt nach Meldung bei der Lagerkommandantur in aller Ruhe mit Rittmeister von Möllendorf, dem Adjutanten des abwesenden Kommandanten des „Führerhauptquartiers" im Kasino

„Wolfsschanze". Danach begibt er sich aus dienstlichem Anlass zu General der Infanterie Walther Buhle, dem Chef des Heeresstabes beim Oberkommando der Wehrmacht und meldet sich anschliessend gemeinsam mit diesem gegen 12.00 Uhr beim Chef des Oberkommandos der Wehrmacht, Generalfeldmarschall Wilhelm Keitel. Dort erfährt er, dass der Beginn der Lagebesprechung wegen des überraschenden Besuchs von Mussolini um 14.30 Uhr auf 12.30 Uhr vorverlegt worden ist und die Lagebesprechung wegen der sicheren Luftlage nicht wie üblich im Besprechungsbunker, sondern in der Besprechungsbaracke stattfindet. Kurz vor 12.30 Uhr bricht Keitel in Begleitung von Buhle, Stauffenberg und eines Adjutanten Keitels, Oberstleutnant John von Freyend, zur Lagebesprechung auf. Stauffenberg hatte sich kurz vorher aus der Besprechung entfernt, um „sich noch etwas frisch zu machen und das Hemd zu wechseln". V. Haeften wollte ihm dabei behilflich sein. John stellt zu diesem Zweck sein eigenes Zimmer im OKW-Bunker zur Verfügung. Dort übergibt Stauffenberg seinem Ordonnanzoffizier die eine Bombe und macht mit einer Flachzange, die er mit den ihm bei seiner Verwundung verbliebenen drei Fingern der linken Hand betätigen konnte, den Zünder scharf – so wie er das in den vergangenen Wochen mehrfach geübt hatte. Die Laufzeit des Zünders beträgt 10 bis 15 Minuten.

Vor dem Bunker erwarten die drei anderen Offiziere Stauffenberg und gehen nun gemeinsam den zwei bis drei Minuten in Anspruch nehmenden Weg in den innersten Sperrkreis zur Besprechungsbaracke. Beim Betreten des Besprechungszimmers unterrichtet Stauffenberg den Feldwebel des Fernsprechdienstes, dass er noch eine telefonische Information aus Berlin erwarte, die er für seinen Vortrag benötige, und bittet ihn, ihn sofort herauszurufen, wenn dieses Gespräch kommt. In dem Besprechungszimmer halten sich insgesamt 25 Personen auf. Göring und Himmler sind nicht anwesend. Generalleutnant Adolf Heusinger, Chef der Operationsabteilung im Oberkommando des Heeres, berichtet Hitler über die Lage an der Ostfront. Keitel stellt Stauffenberg Hitler vor und informiert ihn über den Anlass seiner Anwesenheit. Das 12,5 x 5 m grosse Besprechungszimmer ist nahezu ausgefüllt durch einen rechteckigen Kartentisch von 8 m Länge und 3 m Breite aus schwerem massiven Eichenholz. Die Tischplatte ruht auf zwei durchgehenden Querstützen. In der einen Längswand der Besprechungsbaracke befinden sich drei Fenster. Für Hitler steht ein Sessel an der den Fenstern gegenüber liegenden Seite des Kartentisches. Stauffenberg, dem John von Freyend auf seinen Wunsch einen Platz rechts von Hitler angewiesen hat, stellt die Aktentasche unter den Kartentisch auf die Innenseite der rechten, die Tischplatte tragenden Querstütze, entschuldigt sich kurz wegen des erwarteten Telefongesprächs und verlässt den Raum.

Draussen wartet v. Haeften mit dem Wagen auf ihn. Noch im Wegfahren hören und sehen beide um 12.42 Uhr die Detonation der Bombe, sehen wie einige Besprechungsteilnehmer durch den Luftdruck durch die Fenster geschleudert werden und gewinnen den Eindruck, dass mehr oder weniger alle Besprechungsteilnehmer, getötet sein müssen. Auf der Fahrt zur Wache am äusseren Sperrkreis werfen sie die zweite Bombe aus dem Auto. Die Schranke ist geschlossen. Der Wachhabende will den Wagen wegen der Explosion im Sperrkreis 1 nicht passieren lassen. Stauffenberg telefoniert kurz mit dem diensthabenden stellvertretenden Kommandanten des Hauptquartiers und bittet diesen, den Wachhabenden anzuweisen, ihn passieren zu lassen. Das geschieht. Stauffenberg und von Haeften erreichen unbehelligt den Flugplatz, besteigen das startbereite Flugzeug und treten gegen 13.15 Uhr den Rückflug nach Rangsdorf an.

In der Zwischenzeit begibt sich der mitverschworene General der Nachrichtentruppe, Erich Fellgiebel, zum Nachrichtenbunker „Wolfsschanze", um das vereinbarte Stichwort an Olbricht in Berlin durchzugeben und anschliessend alle Nachrichtenverbindungen nach aussen abschalten zu lassen. Dort erfährt er von dem diensthabenden Offizier, Oberstleutnant Ludolf Gerhard Sander, dass dies bereits auf Befehl des Luftwaffenadjutanten Hitlers, Oberst von Below, und Himmlers geschehen sei. Fellgiebel kann die Nachricht von der Durchführung des Attentats nicht nach Berlin durchgeben. (Die Nachrichtensperre wurde nach Eintreffen Görings und Himmlers gegen 15.00 Uhr wieder aufgehoben.)

Um 16.00 Uhr landet die Maschine nach dreistündigem Flug in Rangsdorf. V. Haeften meldet im Auftrag Stauffenbergs gegen 16.05 Uhr telefonisch den Tod Hitlers und die gelungene Rückkehr an Olbricht.

In der Bendlerstrasse warten indessen Olbricht und Mertz von Quirnheim sorgenvoll auf die Nachricht Fellgiebels aus „Wolfsschanze". Die ursprüngliche Absicht, „Walküre" für die in Berlin und Umgebung stationierten Einheiten bereits zwei Stunden vor Beginn der Lagebesprechung auszugeben, kann nach den Erfahrungen am 15. Juli nicht wiederholt werden. Da die Durchsage Fellgiebels ausbleibt, versuchen sie, ihrerseits telefonisch Informationen aus dem Hauptquartier zu erhalten. Dies gelingt zunächst wegen der dort veranlassten Nachrichtensperre nicht. Erst 15.05 Uhr kommt eine erste Telefonverbindung zustande. Sie erfahren lediglich, dass in Kürze eine wichtige „Sondermeldung" aus dem Hauptquartier zu erwarten ist. Diese vage Information, die erfahrungsgemäss auch auf eine Meldung über einen besonderen Erfolg der Wehrmacht hätte schliessen lassen können, hält Olbricht eingedenk des Fehlalarms am 15. Juli nicht für ausreichend für eine Ausgabe der Walkürebefehle und Zusatzbefehle. Erst als bei einer erneuten Telefonverbindung gegen 15.50 Uhr in Erfahrung gebracht werden kann, dass im Hauptquartier Gerüchte umlaufen, dass ein Anschlag auf den „Führer" verübt worden sei, entschliesst sich Olbricht, die Ausgabe der Walküre-Befehle einschliesslich der Zusatzbefehle an das Generalkommando des Wehrkreises III (Berlin-Brandenburg) und an die dem AHA unterstellten, in der unmittelbaren Umgebung Berlins stationierten Schulen und Ausbildungseinrichtungen des Heeres anzuordnen. Mertz von Quirnheim veranlasst das Befohlene.[7]

---

[7] Es gibt eine bislang nicht aufgeklärte Diskrepanz zwischen der Schilderung der Telefongespräche zwischen Bendlerstrasse und Hauptquartier, die mein Schwiegervater mir am Abend des 20. Juli in der Bendlerstrasse gegeben hat, und dem Bericht, den der am 20. Juli diensthabende Offizier in der Nachrichtenzentrale im Hauptquartier, Oberstleutnant Sander, Annedore Leber gegenüber für deren Buch „Für und Wider" gegeben hat. Nach diesem hat Oberstleutnant Sander, nachdem er auf Befehl von Oberst von Below und Himmler die Unterbrechung aller Fernsprech- und Fernschreibverbindungen angeordnet hatte und anschliessend auf Befehl Hitlers diesem über das Veranlasste Bericht erstattet hatte, nach Rückkehr in die Nachrichtenzentrale versucht, den Stellvertreter Fellgiebels im Allgemeinen Heeresamt, Generalleutnant Thiele, anzurufen, ihn jedoch nicht erreicht. Daraufhin hat er der Vorzimmerdame die Mitteilung durchgegeben: „Attentat auf den „Führer". „Führer" lebt. „Führer"

Dem Verbindungsoffizier zwischen dem AHA und dem Generalkommando III (Berlin-Brandenburg), General von Kortzfleisch, Major i. G. Hans Ulrich von Oertzen, wird der „Walküre"-Befehl zur persönlichen Aushändigung an General Kortzfleisch übergeben – das bedeutet Alarmierung sämtlicher Einheiten des Standortes, also des Wachbataillons, des Standortes Spandau, der Heeresfeuerwerkerschule, der Heereswaffenschule. General v. Kortzfleisch, der nicht zum Kreis der Verschwörer gehört, wurde in die Bendlerstrasse gebeten.

Die dem Stadtkommandanten von Berlin, Generalleutnant Paul von Hase – seit langem ein besonders aktiver Mitverschworener der Widerstandsgruppe im AHA – unterstellten Einheiten werden sicherheitshalber und um die Aktionen zu beschleunigen direkt von dem als Verbindungsoffizier zur Stadtkommandantur eingeteilten Major i. Genst. Egbert Hayessen alarmiert, die Kommandeure werden zum Befehlsempfang in die Stadtkommandantur befohlen. Von Hase wird gleichzeitig direkt von General Olbricht informiert.

---

spricht noch heute im Rundfunk." Diese Information hat Thiele jedoch nicht erhalten. Da er derjenige war, über den Olbricht immer wieder versuchte, telefonische Informationen aus dem Hauptquartier zu erhalten, und er im übrigen auch zum Verschwörerkreis gehörte, ist mit Sicherheit davon auszugehen, dass die Durchsage Sanders nicht zu seiner Kenntnis gekommen ist. Olbricht und Mertz von Quirnheim wussten auch nichts von ihr. Dass diese Vorzimmerdame Thieles die Weitergabe dieser Durchsage vergessen oder absichtlich unterlassen haben sollte, ist nicht vorstellbar. Andererseits ist auch schwer vorstellbar, dass sich Oberstleutnant Sander bei einer Nachricht von derartiger Bedeutung damit begnügt haben sollte, sie an die Vorzimmerdame von General Thiele durchzugeben und nicht stattdessen versucht hat, in Abwesenheit von General Thiele Oberst Mertz oder General Olbricht direkt zu unterrichten. Der nach dem Kriege bekannt gewordenen Behauptung eines Fernsprechers im Nachrichtenbunker im Allgemeinen Heeresamt, er habe die Weitergabe dieser Durchsage verhindert, messe ich keine Bedeutung bei. Zum einen steht sie im Widerspruch zu dem Bericht von Oberstleutnant Sander, dass er diese wichtige Nachricht an die Vorzimmerdame Thieles durchgegeben habe, zum anderen nahmen die in der Nachrichtenvermittlung im AHA tätigen Fernsprecher keine Meldungen zur Weitergabe entgegen, sondern stellten nur die Nachrichtenverbindungen zu dem gewünschten Gesprächspartner her, und zum dritten konnte dieser Fernsprecher bei einer solchen Meldung zu diesem Zeitpunkt gar nicht wissen, dass im AHA ein Umsturzversuch im Gange war und welche Bedeutung die Weiterleitung bzw. Nichtweiterleitung dieser Durchsage aus dem Hauptquartier an General Thiele infolgedessen für das Gelingen oder Misslingen des Umsturzversuches haben könnte. Fest steht jedenfalls, dass kein Mitglied des Verschwörerkreises etwas von dieser Durchsage erfahren hat.

Oberstleutnant d. Genst. Bernhard Bernardis alarmiert unterdessen die Truppenteile ausserhalb Berlins – so die Panzertruppenschule in Krampnitz, die Panzer-Lehrgänge in Gross-Glienicke, die den Befehl zur sofortigen Besetzung der Rundfunksender Königs Wusterhausen und Zeesen erhielten, die Infanterieschule Döberitz, die Ersatz-Brigade Grossdeutschland, die Fahnenjunker-Schule in Potsdam, die Unteroffiziersschule Potsdam. Oberst d. Genst. Mertz von Quirnheim alarmiert die vom Wachbataillon gestellte Wache im Bendler-Block. Hauptmann Friedrich-Karl Klausing übermittelt dem diensthabenden Leutnant Arnds den Befehl, alle Ausgänge des Bendler-Blockes zu sichern und jeden Durchgangsverkehr zu unterbinden. Olbricht ergänzt diese Befehle durch die mündliche Anweisung, etwa anrückende SS-Truppen sofort zu bekämpfen.

Gegen 16.05 Uhr meldet v. Haeften telefonisch aus Rangsdorf im Auftrag Stauffenbergs das Gelingen des Attentats, den Tod Hitlers und die planmässige Rückkehr beider nach Rangsdorf. Olbricht ordnet nunmehr sofort die Ausgabe des Stichwortes Walküre und das Absetzen des ersten detaillierten, für den Umsturz vorbereiteten Fernschreibens (Hitler ist tot, Wehrmacht übernimmt die vollziehende Gewalt) mit höchster Dringlichkeitsstufe an alle Generalkommandos im Heimatkriegsgebiet und die entsprechenden Dienststellen in den besetzten Gebieten an. (s. Anhang)

Alsdann begibt sich Olbricht zu Fromm und erbittet ein Gespräch unter vier Augen. Fromm unterbricht seine Besprechung, Olbricht meldet Fromm den Tod Hitlers und schlägt die Ausgabe des Stichwortes für die Abwendung von Gefahren bei inneren Unruhen – also „Walküre" – vor (dessen Ausgabe er bereits ohne Wissen Fromms veranlasst hatte). Auf die Frage Fromms, woher er das wisse, erklärt Olbricht, dass der Oberst Stauffenberg, der soeben von der Lagebesprechung im Hauptquartier kommend in Rangsdorf gelandet sei, von dort aus angerufen und ihm dies mitgeteilt habe. Fromm will sichergehen und verlangt – bevor er dazu seine Zustimmung geben kann – eine telefonische Verbindung mit Keitel. Im Vertrauen auf die Richtigkeit der telefonischen Meldung Stauffenbergs/v. Haeftens aus Rangsdorf stellt Olbricht selbst ein „Führungsblitzgespräch" (höchste Dringlichkeitsstufe) zu

Keitel her, weil er sich von der Bestätigung des Todes Hitlers durch Keitel die Mitwirkung Fromms beim Umsturzversuch verspricht (und auf Grund früherer Äusserungen Fromms ihm gegenüber auch erwarten kann). Das Telefongespräch Keitel/ Fromm ergibt indes lediglich die Bestätigung eines misslungenen Attentats auf Hitler, der nur leicht verletzt worden sei, und endet mit der Frage Keitels: Wo ist eigentlich Ihr Chef des Stabes Graf Stauffenberg? Fromm lehnt auf Grund dieses Telefongespräches die Ausgabe der Walküre-Befehlc ab. Olbricht wartet nun zunächst das Eintreffen Stauffenbergs aus Rangsdorf (gegen 16.40 Uhr) ab, lässt sich dann durch ihn über die Geschehnisse unterrichten und erfährt von Stauffenberg, dass Hitler mit grösster Wahrscheinlichkeit dem Attentat zum Opfer gefallen sei. Beide gehen erneut zu Fromm. Olbricht eröffnet das Gespräch mit der Mitteilung, dass Stauffenberg bei seiner Rückkehr den Tod Hitlers bestätigt habe. Erregt widerspricht Fromm unter Hinweis auf sein Telefongespräch mit Keitel. Stauffenberg erwidert: „Der Feldmarschall lügt wie gewöhnlich. Ich habe die Bombe selbst gelegt. Ich habe mit eigenen Augen gesehen, wie man Hitler tot auf einer Bahre herausgetragen hat." Darauf Fromm: „Ihr Attentat ist missglückt. Sie müssen sich sofort erschiessen!" Und Stauffenberg: „Das werde ich ganz bestimmt nicht tun." Olbricht greift erneut ein und unterrichtet Fromm, dass er sich angesichts des von Stauffenberg nun bestätigten Todes Hitlers nun doch zur Ausgabe der „Walküre"-Befehle entschlossen habe. Er appelliert erneut an Fromm, sich nunmehr eindeutig auf die Seite der Männer zu stellen, die Deutschland vor dem sonst sicheren Untergang zu retten versuchen. Aber Fromm lehnt das kategorisch ab, verlangt nach Mertz von Quirnheim, der auf Weisung Olbrichts die Ausgabe der „Walküre"-Befehle veranlasst hat, und erklärt nach dessen Eintreffen die anwesenden Olbricht, Stauffenberg und Mertz von Quirnheim für verhaftet. Daraufhin Olbricht: „Herr Generaloberst, Sie täuschen sich über die wahren Machtverhältnisse. Wir verhaften Sie!" Fromm erhält die Erlaubnis, sich unter ständiger Bewachung durch zwei der Verschwörung angehörende Offiziere in seine im Bendler-Block befindliche Privatwohnung zurückzuziehen. Olbricht, Stauffenberg und Mertz von Quirnheim gehen an ihre Arbeit. Sie unterrichten die inzwischen eingetroffenen Generalfeldmarschall von Witzleben, der Oberbefehlshaber der Wehrmacht wird, Generaloberst Hoepner, der Oberbefehlshaber im Heimatkriegsgebiet wird, und natürlich Generaloberst Beck, den zum „ Reichsverweser" ernannten neuen Staatsoberhaupt des Deutschen Reiches.[8]:

Graf Stauffenberg schaltet sich in seiner Eigenschaft als Chef des Stabes des Befehlshabers des Ersatzheeres sofort mit aller Energie und Entschlossenheit in die Durchführung der für den Umsturz vorbereiteten Massnahmen persönlich ein.

In verschiedenen Wehrkreisen – auch in den besetzten Gebieten – laufen die Aktionen planmässig an. In Paris gelingt es auf Anordnung des zur Verschwörung gehörenden Militärbefehlshabers von Frankreich – des Generals der Infanterie Karl-Heinrich von Stülpnagel – und seines ebenfalls der Verschwörergruppe angehörenden Mitarbeiters Oberstleutnant der Reserve (Luftwaffe) Caesar von Hofacker (Vetter von Stauffenberg), den Höheren SS- und Polizeiführer SS-Gruppenführer Karl Albrecht Oberg und die wichtigsten Gestapo- und SD-Leute festzunehmen und die kasernierten SS- und SD-Einheiten zu entwaffnen. Ähnliches gelingt in Wien.

Als General von Kortzfleisch sich befehlsgemäss im BendlerBlock meldet, wird er zum neu ernannten Oberbefehlshaber im Heimatkriegsgebiet, Generaloberst Hoepner, geführt. Er weigert sich, von diesem Befehle entgegenzunehmen, bestrei-

---

[8] Die in dem von der Bundeszentrale für politische Bildung (Bonn) herausgegebenen Buch „Der 20. Juli 1944" enthaltene Darstellung des Ablaufes dieser Ereignisse weicht von meiner Schilderung zwar nicht im Grundsätzlichen, aber doch in wesentlichen Einzelheiten ab. Sie stammt von Fabian von Schlabrendorff, der an diesem Tage nicht selbst in der Bendlerstrasse gewesen ist. Von Schlabrendorff stützt sich auf Schilderungen des Generaloberst Fromm, mit dem er zusammen im Zuchthaus Brandenburg inhaftiert war und der ihm auch die Anklageschrift gegen ihn zur Kenntnis gab. Fromm kämpfte um sein Leben und musste eine ihn nicht belastende Version des Ablaufs dieses Tages behaupten, die ihn vor der Verurteilung, als Mitwisser der Verschwörung schuldig geworden zu sein, bewahrte. Dies gelang ihm auch. Fromm wurde tatsächlich am 7.3.1945 vom Volksgerichtshof nicht wegen Beteiligung an der Verschwörung des 20. Juli oder wegen Hoch- und Landesverrat zum Tode verurteilt, die ihm trotz starker Verdachtsmomente nicht nachgewiesen werden konnte, sondern wegen Feigheit – weil er den Verschwörern nicht unter Einsatz seines Lebens entgegengetreten sei. Die Richtigkeit meiner Darstellung, die sich auf die Unterrichtung durch meinen Schwiegervater am Abend des 20. Juli stützt, wird indes durch den erst kürzlich bekannt gewordenen geheimen Prozessbericht eines Dr. Hopf an den Reichsleiter Martin Bormann zur Vorlage bei Hitler bestätigt. (s. Anhang)

tet den Tod Hitlers und beruft sich auf seinen Eid. Auch Generaloberst Beck kann ihn nicht umstimmen. Er wird daher in Arrest genommen. Generalleutnant von Thüngen übernimmt an seiner Stelle den Befehl über den Wehrkreis III. Als kurz nach 17.00 Uhr der SS-Oberführer Dr. Piffrader mit dem Auftrag, Stauffenberg zu verhaften, ins Allgemeine Heeresamt kommt, lässt Stauffenberg ihn seinerseits kurzerhand festnehmen. (Erste Ermittlungen der Gestapo unmittelbar nach dem Anschlag im Hauptquartier hatten zu der sicheren Erkenntnis geführt, dass Stauffenberg der Attentäter war. Die zweite, nach dem Attentat noch innerhalb des Hauptquartiers aus dem fahrenden Auto geworfene Bombe war bald gefunden worden, da der Fahrer des Wagens dies bemerkt und nach Rückkehr vom Flugplatz sofort gemeldet hatte.)

Bis 17.30 Uhr ist die Alarmierung der ausserhalb Berlins liegenden Truppenteile vollständig durchgeführt. Da die geplante Isolierung des Hauptquartiers von allen Nachrichtenverbindungen jedoch nicht gelungen ist (die von v. Below und Himmler angeordnete Nachrichtensperre wurde um 15.00 Uhr aufgehoben), wird die Situation für die Verschwörer in der Bendlerstrasse von Stunde zu Stunde kritischer.

Die Nachrichten und Befehle aus der „Wolfsschanze", durch die klargestellt wird, dass es sich um einen Umsturzversuch handelt, und Befehle des Befehlshabers der Ersatzheeres nicht auszuführen sind, bringen Unsicherheit und Verwirrung und lähmen die Durchführung der von den Verschwörern angeordneten Massnahmen.

Als schliesslich gegen 18.45 Uhr das amtliche Kommuniqué des „Grossdeutschen Rundfunks" ausgestrahlt wird, dass auf den „Führer" ein Sprengstoffanschlag verübt worden sei, er selbst ausser leichten Verbrennungen und Prellungen keine Verletzungen erlitten habe und unverzüglich seine Arbeit wieder aufgenommen habe, muss jede Hoffnung, der Umsturzversuch könne vielleicht trotz des misslungenen Attentats doch noch erfolgreich durchgeführt werden, aufgegeben werden.

Daran können auch die verzweifelten Bemühungen Stauffenbergs, durch die Ausgabe der weiteren vorbereiteten Zusatzbefehle zu „Walküre" und durch persönliche Telefongespräche mit den Wehrkreiskommandos, in denen er den Tod

Hitlers versichert, die gegenteiligen Nachrichten und Befehle aus dem Hauptquartier als Naziversuche darstellt, der Wehrmacht in den Rücken zu fallen, und die Wehrkreisbefehlshaber beschwört, nur Befehlen aus der Bendlerstrasse zu gehorchen, nichts mehr ändern. Der Befreiungsversuch ist definitiv gescheitert.

Ich selbst befand mich am 20. Juli in Bernau bei Berlin bei meiner Dienststelle, dem General der Flakwaffe im Oberkommando der Luftwaffe. Ich war nicht darüber informiert, dass an diesem Tage ein erneuter Versuch, das Attentat auszuführen, stattfinden würde. Seit dem Vormittag leitete ich eine Besprechung über Einsatz-, Organisations- und Nachschubfragen der V 1, für die der General der Flakwaffe innerhalb des Oberkommandos der Luftwaffe zuständig war. Während dieser Besprechung wurde mir als ständigem Vertreter des abwesenden Chef des Stabes des Generals der Flakwaffe, ein KR-Fernschreiben aus dem Führerhauptquartier an den General der Flakwaffe hereingegeben, das den sofortigen Abschuss einer bestimmten Heinkel 111, die sich irgendwo im deutschen Luftraum befinden sollte, mit allen verfügbaren Mitteln anordnete. Ich war ziemlich sicher, dass es sich nur um die Maschine handeln könne, mit der Graf Stauffenberg aus dem Hauptquartier zurück nach Rangsdorf unterwegs war, dass also an diesem Tage das Attentat zur Ausführung gekommen war. Infolgedessen unterliess ich die Weitergabe an die Luftverteidigungskommandos im Heimatkriegsgebiet und den besetzten Gebieten, die für die Luftverteidigung verantwortlich waren. (Gott sei Dank erstreckten sich die Ermittlungen der Gestapo gegen mich nicht auf dieses Detail.)

Am späten Nachmittag rief mich mein Schwiegervater an und bat mich, unbedingt sofort zu ihm ins Allgemeine Heeresamt zu kommen. Da „Walküre" natürlich auch für unsere Dienststelle galt, benötigte ich zum Verlassen der Kaserne, in der wir untergebracht waren, die ausdrückliche Genehmigung des Generals der Flakwaffe, General der Flakartillerie Walther von Axthelm persönlich. Er kannte General Olbricht und schätzte ihn sehr und wusste natürlich auch, dass ich sein Schwiegersohn war. So erhielt ich sofort seine Genehmigung, die Kaserne zu verlassen – durfte allerdings keine Pistole mitnehmen. Wachhabender Offizier, bei dem ich mich abmelden musste, war mein Kamerad und Freund Hauptmann Harras Sonnenberg. Als ich ihm weisungsgemäss meine Pistole aushändigen wollte, meinte er, die würde ich heute vielleicht doch brauchen. Er nahm sie aber dennoch entgegen, steckte mir dann allerdings seine in meine Pistolentasche, so dass ich nicht unbewaffnet war. Mein Wagen war ein sogenannter „Holzgaser", also ein Fahrzeug, das nicht mit einem normalen Benzinmotor ausgerüstet war, sondern zur Einsparung von Benzin-Treibstoff mit einem Holzgas-Generator, der die beim Verbrennen des Holzes entstehenden Gase als Antrieb nutzte.

Die Fahrt ins Allgemeine Heeresamt durch die völlig menschen- und fahrzeugleere Stadt war gespenstisch, verlief aber ohne jeden Zwischenfall. Auch wurde ich kein einziges Mal angehalten und kontrolliert.

Nach Eintreffen im AHA begab ich mich sofort zu meinem Schwiegervater und meldete mich bei ihm. Im Heeresamt spürte man allgemeine Unruhe und Nervosität. In seinem Vorzimmer warteten auf dem kleinen Besuchersofa sitzend zwei mir unbekannte Herren in Zivil – einer der beiden war, wie ich nach dem Krieg erfahren habe, der Konsistorialrat Dr. Eugen Gerstenmeier, der meinem Schwiegervater Informationen von einer Reise nach Schweden, von der er gerade zurückgekommen war, geben wollte. Ich wurde sofort vorgelassen. Wir hatten ein langes, sehr ernstes Gespräch, in dessen Verlauf er mich über den Ablauf des Tages unterrichtete. Nachdem gegen 18.45 Uhr die Nachricht von dem misslungenen Attentat im Rundfunk bekannt gegeben war und kurz darauf im Rundfunk angekündigt worden war, dass Hitler im Laufe des Abends über alle deutschen Sender eine Rede an das deutsche Volk halten werde, hatte er keinen Zweifel mehr daran, dass die Darstellung Stauffenbergs, Hitler sei dem Attentat zum Opfer gefallen, nicht den Tatsachen entsprach. Ob Stauffenberg tatsächlich der Überzeugung war, das Attentat sei gelungen, oder ob er mit dieser immer wieder bekräftigten Behauptung vom sicheren Tod Hitlers denjenigen Offizieren, die sich noch immer an ihren Eid gebunden fühlten, den Schritt über die Schwelle zu einem eidfreien Zustand ermöglichen wollte, wird niemand mit Sicherheit heute noch sagen können. Er hat diese Version bis zuletzt gegenüber jedermann

– auch gegenüber meinem Schwiegervater und gegenüber Oberst Mertz von Quirnheim – aufrecht erhalten.

Erste Zweifel an der Richtigkeit der Meldung Stauffenbergs waren meinem Schwiegervater bereits bei dem Telefongespräch zwischen Fromm und Keitel gekommen. Er hätte diese Telefonverbindung nicht zugelassen und nicht selbst veranlasst, wenn er zu diesem Zeitpunkt den geringsten Zweifel an Tode Hitlers gehabt hätte. Weitere Informationen aus dem Hauptquartier, die er im Laufe des Nachmittags erhielt, nachdem die Nachrichtensperre aufgehoben worden war, und die Zuspitzung der Entwicklung im Laufe des Nachmittags verstärkten seine Zweifel schliesslich bis zur Gewissheit. Das Misslingen des Attentats nahm dem auf einem gelungenen Attentat und einer absoluten Nachrichtensperre im Hauptquartier aufgebauten Befreiungsversuch jede Chance. Er war sich in dieser Stunde darüber im klaren, dass der Befreiungsversuch, den er in über vierjähriger Arbeit vorbereitet hatte und für den er die Verantwortung trug, gescheitert war. Er wusste, dass er mit seinem Leben dafür einzustehen hatte, und wollte sich – bevor es dazu zu spät sein würde – selbst erschiessen. Die noch verbleibende Zeit wollte er nutzen, um möglichst alles dem Zugriff der Gestapo zu entziehen, was Mitverschworene, die sich bis dahin noch nicht durch eigenes Handeln als solche decouviert hatten, in den Verdacht einer Beteiligung hätte bringen können.

Unser Gespräch wurde nur hin und wieder durch Einzelmassnahmen, die er zu treffen hatte, unterbrochen. Ich erinnere mich z. B., dass ein Oberst Müller ihn dringend zu sprechen wünschte, um einen schriftlichen Befehl Olbrichts zur Besetzung des Berliner Senders in der Masurenallee zu erhalten, da die Einheit, die diese Aufgabe übernehmen sollte, den Auftrag offenbar nicht planmässig durchgeführt hatte. Gegen Ende des Gesprächs bat mich mein Schwiegervater, ihm noch seine in seinem Panzerschrank liegende Pistole schussfertig zu machen. Dann übergab er mir seine Aktentasche, in die er verschiedene im Panzerschrank liegende Papiere hereinlegte, mit dem Auftrag, die Aktentasche unter allen Umständen aus dem Allgemeinen Heeresamt herauszubringen und den Inhalt sofort zu vernichten.

In diesem Augenblick – es war inzwischen etwa 22.30 Uhr

geworden – verschaffte sich eine Gruppe von fünf, mir bis dahin unbekannten mit Maschinenpistolen, Pistolen und Handgranaten bewaffneten Offizieren[9] Zutritt zum Zimmer meines Schwiegervaters, forderte von ihm Aufklärung, was hier vor sich gehe, und verlangte den Grafen Stauffenberg zu sprechen. Mein Schwiegervater erwiderte in grosser Ruhe: „Sie sehen, meine Herren, hier ist er nicht – er wird vorn in seinem Zimmer sein." („Vorn" bedeutete, dass er in seinem neuen Dienstzimmer als Chef des Stabes bei Fromm sein könnte.)

Ich war in der Zwischenzeit in die Nähe der Verbindungstür zwischen dem Zimmer meines Schwiegervaters und seinem Vorzimmer gelangt. Plötzlich wurde diese Tür aufgerissen und Graf Stauffenberg kam herein. Als er bemerkte, was los war, drehte er sofort um und floh aus dem Zimmer. Ich stellte mich in den Türrahmen und versuchte, die ins Zimmer meines Schwiegervaters eingedrungenen Offiziere wenigstens einige Sekunden aufzuhalten, um Stauffenberg bei seiner Flucht etwas Vorsprung zu verschaffen. Ich sah noch, wie Stauffenberg durch das Vorzimmer in das anschliessende Zimmer – sein früheres eigenes Arbeitszimmer, jetzt das seines Nachfolgers als Chef des Stabes bei Olbricht, Mertz von Quirnheim gelangte, im Fliehen seine Pistole zog und die Verbindungstür hinter sich zuwarf. Ich wurde von den fünf Offizieren zur Seite gedrängt, die ihn verfolgten. Unmittelbar danach fielen Schüsse. Stauffenberg erhielt offenbar einen Schuss in den linken Oberarm. Ob nun Stauffenberg oder die ihn verfolgenden Offiziere zuerst geschossen haben, weiss ich nicht. Als nach einigen Minuten die Schiesserei aufhörte, verabschiedete ich mich von meinem Schwiegervater mit einem festen Händedruck – wohl wissend, dass wir uns nicht wiedersehen würden – und versuchte, die Aktentasche aus dem Haus zu bringen. Auf dem Korridor hatten mehrere Offiziere mit schussbereiten Pistolen in den Türnischen Deckung genommen und brüllten

---

[9] Nach dem Krieg habe ich erfahren, dass es der österreichische Oberstleutnant d. Genst. Pridun (Ia im AHA), Oberstleutnant des Generalstabes Herber (Ib im AHA), Major d. Genst. v. d. Heyde, Major (WuG) Fliessbach und Major (?) Kuban waren, die sich mit Maschinenpistolen, die der Waffen-Major Fliessbach aus dem Spandauer Zeughaus beschafft hatte, bewaffnet hatten. Sie gehörten alle nicht zum Kreis der Verschwörer.

jeden, der sich blicken liess, an: „Sind Sie für den Führer oder gegen den Führer?" Mir war sofort klar, dass an eine direkte Flucht nicht mehr zu denken war und nur eine Übertölpelung dieser Offiziere noch ein Entkommen ermöglichen konnte. Auf die auch an mich gerichtete Frage des in der Türnische gegenüber der Vorzimmertür meines Schwiegervaters postierten Offiziers, ob ich für den Führer oder gegen ihn sei, erwiderte ich: „Ich habe mit der ganzen Sache nichts zu tun – ich will hier raus. Wie komme ich hier raus?" Dabei kam mir zweifellos zugute, dass ich die Uniform eines Generalstabsoffiziers der Luftwaffe trug und diese Offiziere nicht wussten, wer ich war. Er rief mir zu: „Den Gang hier entlang, die Stufen hoch und dann links ins Treppenhaus – aber machen Sie schnell, wir brauchen das Schussfeld." Dennoch rannte ich nicht, um nicht den Eindruck einer Flucht zu erwecken. Es gelang mir, das zu diesem Zeitpunkt unbeleuchtete Treppenhaus zu erreichen und in den Hof des Bendlerblocks zu gelangen. Als ich sah, dass der Zugang zur Tordurchfahrt bereits von einer Kette schussbereiter Soldaten abgeriegelt war, so dass kein Durchkommen möglich war, suchte ich nach einer anderen Fluchtmöglichkeit. Da sah mich der Zivilpförtner des Bendlerblocks, der mich kannte, und flüsterte mir zu, ich solle ihm folgen. Er ging in den rechts von der Tordurchfahrt befindlichen Aufgang, von dem im Erdgeschoss eine kleine Verbindungstür zur Pförtnerloge führte. Von dieser Pförtnerloge aus gab es eine Tür in die Tordurchfahrt, durch die ich nun hinter der Absperrkette in die Tordurchfahrt gelangte . Auf der gegenüberliegenden Strassenseite wartete mein Fahrer mit unserem „Holzgaser". Es dauerte eine Viertelstunde, bis das Fahrzeug fahrbereit war, der Generator also genügend Gas erzeugt hatte, bis der Motor gestartet werden konnte. Sie dehnte sich für mich zur Ewigkeit!

Um Mitternacht war ich wieder in Bernau, meldete mich zurück, tauschte mit Hauptmann Sonnenberg unsere Pistolen zurück und ging in mein Wohn-/Schlafzimmer.

Als erstes suchte ich mir einen Eimer, in dem ich die in der Aktentasche befindlichen Papiere verbrennen konnte. Da mir klar war, dass ich bei meiner Flucht von vielen gesehen worden war und dass mit Sicherheit auch bemerkt worden war, dass ich mit einer Aktentasche unter dem Arm den

Bendler-Block verlassen hatte, und niemand mir glauben würde, dass die Aktentasche leer gewesen sei, sortierte ich belanglose Dinge wie z. B. das Postsparbuch meines Schwiegervaters und einige rein persönliche, unverfängliche Schriftstücke aus, legte diese wieder in die Aktentasche zurück und brachte die Tasche in mein Arbeitszimmer und verschloss sie in meinem Panzerschrank. Die übrigen Papiere, bei denen es sich im wesentlichen um Namenslisten und Zusatzbefehle zu „Walküre" handelte, verbrannte ich in dem Eimer und brachte Asche und Eimer hinaus, verstreute die Asche und versteckte den Eimer. (Wie richtig es war, dass ich die Aktentasche mit dem verbliebenen, belanglosen Inhalt in meinem Panzerschrank eingeschlossen hatte, erwies sich bereits am nächsten Vormittag. Zwei Beamte der Geheimen Staatspolizei kamen in die Kaserne und fragten mich nach dem Inhalt und Verbleib der Aktentasche. Ich erklärte, dass ich den Inhalt nicht kenne und die Tasche nach meiner Rückkehr in meinen Panzerschrank eingeschlossen habe. Sie nahmen die Tasche an sich und zogen wieder ab.)

Da ich nicht mit der Möglichkeit rechnete, dass ich meine Frau, meinen damals 11 Monate alten Sohn und meine Schwiegermutter noch einmal sehen würde und infolgedessen nach meinem Tod niemand die Wahrheit über diesen Tag erfahren würde, schrieb ich meine Erlebnisse nieder, verschloss den Bericht in einem Briefumschlag und brachte ihn zu Hauptmann Sonnenberg. Ich übergab ihn ihm mit dem Hinweis, dass dieser Briefumschlag einen Bericht über meine Erlebnisse in dieser Nacht enthalte, dass er ihn nicht öffnen solle, da das Wissen ihn nur belasten könne, und er diesen Briefumschlag – wenn er das Kriegsende überleben sollte – meiner Frau persönlich aushändigen möge. Er müsse auf alle Fälle verhindern, dass dieser Bericht in die Hände der Gestapo falle.

Während ich diesen Bericht schrieb, betrat plötzlich der General der Flakausbildung, eine Dienststelle des Generals der Flakwaffe, Generalleutnant Heino von Rantzau mein Zimmer und bat mich, ihm meine Pistole zu leihen, seine Waffe sei nicht in Ordnung. Ich sah ihn lange an und sagte dann, ich würde meine Waffe vielleicht doch selbst brauchen – aber bestimmt nur dann, wenn kein anderer Ausweg mehr bliebe, und ich brauchte sie sicher jetzt notwendiger als er die seine. Ich würde sie aber nicht verwenden, um mich zu erschiessen. Darauf meinte er: „Na dann ist es ja gut! Dann brauche ich sie auch nicht."

Der Bericht hat das Kriegsende überlebt. Sonnenberg hat ihn mir nach dem Kriege verschlossen zurückgegeben. Der Briefumschlag zeigte noch die Spuren des braunen Klebestreifens, mit dem er ihn an der Unterseite einer Schreibtischschublade angeklebt hatte, um ihn sicher zu verstecken. Ich habe ihn seitdem nie aus der Hand gegeben – nur in Abschriften anderen zur Kenntnis gebracht. So war ich in der Lage, die letzten Worte meines Schwiegervaters für die Nachkriegsgeschichtsschreibung zu überliefern:

„Wir werden uns hier vielleicht noch einige Zeit halten, werden uns hier verteidigen – vielleicht noch eine Nacht, vielleicht noch zwei. Vielleicht sind wir aber auch schon in einer Stunde hier umstellt. Ich werde dann hier als Soldat zu sterben wissen. Ich sterbe dann für eine gute Sache, davon bin ich felsenfest überzeugt. Ich tue nicht mehr, als unendlich viele Offiziere und Generale in diesem Krieg schon getan haben. Ich sterbe für Deutschland. Ich werde nicht allein sterben, wir sind hier zahlreich. Aber es gibt keine andere Möglichkeit. Stauffenberg war unser Têtenreiter, und einen Têtenreiter lässt man nie im Stich. Es wäre auch sinnlos. Das Ende ist so oder so das gleiche. Sollen wir jetzt bekennen, dass wir gesündigt haben? Nein – *wir haben das Letzte gewagt für Deutschland!* Ich weiss nicht, wie eine spätere Nachwelt mal einst über unsere Tat und über mich urteilen wird, ich weiss aber mit Sicherheit, dass wir alle frei von irgendwelchen persönlichen Motiven gehandelt haben und nur in einer schon verzweifelten Situation das Letzte gewagt haben, um Deutschland vor dem völligen Untergang zu bewahren. Ich bin überzeugt, dass unsere Nachwelt das einst erkennen und begreifen wird."

Die hitlertreuen Offiziere im Allgemeinen Heeresamt befreiten nun Generaloberst Fromm und nahmen auf dessen Befehl den Grafen Stauffenberg, Generaloberst Beck, General Olbricht, Oberst Mertz von Quirnheim und Oberleutnant von Haeften fest und brachten sie zu Fromm. Dieser verkündete ihnen, „ein Standgericht in meiner Person hat Sie soeben zum Tode verurteilt". General Olbricht, Graf Stauffenberg, Oberst

Mertz von Quirnheim und Oberleutnant Werner von Haeften wurden anschliessend auf Befehl von Generaloberst Fromm in den Hof des Bendler-Blockes geführt und von einem Exekutionskommando bestehend aus 10 Unteroffizieren der von der 4. Kompanie des Wachbataillons gestellten Wache des Bendlerblockes unter Führung von Leutnant Schady – gegen 0.30 Uhr nacheinander erschossen. Stauffenberg rief vor seiner Exekution „Es lebe unser heiliges Deutschland"!

Nur Generaloberst Beck gestattete Fromm auf dessen Bitte hin, sich selbst zu erschiessen. Er liess ihm eine Waffe aushändigen. Beck traf sich jedoch nicht tödlich. Daraufhin befahl Fromm einem Feldwebel mit den Worten „Helfen Sie dem alten Herrn", den Generaloberst zu erschiessen.[10]

Die Leichen der Erschossenen wurden zunächst auf dem Alten St. Matthäi-Kirchhof in Berlin-Schöneberg vergraben (heute ein Ehrengrab des Landes Berlin) und am Sonntag, dem 23. Juli, vormittags im Krematorium Wedding in der Gerichtstrasse verbrannt. Die Asche wurde auf ausdrücklichen Befehl Hitlers auf Berliner Rieselfelder östlich der Stadt verstreut. (Um den Transport der Leichen und die Einäscherung im Krematorium unbemerkt durchführen zu können, wurde für Berlin „Fliegeralarm" gegeben.) (s. Anhang)

Auch der Generaloberst Fromm ist seinem Schicksal nicht entgangen. Durch die sofortige Erschiessung jener Männer, die um seine Bereitschaft wussten, sich im Falle eines gelungenen Attentats auf die Seite der Verschwörer zu stellen und bei dem Befreiungsversuch aktiv mitzuwirken, konnte er sein Leben nicht retten.

Dass Fromm von den Attentats- und Umsturzplänen im

---

[10] Die offizielle Version, dass die Verschwörung von dem Kommandeur des Wachbataillons, Major Remer, niedergeschlagen worden sei, war reine Propaganda, die auch die angeblich entscheidende Mitwirkung des Propaganda-Ministers Dr. Joseph Goebbels „gebührend" würdigte. Die Nazis wollten einen hochdekorierten jungen Frontoffizier zum Helden machen, der auf persönlichen Befehl Hitlers den Putschversuch „einer ganz kleinen Clique alter ehrgeiziger Offiziere" niedergeschlagen habe. Remer selbst hat in seinem ausführlichen und detaillierten Bericht vom 22. Juli 1944 etwas Derartiges nicht behauptet. Erst bei seiner rechtsradikalen Nachkriegskarriere umgab er sich mit diesem zweifelhaften Ruhm. Die fünf hitlertreuen Offiziere, die im Bendler-Block die Initiative zur Niederschlagung des Befreiungsversuchs ergriffen hatten, gingen leer aus. Sie wurden nicht – wie Remer – befördert oder mit Orden dekoriert. Alle Bemühungen, ihre Rolle an diesem Tage „ins rechte Licht zu rücken", waren vergeblich.

AHA gewusst haben muss, ergibt sich aus der Tatsache, dass er am 18. Juli – also nach dem „Walküre"-Fehlalarm – seinem ehemaligen Mitzögling in der Kadettenanstalt Lichterfelde, Oberst Brickenstein, mit dem ihn seit dieser Zeit enge Freundschaft verband und der zu diesem Zeitpunkt im Stabe des Wehrmachtsbefehlshabers Böhmen-Mähren Dienst tat, telefonisch den Befehl gab, sofort einen Erholungsurlaub anzutreten. Auf dessen erstaunten Hinweis, er sei doch vollkommen gesund, erwiderte Fromm: „Frag mich nicht weiter. Das ist ein dienstlicher Befehl!" (Diese Information verdanke ich dem Sohn von Oberst Brickenstein im Zusammenhang mit der Entstehung des Manuskriptes zu diesem Taschenbuch.)

Fromm wurde am 7. März 1945 vom Volksgerichtshof zum Tode verurteilt und am 19. März 1945 im Zuchthaus Brandenburg durch Beamte des Zuchthauses erschossen. Er starb mit dem Ruf „Heil Hitler". (s. Anhang)

13.
Die Rache der Nazis

Unmittelbar nach dem Attentat begann die Suche nach den Schuldigen, die zur Ermittlung fast aller Beteiligten an der Verschwörung und zu deren Aburteilung durch den Volksgerichtshof unter der Leitung des berüchtigten Präsidenten des Volksgerichtshofes Roland Freisler (ein ehemaliger Kommunist) und seiner willfährigen Richter führte. Fast alle Verfahren endeten mit einem Todesurteil, das sofort – fast immer durch den Strang – vollstreckt wurde.

Die zur Aufdeckung der Verschwörung gebildete Sonderkommission der Gestapo wuchs im Laufe der Zeit auf ca. 400 Gestapo-Beamte an. Jede nachgewiesene Beteiligung, fast jede nachgewiesene Mitwisserschaft wurde durch ein Todesurteil geahndet. Der Tod Freislers, des Präsidenten des Volksgerichtshofes, durch einen Luftangriff auf das Gebäude des Volksgerichtshofes in Berlin am 3. Februar 1945 rettete einzelnen infolge des Verlustes ihrer Akten bei diesem Luftangriff das Leben. Viele bei Kriegsende noch in Haft befindliche z. T. nur angeblich Mitverschworene wurden in Berlin und in Konzentrationslagern von SS- und SD-Wachkommandos noch vor ihrer Befreiung durch die Siegermächte ermordet.

Nach und nach dämmerte der Gestapo, dem Sicherheitsdienst (SD) und Hitler und seinen in die Ermittlungsergebnisse eingeweihten Gesinnungsgenossen das wahre Ausmass dieser Verschwörung. Der Bericht des Leiters der Sonderkommission der Gestapo, SS-Obersturmbannführer Dr. Georg Kiesel[11], der bei Kriegsende in jugoslawische Gefangenschaft

---

[11] In den Besitz dieses „Kiesel-Berichtes" gelangte ich auf folgende Weise: Bald nach dem Kriege wurde ich telefonisch in die sowjetische Militärkommandantur nach Ostberlin zu einem „Gespräch" gebeten. Mir war klar, was eine solche „Bitte" möglicherweise für Konsequenzen für mich haben könnte. Mir war aber

geriet und in der (vergeblichen) Hoffnung, durch die Abfassung dieses Berichtes sein Leben retten zu können, eine detaillierte Schilderung der Arbeit dieser Sonderkommission und ihrer Ermittlungsergebnisse verfasste, zeigt, dass die Gestapo zwar die Hauptbeteiligten ermittelt hatte, aber doch einzelne Beteiligte und Mitwisser dem ihnen zugedachten Schicksal entgehen konnten. Einzelne Hauptbeteiligte verübten in der sicheren Gewissheit des zu erwartenden Todesurteils Selbstmord. Besonders tragisch war das Schicksal des Militärbefehlshabers von Frankreich, General der Infanterie Karl-Heinrich von Stülpnagel, der bei einem missglückten Selbstmordversuch erblindete, dennoch vom Volksgerichtshof zum Tode verurteilt wurde und als Erblindeter zum Galgen geführt wurde.

Auch der noch am 1. Juni 1944 vorfristig wegen besonderer Leistungen zum Generalmajor beförderte Chef des Stabes der 2. Armee, Henning von Tresckow, nahm sich am 21. Juli an der Ostfront in Polen (in einem Waldstück nordöstlich von Nowosiolki) das Leben, um – wie er es seinen Freunden anvertraute – nicht womöglich unter der Folter Namen von Mitverschworenen preiszugeben. Am 24. Juli hiess es noch im Wehrmachtsbericht des OKW u.a. „… In diesen Kämpfen fanden der Kommandeur einer Kampfgruppe, Generalleutnant Scheller, und der Chef des Stabes einer Armee, Generalmajor v. Tresckow, in vorderster Linie den Heldentod". Tresckows Leichnam wurde zu dem Familiengut Wartenberg in der Neumark übergeführt und dort beigesetzt. Als durch die

---

auch klar, dass eine Weigerung, dieser Bitte nachzukommen, möglicherweise noch schlimmere Konsequenzen haben könnte., da die sowjetischen Behörden und Agenten damals jeden, an dem sie interessiert waren, auch gegen dessen Willen aus Berlin (West) herausholen konnten und auch herausholten. Also sagte ich zu. Das Gespräch verlief völlig korrekt, man wollte von mir erfahren, ob Graf Stauffenberg auch Kontakte zu sowjetischen Diplomaten oder Militärpersonen gehabt habe. Davon wusste ich nichts. Man erwähnte in diesem Gespräch den „Kiesel-Bericht", an dem ich natürlich ausserordentlich interessiert war. Die sowjetischen Behörden ihrerseits waren sehr an dem Bericht interessiert, den ich in den Morgenstunden des 21.Juli 1944 über die Ereignisse am 20. Juli abgefasst hatte. So kam es zu einem Austausch der Berichte. Ich gab den sowjetischen Behörden eine Abschrift meines Berichtes und erhielt daraufhin von diesen eine Abschrift des „Kiesel-Berichts". Der „Kiesel-Bericht" wurde dann später im Jahr 1947 in verkürzter Fassung in den „Nordwestdeutschen Heften"veröffentlicht.

Ermittlungen der Gestapo offenbar wurde, dass der General einer der aktivsten und wichtigsten Männer der Verschwörung gewesen war, wurde der Sarg in das Konzentrationslager Sachsenhausen verbracht. Dort musste sein in Gestapohaft gefangener Vetter Oberleutnant Fabian von Schlabrendorff die Leiche identifizieren. Sie wurde im Krematorium des KZ verbrannt und die Asche verstreut.

Am 7. August begannen die Prozesse vor dem Volksgerichtshof in Berlin. Oberreichsanwalt Lautz vertrat als getreuer Diener der NS-Justiz die Anklage. Generalfeldmarschall Erwin von Witzleben, der vorgesehene neue Oberbefehlshaber der Wehrmacht, Generalleutnant Paul von Hase, Stadtkommandant von Berlin, Peter Graf Yorck von Wartenburg, Mitbegründer des Kreisauer Kreises, Hauptmann Friedrich Karl Klausing, enger Mitarbeiter Stauffenbergs, Oberstleutnant d. Genst. Robert Bernardis (Stab AHA), Generaloberst Erich Hoepner, der vorgesehene neue Oberbefehlshaber im Heimatkriegsgebiet, Generalmajor Helmut Stieff, Chef der Organisationsabteilung im Oberkommando des Heeres, Oberleutnant d. R. Albrecht von Hagen, Organisationsabteilung im Oberkommando des Heeres, waren die ersten Opfer der Rache-Justiz des Volksgerichtshofes, an der u. a. auch der General der Infanterie Hermann Reineke, Chef des Wehramtes und Chef des NS-Führungsstabes im OKW, beteiligt war. Die Urteile wurden am 8. August gefällt und noch am selben Tag durch Erhängen in der Hinrichtungsstätte Plötzensee in Berlin vollstreckt. Fast täglich folgten neue Prozesse, neue Todesurteile, neue Hinrichtungen.

Der zum Präsidenten des Volksgerichtshofes ernannte Roland Freisler war eine schillernde Persönlichkeit. Er galt als scharfsinniger Jurist und soll im privaten Umgang – insbesondere Frauen gegenüber – ein charmanter und eloquenter Unterhalter gewesen sein. Er war als Fahnenjunker in die Armee eingetreten, hatte am 1. Weltkrieg an der Ostfront teilgenommen und war 1915 in russische Gefangenschaft geraten und mehrere Jahre in Sibirien festgehalten worden. Dort lernte er fliessend Russisch, wurde nach der Oktoberrevolution bolschewistischer Kommissar und überzeugter Kommunist. 1920 kehrte er nach Deutschland zurück, beendete sein Jurastudium mit der Promotion 1921 in Jena und liess sich

1924 als Rechtsanwalt in Kassel nieder. 1925 wurde er Mitglied der NSDAP, 1932 preussischer Landtagsabgeordneter, 1933 Reichstagsabgeordneter. Im März 1933 wurde er als Ministerialdirektor Leiter der Personalabteilung im preussischen Justizministerium. Von 1934 bis 1935 war er Staatssekretär im preussischen Justizministerium, von 1935 bis 1942 im Reichsjustizministerium. Als solcher nahm er 1942 an der berüchtigten „Wannseekonferenz" teil, bei der es um die „Endlösung der Judenfrage" ging. 1942 wurde er als Nachfolger Thieracks – als dieser Reichsjustizminister wurde – Vorsitzender des Volksgerichtshofes, dessen Aufgabe es war, alle Fälle von Hoch- und Landesverrat auf brutalste Weise abzuurteilen, um jegliche Opposition in Deutschland auszuschalten und einzuschüchtern. Seine rücksichtslose Prozessführung und seine brutalen Urteile brachten ihm – in Verbindung mit der roten Robe, in der er amtierte – die Bezeichnung „Blutrichter" ein. Er hatte aus den sowjetischen Schauprozessen gelernt, wie man Angeklagte demütigt und terrorisiert.

Über die Prozessführung durch Freisler gibt es einen Bericht des Stenographen Peter Vossen, den Eberhard Zeller in seinem Buch „Geist der Freiheit – Der 20. Juli 1944" – nach meiner Meinung das beste und umfassendste Buch über den 20. Juli 1944 überhaupt – veröffentlicht hat:

„Noch nie in der deutschen Rechtsgeschichte sind Angeklagte mit einer derartigen Brutalität, mit einer derart fanatischen Rücksichtslosigkeit behandelt worden wie in diesem Prozess. Wie gemeine Mörder wurden sie, jeder von zwei Beamten der Gestapo an den Ärmeln geleitet (ohne Kragenbinde und Hosenträger), in den Gerichtssaal geführt. Schon rein äusserlich sah man allen Angeklagten an – und bei ihrer Vernehmung steigerte sich mir noch dieser Eindruck –, dass sie nach all diesen erlittenen Quälereien der Untersuchungshaft bloss das eine ersehnten: das baldige Ende dieser körperlichen und geistigen Folter. Bei einem von ihnen... waren noch die Spuren der Misshandlung sichtbar. Bezeichnend für die unmenschliche Verhandlungsführung war es, dass es keinem der Angeklagten verstattet wurde, sich über die Motive der Tat auszulassen. Alle Angeklagten mussten es sich von diesem früheren Rechtsanwalt gefallen lassen, als Lumpen, Verräter und feige Mörder bezeichnet zu werden... So wurde die

Prozessführung... zur Karikatur einer Gerichtsverhandlung, was sich auch darin zeigte, dass der Vorsitzende mit schauspielerischem, brutalem und erbarmungslosem anscheinend vor dem Spiegel einstudiertem Gesichtsausdruck an der Spitze seiner Mitrichter wie ein zweiter Robespierre den Saal betrat. Nichts von Menschlichkeit in dieser widerlichen Fratze mit den grossen, von den Lidern halb überdeckten, gleisnerisch hinterlistigen Augen... Mit einer Stimme, die entgegen allen Geheimhaltungsvorschriften wie eine Posaune in den umliegenden Strassen gehört werden musste, erklärte er alle acht Angeklagten für schuldig des vollkommensten Verrats am Führer, am Gefolgsherrn, an allem, was das deutsche Volk sei und habe, an der deutschen Geschichte, an allen deutschen Männern und Frauen. Im schwülstigen, hier und da an altdeutsche Sprüche anklingenden Stil wiederholte er immer wieder dieselben Phrasen, um schliesslich alle Angeklagten wegen der „schimpflichsten Tat, die je unsere Geschichte gesehen hat", zum Tode durch den Strang zu verurteilen. Er beendete die Urteilsverkündung mit den grosssprecherischen Worten: Wir kehren zurück in das Leben, in den Kampf. Wir haben keine Gemeinschaft mit ihnen. Das Volk hat sich von ihnen befreit, ist rein geblieben. Wir kämpfen. Die Wehrmacht grüsst: Heil Hitler. Wir alle grüssen: Heil Hitler. Wir kämpfen mit unserem Führer, ihm nach für Deutschland. Wir haben die Gefahr jetzt abgeschüttelt, wir marschieren mit totaler Kraft hin zum totalen Sieg."

Für die Folterungen, denen die politischen Häftlinge ausgesetzt waren, sei beispielhaft die Aussage des Häftlingssanitäters im Konzentrationslager Sachsenhausen, Max Geissler, über den seit Frühjahr 1943 in Untersuchungshaft befindlichen und inzwischen nach Sachsenhausen verbrachten Reichsgerichtsrat a. D. Dr. Hans von Dohnányi zitiert: „Dohnányi war infolge der vielen Misshandlungen derart geschwächt und gelähmt, dass er nicht imstande war, sich selbst zu waschen, zu essen oder sich nur im Bett umzudrehen. Es bestand auch keine Aussicht, dass er wieder vollständig genesen könne." Der norwegische Häftlingsarzt Dr. Sven Oftedal – nach dem Kriege norwegischer Sozialminister .- stellte fest, dass von Dohnanyi neben zahlreichen inneren Verletzungen auch schwere Schäden an der Wirbelsäule davongetragen hat, die ausschliesslich von den Misshandlungen durch die Gestapo herrührten.

Es unterliegt keinem Zweifel, dass Hitler von den Misshandlungen der Häftlinge nicht nur gewusst, sondern sie auch selbst angeordnet hatte. Er fand in Männern wie Freisler, bei der Gestapo und beim Sicherheitsdienst willfährige Werkzeuge. Schon zwei Jahre vorher hatte er sich nach einem erhalten gebliebenen Bericht eines Stenographen in einem seiner Tischgespräche darüber geäussert, wie er bei einem gegen ihn unternommenen Revolutionsversuch zu handeln gedenke: „Wenn heute irgendwo im Reich eine Meuterei ausbricht, werde ich sie mit Sofortmassnahmen beantworten. Als erstes werde ich a) noch am selben Tage der ersten Meldung alle leitenden Männer gegnerischer Strömungen und zwar auch die des politischen Katholizismus aus ihren Wohnungen heraus verhaften und exekutieren lassen, b) alle Insassen von KZs werde ich innerhalb von drei Tagen erschiessen lassen, c) alle kriminellen Elemente, gleichgültig, ob sie z.Z. in Gefängnissen sind oder sich in Freiheit befinden, werde ich auf Grund der vorhandenen Listen ebenfalls binnen drei Tagen zur Exekution sammeln und erschiessen lassen. Die Erschiessung dieses einige Hunderttausend Menschen umfassenden Gesocks lässt weitere Massnahmen als überflüssig erscheinen, da damit die Meuterei aus Mangel an meuternden Elementen und Mitläufern von selbst zusammenbrechen wird."

Das war keine leere Drohung! Der für die Führung des Luftlandeunternehmens auf Den Haag hochdekorierte General Hans Graf von Sponeck wurde auf Befehl Hitlers vor ein Kriegsgericht gestellt, dessen Leitung Göring übernahm, und auf Anweisung Hitlers zum Tode verurteilt, weil er am 29. Dezember 1941 eine Division seines Korps auf der Krim zurückgenommen hatte, nachdem die Rote Armee von See her im Rücken dieser Division gelandet war. Er wurde schliesslich zu fünf Jahren Festungshaft begnadigt, die er auf der Festung Germersheim verbüssen sollte. Am 23. Juli 1944 erschien ein Gestapo-Kommando in der Festung und erschoss auf Befehl Himmlers den General ohne jegliches vorangegangene Gerichtsverfahren. Er hatte mit dem Aufstandsversuch nicht das geringste zu tun.

Die genaue Zahl der im Zusammenhang mit dem Befreiungsversuch vom 20. Juli 1944 Hingerichteten und Ermordeten ist nicht bekannt. Nach einem Pressebericht der Britischen Admiralität vom 20. Juli 1947, der sich auf erbeutete deutsche Marinedokumente stützt, belief sich die Zahl der Opfer des 20. Juli 1944 auf 4980. Das Reichsjustizministerium hat für das ganze Jahr 1944 5467 Hinrichtungen registriert. Kiesel gibt in seinem Bericht an, dass 770 Offiziere hingerichtet wurden. Darunter befanden sich mindestens – einschliesslich Selbstmord – 29 mir namentlich bekannte Generalfeldmarschälle (3), Generalobersten (3), sonstige Admirale und Generale (26) sowie 25 Generalstabsoffiziere.

Hitler hatte den Scharfrichter zu sich kommen lassen, persönlich die Einzelheiten der Hinrichtungen festgelegt und erklärt: „Ich will, dass sie erhängt werden, aufgehängt wie Schlachtvieh!"

Die Hinrichtungen mussten zur Vorführung bei Hitler gefilmt werden. Sie sollten auch in den Wochenschauen gezeigt und auf Anordnung Hitlers auch der Truppe vorgeführt werden, um von erneuten Umsturzversuchen durch die Wehrmacht abzuschrecken. Erst als man ihm klarmachte, dass diese Massnahme gerade das Gegenteil bewirken würde, liess er schliesslich davon ab – zumal auch die Kameramänner sich nach kurzer Zeit weigerten, eine solche Aufgabe zu verrichten.

Die Familien der Hingerichteten mussten die Kosten der Hinrichtung auch noch bezahlen.

Das Oberkommando des Heeres bildete auf Befehl Hitlers einen sogenannten „Ehrenhof", um ihre Aburteilung durch den Volksgerichtshof juristisch zu ermöglichen. (Soldaten unterstanden in allen Strafsachen ausschliesslich der Militärgerichtsbarkeit und dem Militärstrafgesetzbuch.) Den Vorsitz dieses „Ehrenhofes" übertrug er dem Generalfeldmarschall von Rundstedt. Weitere Mitglieder dieses Ehrenhofes waren Generalfeldmarschall Keitel, Generaloberst Guderian, General der Infanterie Schroth, Generalleutnant Specht und als Vertreter General der Infanterie Kriebel und Generalleutnant Kirchheim. Zum Protokollführer wurde Generalmajor Maisel (Heerespersonalamt) bestimmt. Dieser „Ehrenhof" trat am 4. August 1944 erstmalig zusammen. Alle Offiziere des Heeres, gegen die Anklage vor dem Volksgerichtshof erhoben werden sollte, wurden zuvor auf Vorschlag dieses „Ehrenhofes" von

Hitler persönlich „aus dem Heer ausgestossen". (s. Anhang) Das geschah auch mit den Offizieren, die schon vorher erschossen worden waren oder Selbstmord verübt hatten, wie Generaloberst Ludwig Beck, General der Infanterie Friedrich Olbricht, Oberst Claus Schenk Graf von Stauffenberg, Oberst Albrecht Ritter Mertz von Quirnheim, Oberleutnant Werner von Haeften, Generalmajor Henning von Tresckow, General der Artillerie Eduard Wagner, der Generalquartiermeister des Heeres, Oberst d. Genst. Wessel von Freytag-Loringhoven, Abteilungschef Heerwesenabteilung im Generalstab des Heeres, und Oberstleutnant Werner Schrader, Gruppenleiter in der Heerwesenabteilung im Generalstab des Heeres. Sie alle wurden durch Spruch des „Ehrenhofes" am 4. August 1944 zusammen mit 13 anderen Offizieren aus dem Heer „ausgestossen", ohne dass die noch lebenden Inhaftierten überhaupt von dem „Ehrenhof" gehört wurden.

Menschen, die in den Verdacht der Mittäter- oder Mitwisserschaft gerieten oder lediglich nach dem Scheitern des Befreiungsversuchs in den Verdacht gerieten, das Scheitern zu bedauern, waren der Rachejustiz der Nazis praktisch schutzlos ausgeliefert. Die junge Tochter von Nachbarn meiner Schwiegereltern im Wildpfad in Dahlem wurde denunziert, sich bedauernd über das Misslingen des Attentats geäussert zu haben. Sie wurde daraufhin von der Gestapo in Haft genommen. Die besorgte Mutter wandte sich mit der Bitte um Hilfe an einen der Familie gut bekannten und angesehenen Berliner Rechtsanwalt, der ihre Bitte abschlägig beschied. In dem mir in Kopie vorliegenden Brief dieses Anwalts vom 21. August 1944 schrieb er u. a.: „Zu einem Eingreifen als Anwalt sehe ich keine Möglichkeit. Wäre Ihre Tochter schuldig, so müsste ich eine Verteidigung aus Überzeugung ablehnen; ist sie aber unschuldig, so braucht sie keinen Verteidiger. Im übrigen wäre es praktisch kaum möglich, ihr irgendwie zu helfen."

Der als Kommandierender General des stellv. Generalkommandos des Wehrkreises IV in Dresden amtierende General der Infanterie von Schwedler untersagte nach dem 20. Juli 1944 die weitere Pflege des Grabes des im Russlandfeldzug am 12. Februar 1941 an den Folgen seiner dritten Verwundung gestorbenen Sohnes des General Olbricht, Leutnant Klaus Olbricht, auf dem Dresdener Garnisonsfriedhof. Er berief sich

– nach meiner Entlassung aus der Gestapohaft dieserhalb von mir zur Rede gestellt – auf einen angeblichen Befehl Himmlers. Ich konnte feststellen, dass ein solcher Befehl nicht existierte. General von Schwedler kam meiner Forderung, seine Anweisung rückgängig zu machen, erst nach, als ich ihm eine schriftliche Anweisung des von Himmler für die Betreuung der Witwen der Männer des 20. Juli 1944 eingesetzten Sonderbevollmächtigten überbrachte.

Ich selbst wurde am 24. Juli abends von zwei Offizieren des Heeres zu „einer Vernehmung" abgeholt mit dem Hinweis, ich sollte meine Toilettensachen mitnehmen – die Vernehmung könnte unter Umständen die ganze Nacht dauern. (s. Anhang) Die Zwischenzeit nach meiner Flucht aus der Bendlerstrasse hatte ich genutzt, um alle Spuren, die irgendwie auf meine Beteiligung oder Mitwisserschaft hätten schliessen lassen können, zu vernichten, Offiziere der Luftwaffe, die diese oder jene Einzelheit über die Vorbereitung des Befreiungsversuchs wussten, zu warnen und um mich zu vergewissern, dass mein Schwiegervater nicht mehr am Leben war. Ich hatte noch versucht, durch Kontaktaufnahme mit Geheimrat Ferdinand Sauerbruch, der häufiger Gast im Hause meiner Schwiegereltern gewesen war und der auch der Schwiegervater eines meiner Vettern war und den ich recht gut kannte, den Leichnam meines Schwiegervaters für die Charité anzufordern, um wenigstens die sterbliche Hülle dieses Mannes in Sicherheit zu bringen. Geheimrat Sauerbruch kam aber nicht zur verabredeten Zeit zum verabredeten Ort.

Die beiden Offiziere sicherten meinem Chef, dem General der Flakartillerie Walther von Axthelm, zu, dass es sich tatsächlich nur um eine Vernehmung durch eine Ermittlungskommission des Heeres handele und sie mich nach der Vernehmung wieder nach Bernau zurückbringen würden. Sie lieferten mich jedoch ohne jede Vernehmung und ohne einen Haftbefehl unverzüglich im Reichssicherheitshauptamt in der Prinz-Albrecht-Strasse ab. Meine Dienstwaffe wurde mir sofort abgenommen. Ich hatte absichtlich „für die Vernehmung" ausnahmsweise alle Orden, die ich besass, angelegt. Mit den Worten „machen Sie das Zeug da ab" wurde ich aufgefordert, sie abzulegen. Als ich mich mit den Worten „das ist kein Zeug – das sind Orden, die mir als Soldat an der Front verliehen

120

worden sind, aber dafür haben Sie, die Sie hier in der Heimat Ihren ungefährdeten Aufgaben nachgehen, offensichtlich kein Verständnis" weigerte, dieser Aufforderung nachzukommen, wurden mir die Orden abgerissen und ich wurde in eine Zelle im Keller eingeschlossen. Bereits am nächsten Tag ging es zur ersten Vernehmung. Mir wurde von dem vernehmenden Gestapobeamten, einem „Oberführer" – also einem ziemlich hohen Gestapomann – mitgeteilt, der „Führer" habe inzwischen mit meinem Schwiegervater ein langes Gespräch geführt, das ihn sehr beeindruckt habe. Auf den Hinweis Hitlers, dass es sich nur um einen Putschversuch älterer Generale gehandelt habe, habe mein Schwiegervater erklärt, dass das keineswegs der Fall sei, auch jüngere Offiziere stünden auf seiner Seite. Man könne ja seinen Schwiegersohn befragen, der auch voll und ganz hinter diesem Aufstandsversuch stehe. Eingedenk der Worte meines Schwiegervaters am 20. Juli abends „was auch immer geschieht, Du weisst von nichts" und in Kenntnis der Erschiessung meines Schwiegervaters bereits in der Nacht vom 20. auf den 21. Juli – was ich bei der Vernehmung natürlich nicht zugeben durfte – stritt ich jedes Wissen von irgendwelchen Aktivitäten meines Schwiegervaters gegen die Staatsführung kategorisch ab. Ich könne mir diese Aussagen des Generals Olbricht überhaupt nicht erklären. Ich würde ja gern dabei helfen, diese Tat aufzuklären, ich wisse aber leider von nichts. Mein Schwiegervater habe alles vor mir geheimgehalten. Ich sei ja bei der Luftwaffe und die Luftwaffe habe mit der ganzen Sache doch nichts zu tun. Ich sei lediglich am Abend des 20. Juli auf seine Bitte hin im Allgemeinen Heeresamt gewesen. Er habe mir von den Ereignissen des Tages berichtet und mir eine Aktentasche übergeben. Was da drin gewesen sei, wisse ich nicht, da die Tasche am 21. früh von zwei Beamten der Gestapo abgeholt worden sei, bevor ich hätte nachsehen können, was in der Tasche war. Viel sei jedenfalls nicht drin gewesen, denn sie sei nicht schwer gewesen. In gleicher Weise verhielt ich mich auch bei den weiteren Vernehmungen. Ich gab vor, alles zu tun, um bei der Aufklärung zu helfen. Wenn ich nach Namen von Personen gefragt wurde, nannte ich solche, von denen ich in der Zwischenzeit erfahren hatte, dass sie nicht mehr lebten. Jede Vernehmung – durch wen auch immer – wurde zu einem

„Katz- und Maus-Spiel". Man konnte sich nicht einfach dumm stellen, musste aber den Vernehmenden stets das Gefühl lassen, dass er letztlich der Klügere sei. Bemerkenswerterweise wurde mein Schwiegervater bei keiner meiner Vernehmungen herabwürdigend kommentiert. Es wurde auch nie von mir verlangt, dass ich mich abfällig oder anklagend über ihn äussere. Offenbar hatten auch die Vernehmungsbeamten inzwischen vor diesem toten General einen gewissen Respekt bekommen und zweifelten seine persönliche Integrität und seine Motive – jedenfalls mir gegenüber – nicht an. Möglicherweise glaubten sie, mich dadurch gesprächig und aussagebereit zu machen. Dass er in Wirklichkeit die zentrale Persönlichkeit des Putschversuches war, stellte sich für die Gestapo ja erst sehr viel später im Zuge der weiteren Ermittlungen heraus.

Bei Fliegeralarm wurden immer zwei Häftlinge mit Handschellen aneinandergefesselt, dann wurden wir in den Luftschutzbunker im Hof des Reichssicherheitshauptamtes „in Sicherheit" gebracht. Das gab trotz des Sprechverbotes – Gelegenheit zu geflüsterten Fragen und Antworten. Aber auch bei solchen Möglichkeiten musste man auf der Hut sein und damit rechnen, dass der andere Häftling in Wirklichkeit gar nicht zu dem Verschwörern gehörte und einen nur zu unvorsichtigen Äusserungen provozieren sollte. Einmal waren der bekannte Olympia-Springreiter von 1936 Oberst Momm und ich aneinandergefesselt, von dem ich tatsächlich nicht wusste, ob er auch zum Verschwörerkreis gehörte. Da die Zellen im Keller des Reichssicherheitshauptamtes bald nicht mehr ausreichten, um alle Inhaftierten in Einzelzellen unterzubringen, wurde im Gefängnis in der Lehrter Strasse ein Trakt für die „20. Juli-Häftlinge" geräumt und auch ich wurde dorthin verlegt. Abgesehen von den Handschellen, mit denen ich nachts gefesselt wurde, um einen Selbstmord – davor hatten die Wachmannschaften offenbar entsetzliche Angst – zu verhindern und der ständigen Anstrahlung durch einen Scheinwerfer hatte ich nicht besonders unter der Haft zu leiden. Ich bin niemals körperlich misshandelt oder gefoltert worden. Natürlich war das absolute Lese- und Schreibverbot ärgerlich, aber andere Häftlinge hatten sehr viel Schlimmeres zu erleiden. Die Gewöhnung an die demütigende und erniedrigende Behandlung und an den Psychoterror war nicht leicht. Frühmorgens wurden die Nummern der Zellen aufgerufen, in denen Häftlinge untergebracht waren, die nach Plötzensee verlegt wurden – also diejenigen, die zur Hinrichtung abgerufen wurden. Mehrfach wurde dabei auch meine Zellennummer aufgerufen. Nach einiger Zeit wurde dann die Zellentür geöffnet und ein Gestapo-Wachmann erklärte mir, meine Zellennummer sei irrtümlich aufgerufen worden, sie stehe zwar auf der Liste, aber nicht für heute, ich käme erst ein andermal dran. Das Sprichwort „man gewöhnt sich an alles" verlor in diesen Fällen seine Gültigkeit.

Zweifellos kamen mir während meiner Gestapohaft mehrere Umstände zu Hilfe. Bei der Luftwaffe gab es keinen „Ehrenhof", der die beteiligten Offiziere aus der Luftwaffe ausstiess. Ich wurde zwar immer wieder aufgefordert, die Uniform auszuziehen und Zivilkleider zu tragen, weigerte mich aber konstant, dieser Aufforderung Folge zu leisten, so lange ich keinen dahingehenden schriftlichen Befehl des Generals der Flakwaffe erhielte. Zweifellos war die Uniform eines Generalstabsoffiziers der Luftwaffe in dieser Zeit ein gewisser Schutz gegen allzu demütigende Behandlung durch die Wach- und Vernehmungsbeamten, auf den ich keinesfalls verzichten wollte.

Meist wurde ich ja im Kraftwagen zu den Vernehmungen und wieder zurück in das Gefängnis gebracht. Es gab aber auch Tage, an denen kein Fahrzeug zur Verfügung stand und bei meinem Transport die Strassenbahn benutzt werden musste. Ein mit Handschellen gefesselter Generalstabsoffizier erregte naturgemäss erhebliches Aufsehen, das meinen Bewachern sehr viel peinlicher war als mir. Kein einziges Mal wurde ich von anderen Fahrgästen beschimpft oder bedroht. Im Gegenteil – mich umgab stets ein respektvolles Schweigen, das ich als sympathisierendes Mitleid empfand. Die anderen Fahrgäste konnten ja unschwer vermuten, dass es sich um einen Offizier handeln müsse, der mit dem 20. Juli in Verbindung stand.

Das Tragen der Uniform konnte ich bis zur überraschenden Haftentlassung Ende Oktober durchhalten. Ein gegenteiliger Befehl erging nicht. Noch wichtiger war für mich, dass ich einige Male Verbindung zur Aussenwelt bekam. In der Zelle war man ja völlig isoliert. Es gab keine „Hofgänge", wie das sonst bei Gefangenen üblich war. Man wusste auch nicht, wer in den Nachbarzellen untergebracht war. Zwar beherrschte ich das Morsealphabet – aber die Aufnahme von Klopfzeichen-Verbindungen war mir zu gefährlich, weil man nie wissen konnte, ob neben einem ein Spitzel in der Zelle sass. Meine Verbindung nach aussen kam so zustande: General von Axthelm hatte die Gestapo darauf hingewiesen, dass ich der Einzige sei, der im Stabe des Generals der Flakwaffe über die V 1, für die er innerhalb des Oberkommandos des Luftwaffe zuständig war, Bescheid wisse, und ich müsse auch während der „Untersuchungshaft" die Einsatz- und Versorgungsbesprechungen für diese so geheimnisvolle Wunderwaffe durchführen. Dazu wurde ein grösseres Besprechungszimmer im Reichssicherheitshauptamt zur Verfügung gestellt, und ich wurde dorthin verbracht. Die Handschellen wurden mir vor Betreten dieses Raumes abgenommen. Beim ersten Mal wollten die beiden Gestapoleute, die mich dorthin gebracht hatten, mich nicht aus den Augen lassen und an der Besprechung teilnehmen. Als ich mich mit den Worten „Sie kennen doch den Befehl Ihres „Führers" – niemand darf von einer geheim zu haltenden Sache mehr erfahren, als zur Durchführung seines Auftrages notwendig ist. Wenn Sie an der Besprechung teilnehmen wollen, findet sie nicht statt" weigerte, die Besprechung abzuhalten, brachten mich die beiden in das Gefängnis zurück. Am nächsten Tag mussten sie dann aber doch draussen bleiben. Kaum war die Tür geschlossen, holte jeder Besprechungsteilnehmer ein Mitbringsel für mich aus der Tasche – einen Apfel, eine Tafel Schokolade, ein Stück Speck –, das ich mit wahrem Heisshunger wie ein Stück Brot sofort verzehrte, eine Packung Zigaretten usw. Das musste natürlich alles während der Besprechung vertilgt werden.

Es kamen aber auch Situationen, die einer gewissen Komik nicht entbehrten. Bei einer solchen Besprechung übergab mir ein Offizier aus dem Stabe des Generals der Flakwaffe in feierlicher Form das mir vom „Führer" während meiner Haftzeit verliehene Kriegsverdienstkreuz I. Klasse mit Schwertern für besondere Verdienste – insbesondere um die V 1. Es war schon eine groteske und zugleich makabre Ehrung. Ich steckte es in die Hosentasche, konnte es bei Rückkehr ins Gefängnis unbemerkt in meine Zelle schmuggeln und begann sofort damit, mir mit den ziemlich scharfen Schwertern und Kanten dieses Ordens die Fussnägel zu beschneiden. Es war nämlich gänzlich unmöglich, für solche Zwecke ein Messer oder eine Schere zu bekommen. Die Fingernägel konnte man sich ja zur Not mit den Zähnen abbeissen, für das Abbeissen der Zehennägel war ich nicht gelenkig genug. Mit der Zeit wuchsen aber die Zehennägel in das Fleisch ein und verursachten unangenehme Schmerzen und Beschwerden. Die Schwerter des Kriegsverdienstkreuzes eigneten sich mangels besserer „Werkzeuge" hervorragend zum Kürzen der Zehennägel. Bevor dieser offensichtliche Missbrauch des Ordens entdeckt wurde und ich den Orden natürlich sofort wieder herausrücken musste, hatte er seinen für mich wichtigsten Zweck erfüllt.

Eine arge Belästigung verursachten die Wanzen in der Haftzelle, die einen bekanntlich nachts – bei Anstrahlung durch den Scheinwerfer und bei gefesselten Händen – besonders quälten. Um mir die Zeit zu vertreiben, stellte ich in einer leeren Schuhcremedose Versuche an, wie lange diese mir unerwünschten „Zellengenossen" ohne Nahrung leben könnten. Ich habe das Ergebnis dieser Versuche nicht mehr erlebt, sie lebten länger, als ich in der Zelle war. Jegliche Mittel zur Bekämpfung der Wanzenplage wurden verweigert. Da entschloss ich mich, meiner Forderung etwas Nachdruck zu verleihen. Bei der nächsten Vernehmung kündigte ich an, dass ich das nächste Mal einige Wanzen mitbringen und sie in dem Vernehmungszimmer freilassen würde, wenn ich nicht endlich ein Mittel gegen die Wanzen bekäme. Das half! Kurz darauf konnte mir unser Kalfaktor ein Pulver und eine Flüssigkeit aushändigen, mit denen ich die Brutstätten der Wanzen in dem eisernen Bettgestell beseitigen konnte.

Eines Tages fiel mir auf, dass ein besonders widerwärtiger Wachbeamter der Gestapo, der die Häftlinge im Rahmen seiner Möglichkeiten quälte, mir durch das geöffnete Guckloch, durch das man Tag und Nacht beobachtet wurde, jedesmal Zigarrenrauch in die Zelle blies. Ich war ziemlich sicher, dass es Zigarren waren, die ich bei meiner Abholung „zur Vernehmung" mitgenommen hatte. Es war eine Kiste besonders guter und für uns seltener holländischer Zigarren Marke „Hofnar", die mir mein Schwiegervater mal geschenkt hatte und die ich in der damaligen Zeit als Kostbarkeit für „Sonder-Fälle" aufbewahrt hatte. Die „Vernehmung" schien mir ein solcher Fall zu sein. Der Duft dieser Zigarre war unverkennbar. Bei meiner nächsten Vernehmung durch den bereits genannten SS-Oberführer erwähnte ich, dass ich zwar Verständnis dafür hätte, dass ich so lange festgehalten würde, bis sich meine Unschuld herausgestellt haben würde, dass ich aber kein Verständnis dafür hätte, dass während dieser Zeit Wachbeamte mein Gepäck plündern und meine Zigarren rauchen würden. Der SS-Oberführer äusserte sich dazu nicht. Kaum war ich nach der Vernehmung wieder in meiner Zelle zurück, kam unser Kalfaktor unter einem Vorwand in meine Zelle und flüsterte mir zu, dieser besonders unangenehme Wachbeamte sitze nun selbst in einer Zelle auf demselben Korridor wie ich. Man hätte heute nachmittag seinen Schrank durchsucht, darin mehrere Dinge gefunden, die er aus dem Gepäck von Häftlingen gestohlen habe - darunter auch meine Zigarren – und ihn gleich eingesperrt. Wir waren ihn los! Er kam nicht wieder!

Es gab auch andere Erlebnisse. Eines Tages wurde meine Zellentür aufgerissen und ich wurde völlig grundlos ange-brüllt. Ich verstand gar nicht, warum und wieso. Dann wurde die Zellentür wieder zugeknallt und verschlossen. Als ich mich wieder auf mein Bett setzte, bemerkte ich, dass mir dieser Wachmann ein kleines Päckchen auf das Bett geworfen hatte, in dem sich zwei Äpfel befanden. Viel wichtiger aber war, dass die Äpfel in eine neue Nummer des „Völkischen Beobachters" eingewickelt waren, in dem ausführlich über Verhandlungen vor dem Volksgerichtshof berichtet wurde – für mich beinahe lebenswichtige Informationen, nach denen ich meine Aussa-gen bei künftigen Vernehmungen ausrichten konnte.

Einmal wurde ich zur Mittagszeit zu einer Vernehmung durch einen zivilen Kriminalbeamten in einer Gestapo-De-pendance in die Meineckestrasse gebracht. Der Beamte beauf-tragte seine Sekretärin, zwei Butterbrötchen zu besorgen, und gab ihr zu diesem Zweck Weissbrot- und Buttermarken von seiner Lebensmittelkarte mit. Nach einiger Zeit kehrte sie mit zwei Wurstbrötchen zurück. Auf die erstaunte Frage, wieso sie Wurstbrötchen bringe – er habe ihr doch gar keine Fleischmar-ken gegeben –, antwortete die Sekretärin: Die Brötchen sind doch bestimmt für diesen Herrn hier, da habe ich von mir eine Fleischmarke dazugegeben.

Ein gnädiger Zufall wollte es, dass ein mir freundschaftlich verbundener Offizier aus dem Reichsluftfahrtministerium mit einer gewissen Regelmässigkeit mit einem mit meinem Fall befassten Gestapobeamten zu Mittag ass. Nicht nur, dass er diesen Mann immer wieder auf meine über jeden Zweifel erhabene nationalsozialistische Gesinnung aufmerksam machte – auf dem Umweg über die V 1 - Besprechungen konnte er mir dadurch auch nützliche Ratschläge für mein Verhalten bei künftigen Vernehmungen zukommen lassen.

Von grosser Bedeutung war für mich in dieser Zeit auch, dass mein bester Schulfreund mir in die Zelle einen Kassiber einschmuggeln konnte mit der Mitteilung, dass er am 9. August eine Tochter bekommen habe – verbunden mit der Anfrage, ob ich Pate bei ihr werden wolle. Dass jemand noch daran glaubte, dass ich diese Gestapohaft lebend überstehen würde, bewegte mich ungemein und stärkte meinen Überlebenswillen.

Mit der Zeit wurden dann die Haftbedingungen etwas erleichtert. Ich erhielt endlich eine Bibel, in der ich natürlich unentwegt las, später ein Buch über den 1. Weltkrieg und dann bekam ich auch Schreibhefte und Bleistift. Da begann ich die vor Jahren in der Schulzeit erlernte Stenographie wieder zu üben und erfand und schrieb in Stenoschrift Märchen. Das erregte natürlich zunächst einmal Verdacht. Als die Prüfung ergab, dass es tatsächlich Märchen waren, bekam ich das Heft wieder (ich habe es heute noch!) und konnte ungestört weiter üben und Märchen erfinden. Aus einem Heft riss ich Seiten heraus und verarbeitete sie zu handgemachten Patience-Karten, mit denen ich fast ständig Patiencen legte.

Wer niemals in einer solchen Situation gewesen ist, in der man sich grübelnd den Kopf über das Schicksal der Familie und das eigene Schicksal zermartert und alles eigentlich nur durchstehen kann, wenn man gelegentlich etwas Schlaf findet, sich ablenken kann und Nervenstärke bewahrt, kann nicht ermessen, was solche an sich belanglosen Hafterleichterungen für die Erhaltung des Widerstandswillens und die Durchhaltekraft eines in ständiger Lebensbedrohung lebenden Menschen bedeuten.

Während der ganzen Zeit kam nicht der geringste Zweifel in mir auf, dass ich mich auf der Luftkriegsakademie richtig entschieden hatte und mich zum Widerstand gegen das nationalsozialistische Unrechtssystem bekannt hatte und dass man nun für seine Beteiligung an der Verschwörung auch mit dem Leben bezahlen müsse, wenn einem Mittäterschaft oder Mitwisserschaft nachgewiesen werden konnte. Aber bis dahin wollte ich konsequent und klug alles ableugnen und die Vernehmungsbeamten über meine wahre Einstellung zum Nationalsozialismus täuschen. Zunächst hatte ich – wie wohl die meisten anderen auch – mit dem soldatischen Tod durch Erschiessen gerechnet. Ich wusste inzwischen, in welch mannhafter Würde die Männer um meinen Schwiegervater und er selbst in den Tod gegangen waren. Ich nahm mir vor und traute es mir auch zu, nach ihrem Vorbild vor dem Exekutionskommando zu stehen und auch angesichts des Todes keine Schwächen zu zeigen oder irgendetwas zu bereuen. Als dann aber bekannt wurde, dass die Nazis den vom Volksgerichtshof Verurteilten selbst diesen Soldatentod verweigerten und die Verurteilten durch den Strang hinrichten liessen, war ich meiner Haltung nicht mehr so sicher und betete zu Gott, dass er mir die Kraft geben möge, auch einen solchen Tod wenigstens mit soldatischer Würde hinzunehmen. Ich wollte meinen Henkern unter keinen Umständen das Schauspiel eines Schwächlings bieten und mich auch im Tode meiner Vorbilder würdig erweisen. So lange ich aber noch eine Chance sah, lebend aus meiner Lage herauszukommen, wollte ich diese Chance nutzen, damit nach dem Krieg wenigstens noch jemand übrig blieb, der die Wahrheit über diese Männer und ihre Motive überliefern könnte. Denn dass die Nazis über diese Tat nur Lügen verbreiten würden, war mir voll bewusst. So vergingen die Tage und Nächte, die Wochen und Monate zwischen Hoffen und Bangen. So lange die alte Schreibmaschine, die ich – aus dem väterlichen Verlag wegen Altersschwäche ausgesondert – für das Abschreiben der Zusatzbefehle benutzt hatte, nicht gefunden wurde, konnte ich hoffen. Anhand dieser Schreibmaschine, die in der Ausweichwohnung meiner Frau auf dem Truppenübungsplatz Königsbrück (bei Dresden) versteckt war, wäre ich als Schreiber dieser Zusatzbefehle unschwer identifiziert worden. Jeden Tag fürchtete ich, dass mir diese Schreibmaschine bei einer Vernehmung gezeigt werden würde – aber dieser Tag kam nicht!

Stattdessen kam völlig überraschend eines Tages die Ankündigung meiner Entlassung aus der Haft – ohne dass ich bislang eine Anklage vor dem Volksgerichtshof erhalten hatte. Mein Dienstchef, General v. Axthelm, hatte sich unablässig um meine Freilassung bemüht. Da er vor dem Krieg eine zeitlang Kommandeur des Regiments General Göring in Reinickendorf gewesen war, verfügte er über gute persönliche Beziehungen zu Göring und einige andere Grössen des NS-Regimes. Mir kam zu Hilfe, dass es der Gestapo nicht gelungen war, die Verbindungen der Widerstandsgruppe im Allgemeinen Heeresamt zur Luftwaffe aufzuspüren, die sie zwar dringend vermuteten, aber nicht fanden. General v. Axthelm sprach mit den die Untersuchungen gegen mich durchführenden Gestapo-Beamten, denen er immer wieder versicherte, dass er mich seit dem Russland-Feldzug genau kenne und dass ich voll und ganz auf dem Boden des Nationalsozialismus stände. Sollte ich aber wirklich doch etwas mit der Sache zu tun haben, wäre es das klügste, mich aus der Haft zu entlassen und genauestens beobachten zu lassen. Dann könne man ja herausbekommen, ob irgendwelche Luftwaffenangehörige mit mir Kontakt aufnehmen würden, und so irgendwelche Verbindungen zur Luftwaffe aufspüren. Schliesslich willigte die Gestapo ein und entliess mich aus der Haft. Bei meiner Entlassung wurden mir auch meine Orden wieder ausgehändigt. Ich habe – mit Ausnahme des Verwundetenabzeichens – nie wieder einen Orden getragen.

Zuvor hatte General v. Axthelm der Gestapo versprochen, dass er dafür sorgen würde, dass ich in Berlin bleiben würde, hielt aber dieses Versprechen nicht ein. Als ich mich nach meiner Haftentlassung bei meinem General meldete, berichtete er mir von seinen Bemühungen um meine Freilassung und besprach mit mir, wo ich am sichersten sein würde. Die Ardennen-Offensive stand bevor. Ich sollte eine schwere Flakabteilung bei der 5. Fallschirmjäger-Division übernehmen und bis dahin in einer mitten im Partisanengebiet in der Slowakei gelegenen Erdkampfschule der Luftwaffe Unterschlupf suchen. Dort und dann bei der Fallschirmjäger-Division in der Ardennenoffensive sei ich vor den Nachstellungen der Gestapo nach menschlichem Ermessen verhältnismässig sicher. So geschah es auch.

Zuvor konnte ich endlich meine Frau und meine Schwiegermutter, die am selben Tage wie ich entlassen worden waren, wiedersehen und auch meine Eltern und meinen Sohn wieder umarmen. Meine Frau, unseren Sohn und meine Schwiegermutter konnte ich bei der Familie einer Cousine im Vogtland unterbringen. Es gehörte damals grosser persönlicher Mut dazu, nahe Angehörige des Generals Olbricht bei sich aufzunehmen. Mein angeheirateter Vetter, ein Fliegeroffizier aus dem 1. Weltkrieg, der auch im 2. Weltkrieg als Soldat gedient hatte, hatte diesen Mut.

Tatsächlich wollte die Gestapo auch meinen kleinen Sohn in Gewahrsam nehmen. Er hätte dann einfach einen anderen Namen bekommen und später wohl nie erfahren, wer er in Wirklichkeit war. Mein Vater weigerte sich hartnäckig, das Kind der Gestapo auszuliefern, verwies darauf, dass die Gestapo ja gar keinen Haftbefehl hätte und auch gar nicht haben könne, weil es Haftbefehle gegen Kleinkinder ja Gott sei Dank noch nicht gebe, und dass der kleine Junge bei seinen Grosseltern in bester Obhut sei. Die beiden Beamten zogen schliesslich unverrichteter Dinge wieder ab. Unser Sohn verblieb bis zur Haftentlassung meiner Frau bei meinen Eltern.

Aber die Gestapo verlor Menschen, die etwas mit dem 20. Juli zu tun hatten, nie völlig aus den Augen. So wie sie die noch in Haft befindlichen vermeintlichen Mitverschworenen und die in KZ-Lager Eingewiesenen unmittelbar vor der Befreiung durch die Rote Armee und die US-Truppen noch liquidieren liess, erschien auch bei meiner Kampfgruppe, die zum Schluss des Krieges in Reit im Winkl in Oberbayern in der (nur auf dem Papier existierenden) Festung „Alpen" eingesetzt war, ein Liquidationskommando der Gestapo, um sich meiner zu bemächtigen. Meine Soldaten waren jedoch nicht dazu bereit, tatenlos mit anzusehen, wie ich liquidiert würde. Wir umstellten das Schulgebäude, in dem dieser Trupp Quartier bezogen hatte, und ich ging – mit einem Sturm-Gewehr bewaffnet – hinein und eröffnete der Gestapo, dass die Stimmung der Truppe so gegen alle, die die Uniform der Gestapo trügen, aufgebracht sei, dass ich nur noch kurze Zeit für ihre Sicherheit garantieren könne. Ich versprach ihnen freien Abzug auf einem ihrer Lastwagen, wenn sie zuvor alle ihre Waffen abliefern würden. Wenn sie dieses Angebot ablehnten, würden sie durch meine Soldaten festgenommen, entwaffnet und der US-Army nach Kriegsende übergeben. Sie könnten sich durch einen Blick aus dem Fenster unschwer von der ihnen drohenden Gefahr überzeugen. Da sahen sie dann die gefechtsbereiten Soldaten, die noch einmal den Sitz der Magazine in einigen Flak-Vierlingsgeschützen überprüften, die Stahlhelme festbanden und sich zum Angriff vorbereiteten. Das schien sie doch sehr zu beeindrucken.

Ich gab ihnen eine Bedenkzeit von 10 Minuten. Als diese abgelaufen war, wurde die Tür von zwei mit Sturmgewehren bewaffneten Offizieren meiner Kampfgruppe aufgerissen mit dem Ruf „Herr Major, die zehn Minuten sind um. Sollen wir jetzt?" Ich erklärte: „Ich glaube, die Herren haben sich gerade entschlossen, unser Angebot anzunehmen." Und so geschah es! Sie lieferten nicht nur ihre Waffen ab, sondern übergaben uns auch ihre reichlichen Cognac-Bestände und Zigaretten-vorräte, bestiegen einen ihrer Lastwagen und verliessen Reit im Winkl westwärts in Richtung Tirol. Jetzt endlich war diese Gefahr wirklich vorbei.

14.
Die Gründe des Scheiterns

Die Gründe des Scheiterns des Attentates und des Befreiungsversuchs beherrschten alles Denken der zunächst Überlebenden in ihren Haftzellen, der eingeweihten Angehörigen, der
mit dem Befreiungsversuch Sympathisierenden und nach dem
Kriegsende die Literatur und die interessierte Öffentlichkeit.
War etwas nicht richtig bedacht worden, waren die Vorbereitungen nicht mit aller nur erdenklichen Sorgfalt getroffen
worden, hatte man alle Risiken berücksichtigt, hatte eine der
Schlüsselfiguren in einer entscheidenden Phase nicht richtig
gehandelt, waren die Chancen eines Erfolges doch zu gering
gewesen?

Die hauptbeteiligten aktiven Widerstandskämpfer gaben
sich keinerlei Illusionen über die Chancen ihres Planens und
Handelns hin. Sie wussten, dass der Versuch, die nationalsozialistische Gewaltherrschaft und damit den 2. Weltkrieg
durch einen Umsturz zu beenden, nur einmal unternommen
werden konnte, dass er nur durch Einsatz der Machtmittel der
Wehrmacht gelingen konnte und den Tod Hitlers und eine
vorübergehende Ausschaltung aller Nachrichtenverbindungen
des „Führerhauptquartiers" zwingend voraussetzte. Sie wussten, dass der Kreis der Beteiligten so klein wie nur irgend
möglich gehalten werden musste, um die Gefahr vorzeitiger
Aufdeckung zu minimieren, und nur solche Menschen in die
Vorbereitungen einbezogen werden durften, die für die Vorbereitungen und die Durchführung des Attentats, die Unterbrechung der Nachrichtenverbindungen und die Vorbereitung
und Durchführung des Umsturzes unbedingt gebraucht wurden. Jedes unbedachte Wort gegenüber Personen ausserhalb
dieses Kreises – auch wenn sie sich glaubhaft als zu allem
bereite Gesinnungsgenossen entpuppten – musste, wenn sie
nicht für diese Aktionen benötigt wurden, unterbleiben. Sie

wussten darüber hinaus, dass die sich ständig verschlechternde militärische Lage des Deutschen Reiches zunehmend weniger Handlungsmöglichkeiten beliess und infolgedessen die angestrebte Perfektion der Vorbereitungen durch den Zeitfaktor eingeengt wurde. Alle Bemühungen, an dem entscheidenden Tag an der entscheidenden Stelle zuverlässige, handlungsbereite und auch handlungsfähige Mitverschworene zu plazieren, konnten nur in dem in der noch verfügbaren Zeit erreichbaren Ausmass betrieben werden. Noch nicht geschlossene Lücken mussten in Kauf genommen werden. Nicht alle Eventualitäten waren vorausberechenbar. An sich belanglose, aber in ihren Auswirkungen verhängnisvolle Zufälle konnten niemals völlig ausgeschlossen werden. Es kann festgestellt werden, dass die Geheimhaltung der Vorbereitungen vollständig gelungen ist. Der gesamte nationalsozialistische Machtapparat wurde von der Aktion völlig überrascht, obwohl alle diese Vorbereitungen in einem bis ins Letzte perfektionierten Überwachungsstaat praktisch unter den Augen von Gestapo und Sicherheitsdienst in einem mit Spitzeln durchsetzten Überwachungssystem unvorstellbaren Ausmasses und mitten in einem totalen Krieg getroffen werden mussten.

Die Verhaftungen zweier massgeblicher, zum Kreisauer Kreis gehörender Sozialdemokraten durch die Gestapo – Adolf Reichwein am 4. Juli 1944 und Julius Leber am 5. Juli –, die beide Geheimgespräche mit Kommunisten geführt hatten, von denen zumindest einer ein Spitzel der Gestapo war, sowie die Information Nebes an Olbricht, dass ein Haftbefehl gegen Dr. Goerdeler im Reichssicherheitshauptamt ausgefertigt worden sei, liessen jedoch erkennen, dass die Aufdeckung der Verschwörung durch die Geheime Staatspolizei nur noch eine Frage von Tagen – allenfalls wenigen Wochen – sein konnte. Es musste also ohnehin ohne Rücksicht auf denkbare weitere Verbesserungen der Vorbereitungen bei der ersten sich bietenden Gelegenheit gehandelt werden.

Beim Attentat selbst ergab sich einer jener unvorhersehbaren Zufälle, die keine noch so perfekte Planung vermeiden konnte. Da Hitler aus Angst vor Anschlägen gegen sein Leben seine Hauptquartiere praktisch nicht mehr verliess – er pendelte zu dieser Zeit lediglich zwischen seinen beiden Hauptquartieren „Berghof" auf dem Obersalzberg bei Berchtesgaden und

„Wolfsschanze" bei Rastenburg in Ostpreussen hin und her –, kamen alternativ nur diese beiden Örtlichkeiten in Betracht. Da ein Schusswaffenattentat in einem der Hauptquartiere wegen der dortigen Sicherheitsmassnahmen nicht in Betracht kam, blieb wiederum nur ein Bombenattentat als einzige Möglichkeit übrig.

Da die bislang von Tresckow und seinen Gesinnungsgenossen übernommene Aufgabe, das Attentat durchzuführen, auf einem Besuch Hitlers bei der Heeresgruppe Mitte bzw. bei der 2. Armee, später dann auf Teilnahme Hitlers an irgendeiner Veranstaltung basierte und diese Voraussetzung nun nicht mehr gegeben war, musste jetzt auch das Attentat von der Verschwörergruppe um General Olbricht im Allgemeinen Heeresamt übernommen werden.

Da Graf Stauffenberg nach Absage Stieffs der einzige aus dem innersten Kreis der Verschwörer war, dem seit seiner Ernennung zum Chef des Stabes des Befehlshabers des Ersatzheeres wenigstens hin und wieder Gelegenheit geboten wurde, an den Lagebesprechungen Hitlers im Hauptquartier zumindest teilweise teilzunehmen, erbot er sich, nunmehr auch das Attentat selbst zu übernehmen, obgleich er für die Durchführung der für die Übernahme der Vollziehenden Gewalt erforderlichen Massnahmen in der Bendlerstrasse, dem Hauptquartier der Verschwörung, unentbehrlich war – zumal es zu keinem Zeitpunkt sicher war, dass der Befehlshaber des Ersatzheeres sich der Verschwörung selbst nach einem gelungenen Attentat anschliessen würde.

Es gelang Stauffenberg, sich den Auftrag des Chefs des Oberkommandos der Wehrmacht, Generalfeldmarschall Keitel, zu einem persönlichen Vortrag bei Hitler über die Vorbereitung der Aufstellung von sogenannten Sperrdivisionen, die den zu befürchtenden Durchbruch von Verbänden der Roten Armee nach Westen im Bereich der Heeresgruppe Mitte aufhalten sollten, zu verschaffen. Erst beim dritten Versuch am 20. Juli 1944 (erster Versuch am 11. Juli im Hauptquartier „Berghof", zweiter Versuch am 15. Juli im Hauptquartier „Wolfsschanze") sollte dann schliesslich dieser Bericht im Rahmen der Lagebesprechung im Hauptquartier „Wolfsschanze" erstattet werden.

Mit einer kleinen Zange, die er mit den ihm verbliebenen

3 Fingern der linken Hand betätigen konnte, setzte Stauffenberg – wie geplant und mehrfach geübt – den Zünder der Bombe vor Betreten der Besprechungsbaracke in Gang. Dass an diesem Tag die Lagebesprechung in „der Baracke" und nicht in dem Besprechungsbunker stattfinden würde, in dem die Detonationswirkung der Bombe infolge der dort eintretenden Verdämmung wesentlich stärker gewesen wäre, hatte Stauffenberg bereits nach Ankunft im Hauptquartier erfahren. (Der Bau eines grossen luftschutzsicheren unterirdischen Betonbunkers war zu diesem Zeitpunkt noch nicht abgeschlossen). Wenn sich Stauffenberg trotzdem unmittelbar vorher entschloss, den innersten Sperrkreis nur mit einer der beiden Bomben zu betreten und die zweite Bombe Oberleutnant von Haeften vorher aushändigte, so tat er das mit Sicherheit zwecks Verminderung des Risikos einer Entdeckung durch die Wachmannschaften. Stauffenberg stellte die Bombe an der Innenseite der einen Tragwand des Kartentisches ab, und zwar auf der Seite des Kartentisches, an der der Stuhl Hitlers stand – in unmittelbarer Nähe Hitlers. Dass nach seinem Weggang ein anderer Besprechungsteilnehmer, der an den Kartentisch herantrat, die ihn dabei störende Aktentasche auf die Aussenseite der Tragwand des Kartentisches umstellte, ist sicher der schicksalhafte nicht vorhersehbare Zufall, der das Leben Hitlers rettete, das Attentat scheitern liess und das bei einem Tod Hitlers mögliche Gelingen des Befreiungsversuchs vereitelte. Die Tragwand der Auflage und die Auflage des Kartentisches aus massivem Eichenholz schützten Hitler vor den Splittern und dem Druck der Detonation der Bombe. Dass die für einen Erfolg des Putsches ausserordentlich wichtige Unterbrechung aller Nachrichtenverbindungen des Hauptquartiers nach Berlin, zu den Heeresgruppen und Armeen und zu den Wehrmachtsbefehlshabern in den besetzten Gebieten nur für einen kurzen Zeitraum eintrat, war zwar auch von grosser Bedeutung, aber nach dem Misslingen des Attentates nicht mehr entscheidend.

Wesentlicher war sicher die Tatsache, dass Graf Stauffenberg das Hauptquartier in der Überzeugung verliess, dass Hitler tot sei. Ich persönlich glaube nicht, dass er daran den geringsten Zweifel hatte. Bei der Persönlichkeit dieses Mannes wäre es an sich auch vorstellbar gewesen, dass er – innerlich nicht vom Tode Hitlers überzeugt – diese Version nach aussen vertreten haben könnte, um zögernde Offiziere wie z. B. Generaloberst Fromm – zum Mithandeln zu veranlassen, indem er sie von der Eidbindung befreite. Olbricht, Beck und Mertz von Quirnheim gegenüber hätte er aber Zweifel über das Gelingen seines Attentats mit Sicherheit nicht verhehlt. Dass er auch diesen gegenüber das Gelingen des Attentates bis zuletzt für sicher hielt, ist für mich ein Beweis dafür, dass er von dem Erfolg seines Attentates wirklich überzeugt war und keinerlei Zweifel daran hatte – auch nicht, als Keitel Fromm gegenüber das Misslingen des Attentates behauptete und am späten Nachmittag das Attentat im Rundfunk mit der Erklärung gemeldet wurde, dass Hitler nur leicht verletzt sei.

Das nach der telefonischen Meldung des Todes Hitlers aus Rangsdorf zwischen Fromm und Keitel geführte Telefongespräch um ca. 16.10 Uhr (also nach Aufhebung der Nachrichtensperre) war für das Scheitern des Befreiungsversuchs nicht mehr von ausschlaggebender Bedeutung. Ich teile die immer wieder geäusserte Auffassung meines Schwiegervaters, dass der Tod Hitlers – oder wenigstens eine ihn ausschaltende schwere Verletzung – unabdingbare Voraussetzung für das Gelingen des Befreiungsversuchs war, voll und ganz. Wäre es nicht zu diesem Telefongespräch gekommen, hätten die Männer in der Bendlerstrasse zwar noch eine gewisse Zeit in dem Glauben an den Tod Hitlers nach ihren Plänen weiter gehandelt – wie es besonders Graf Stauffenberg ja auch getan hat –, aber die Verbreitung der Tatsache, dass das Attentat misslungen war, konnten sie nicht mehr aufhalten. Ohne die Ausschaltung Hitlers konnte der Aufstand des Gewissens nicht gelingen. Wenn das trotzdem versucht wurde, so nur deshalb, weil es nach Zündung der Bombe kein Zurück mehr gab. In einer modernen totalen Diktatur ist ein Umsturz ohne Ausschaltung des Diktators ein Ding der Unmöglichkeit.

Das Scheitern des Befreiungsversuchs ist also entscheidend auf das Misslingen des Attentats zurückzuführen.

15.
Warum erst am 20. Juli 1944?

Immer wieder wird mir als einem der wenigen eingeweihten Überlebenden die Frage gestellt: „Warum erst so spät?" Wer dieses Taschenbuch bis hierher gelesen hat, müsste eigentlich selbst eine Antwort auf diese Frage gefunden haben. Dennoch will ich versuchen, diese nicht nur von Historikern immer wieder aufgeworfene und meist mit Kritik am Widerstand gegen den Nationalsozialismus verbundene Frage zu beantworten. Die Fragesteller sind fast immer Menschen, die sich von den Machtstrukturen in einer modernen, bis zuletzt perfekt durchorganisierten Diktatur keine realistische Vorstellung machen. Gerade in neuester Zeit nach dem 9. November 1989 – wird unter Hinweis auf den Zusammenbruch der kommunistischen Diktatur in Ostdeutschland und den unblutigen Erfolg der oppositionellen Kräfte dem Widerstand gegen den Nationalsozialismus der Vorwurf gemacht, zu spät gehandelt zu haben. Dieser Vorwurf ist unberechtigt, der Vergleich nicht zulässig. Abgesehen davon, dass die kommunistische Gewaltherrschaft in Ostdeutschland vierzig Jahre gedauert hat, während die nationalsozialistische Gewaltherrschaft „nur" zwölf Jahre andauerte , ist es doch für jeden denkenden Menschen offensichtlich , dass es sich bei der kommunistischen Diktatur um eine auf die Macht der Sowjet-Union gestützte Satelliten-Diktatur gehandelt hat, die erst in dem Augenblick zusammenbrach, in dem die Sowjet-Union diese Diktatur aus der Erkenntnis der Entwicklung der weltpolitischen Lage und der Unzweckmässigkeit, diese kommunistische Herrschaft in Ostdeutschland gegen den Willen der Bevölkerung weiter aufrecht zu erhalten, dem Zusammenbruch preisgab. Die nationalsozialistische Diktatur stützte sich dagegen auf eigene Macht und hatte ihr Schicksal durch perfide Propaganda mit dem Schicksal des deutschen Volkes und Deutschen Reiches in diesem 2. Weltkrieg verbunden – ja identifiziert. Dadurch hatte die nationalsozialistische Führung alle nur oberflächlich denkenden national eingestellten Deutschen zu Bundesgenossen gemacht. Das galt ganz besonders auch für die Soldaten, die Hitler sofort nach dem Tode des Reichspräsidenten auf seine Person vereidigen liess, und damit jede Opposition gegen sich mit dem Odium des Eidbruches belastete, während bis dahin der Soldat in seinem Fahneneid Treue gegenüber dem Volk geschworen hatte.

Auch heute noch begegnet man in der Bundeswehr Offizieren – insbesondere auch höheren –, die zwar einräumen, dass die Nazis und auch Hitler selbst Verbrecher waren und Deutschland in den Untergang geführt haben, dass man aber auch unter solchen Umständen nicht gegen den geschworenen Fahneneid handeln dürfe.

Der Vorwurf des „zu spät Handelns" kann sich im übrigen nicht gegen die Männer und Frauen richten, die gehandelt haben, sondern allenfalls gegen diejenigen, die sich – obwohl sie die Kriminalität des nationalsozialistischen Systems erkannt hatten oder wenigstens hätten erkennen können – nicht zum Widerstand entschlossen haben, aus was für Gründen auch immer.

Ich meine jene unübersehbare Menge der Opportunisten, die naiven Gutgläubigen, die Gleichgültigen, die das NS-System stützten oder erduldeten. Und die gab es in allen Kreisen und Schichten unseres Volkes – nicht nur bei den Soldaten. Sicher kann nicht von jedem Menschen, der die Kriminalität des NS-Systems erkannt hatte und die verlogene Propaganda durchschaute, verlangt werden, Widerstand zu leisten. Aber diejenigen, die in der Verantwortung standen, wären dazu verpflichtet gewesen. Weder die politischen Parteien, noch der Reichstag oder die Gewerkschaften, noch die Justiz oder die Presse waren nach der nationalsozialistischen Machtergreifung noch in der Lage, die sich systematisch ständig festigende NS-Diktatur in Deutschland zu beenden. Es kam alles auf die Haltung der Wehrmacht an. Diese Verantwortung der führenden Generalität hat General Beck in seiner berühmten auf den 16. Juli 1938 datierten Denkschrift (s. Seite 42f) in Worte gefasst, und dem ist nichts hinzuzufügen.

Die damals führende Generalität hat zu grossen Teilen ihre

Verantwortung für Deutschland trotz der eindringlichen Mahnung Becks nicht erkannt und damit die Mitschuld für den Krieg und seine Folgen auf sich geladen. Alle Nachkriegs-Rechtfertigungsversuche, die in einer Flut von Memoiren ihren Niederschlag finden, können daran nichts ändern.

Alle Pläne, die nach dem Rücktritt Becks von einzelnen Generalen zum Sturz Hitlers erwogen wurden – auch von Halder (!) –, krankten an der fehlenden Erkenntnis, dass eine Gefangennahme Hitlers durch eine militärische Aktion – an die Ermordung Hitlers wagte man noch gar nicht zu denken – keineswegs die Beseitigung des nationalsozialistischen Regimes bedeutet haben würde. Nach dieser Erkenntnis handelte erst der General Olbricht, als er Chef des Allgemeinen Heeresamtes im Oberkommando des Heeres wurde. Er war ohne Wenn und Aber davon überzeugt, dass Hitler beseitigt werden müsste, dass aber ein Attentat erst Sinn haben würde, wenn genauestens geplante Vorbereitungen dafür getroffen waren, dass – ausgelöst durch einen erfolgreichen Anschlag auf Hitler – die Wehrmacht in Deutschland und den besetzten Gebieten die „Vollziehende Gewalt" übernehmen konnte und eine neue antinationalsozialistische militärische Führung dadurch in die Lage versetzt wurde, die gesamte NS-Staats- und Kriegsführung auszuschalten, die Machtstrukturen dieses Systems zu zerschlagen und den Krieg zu beenden. Der Kreis derjenigen Generale, mit deren Mitwirkung Olbricht rechnen konnte, wurde aus den dargelegten Gründen immer kleiner. Seine Aktion musste infolgedessen auch gegen die hitlertreue Generalität in der Wehrmachtsführung gerichtet sein.

Für die generalstabsmässigen Vorbereitungen einer solchen Aktion benötigten Olbricht und seine wenigen Mitverschworenen rund zwei Jahre. Anfang 1943 sah er diese Vorbereitungen als im Rahmen des Möglichen abgeschlossen an und liess dies den damaligen Oberst von Tresckow wissen, der im Rahmen des Befreiungsversuchs die Organisation des Attentats auf Hitler übernommen hatte.

Warum diese Attentatsversuche misslangen oder gar nicht zur Ausführung gelangten, brauche ich nicht noch einmal zu wiederholen. Natürlich wäre es für Deutschland und die Welt besser gewesen, wenn der Befreiungsversuch schon zu einem früheren Zeitpunkt unternommen worden – und gelungen –

wäre. Aber es wäre verhängnisvoll gewesen, wenn er an mangelnder Vorbereitung gescheitert wäre. Er konnte ja nur ein einziges Mal gewagt werden! Die Chancen des Gelingens waren ohnehin selbst bei optimalen Vorbereitungen gering – zu gering, wie es der Verlauf des 20. Juli 1944 erwiesen hat. Und dennoch musste wenigstens einmal der Versuch gewagt werden – so wie es Generalmajor Henning von Tresckow wenige Stunden vor seinem Tod in den frühen Morgenstunden des 21. Juli 1944 gegenüber seinem Freund Fabian von Schlabrendorff ausgedrückt hat:

„Jetzt", sagte er ihm, „wird die ganze Welt über uns herfallen und uns beschimpfen. Aber ich bin nach wie vor der felsenfesten Überzeugung, dass wir recht gehandelt haben. Ich halte Hitler nicht für einen Erzfeind Deutschlands, sondern auch für den Erzfeind der Welt. Wenn ich in wenigen Stunden vor den Richterstuhl Gottes treten werde, um Rechenschaft abzulegen über mein Tun und Unterlassen, so glaube ich mit gutem Gewissen das vertreten zu können, was ich im Kampf gegen Hitler getan habe. Wenn einst Gott Abraham verheissen hat, er werde Sodom nicht verderben, wenn auch nur zehn Gerechte darin seien, so hoffe ich, dass Gott auch Deutschland um unsertwillen nicht vernichten wird. Niemand von uns kann über seinen Tod Klage führen. Wer in unseren Kreis getreten ist, hat damit das Nessusgewand angezogen. Der sittliche Wert eines Menschen beginnt erst dort, wo er bereit ist, für seine Überzeugung sein Leben hinzugeben."

16.
Mängel, Irrtümer und Fehler
in der Literatur

Die auch 45 Jahre nach dem Ereignis noch immer anwachsende Literatur ist weiterhin lückenhaft, widersprüchlich unvollständig und enthält viele – z. T. wesentliche – Irrtümer, Fehler, Mängel und Falschdarstellungen, aus denen oft völlig falsche Schlussfolgerungen und Fehlurteile resultieren. An mehreren Stellen habe ich in diesem Taschenbuch bereits darauf hingewiesen, um diejenigen Leser, die um Objektivität bemüht sind, zu grosser Vorsicht bei Bildung eines eigenen Urteils zu veranlassen. Es kann durchaus sein, dass in dem einen Buch, in dem einen Zeitungs- und Zeitschriftenartikel bei bestimmten Einzelheiten genau das Gegenteil von dem steht, was er bei einer anderen Quelle findet. Nur in den seltensten Fällen wird ein heutiger Leser erkennen können, welche Information, welche Aussage der Wahrheit entspricht. Diese Mängel der bisherigen – und vermutlich auch künftigen – Veröffentlichungen werden nur in seltenen Fällen noch behoben werden können.

Entscheidend für diese Mängel sind vor allem:

1) Der wirkliche planende und handelnde Kern der Verschwörer, der das Attentat und den Umsturzversuch letztlich zu verantworten hatte, hat das Kriegsende nicht überlebt. Beck, Olbricht, Stauffenberg und Mertz von Quirnheim sind noch in der Nacht vom 20. auf den 21. Juli 1944 auf Befehl des Generaloberst Fromm in der Bendlerstrasse ohne Gerichtsverfahren erschossen worden. Sie haben keinerlei Aufzeichnungen, Tagebücher, Briefe oder dergleichen hinterlassen und mussten auch keine Vernehmungen über sich ergehen lassen. Die von ihnen nach dem Attentat im Rahmen der Aktion Walküre herausgegebenen Befehle und vorbereiteten Aufrufe, Verordnungen und Befehle geben keinen Aufschluss über den Ablauf des Tages, sondern lediglich teilweise über die Motive

ihres Handelns und die Wege, wie sie nach gelungenem Attentat den Aufstand gegen die nationalsozialistische Staatsführung und die mit dieser kooperierenden Teile der Wehrmachtsführung organisatorisch durchsetzen wollten.

2) Bis auf ganze wenige Ausnahmen wurden von den aktiven und eingeweihten Verschwörern aus dem militärischen und zivilen Bereich – soweit sie die Nacht vom 20. auf den 21. Juli überlebten und nicht wegen ihrer Beteiligung rechtzeitig den Freitod wählten – in mit schweren Folterungen verbundenen Verhören der Geheimen Staatspolizei und des Sicherheitsdienstes Aussagen erpresst, bei denen sie sich bemühten, im Rahmen ihrer noch vorhandenen Möglichkeiten nur diejenigen Mitverschworenen zu belasten, die bereits vor ihnen in den Tod gegangen waren. Noch nicht erkannte Mitverschworene wurden – so weit es irgend möglich war – gedeckt. Ihre erpressten Aussagen vor der Gestapo oder dem Volksgerichtshof können – sofern sie nicht vor Kriegsende ohnehin von den Vernehmungsbehörden vernichtet wurden – nur sehr bedingt zur nachträglichen Wahrheitsfindung herangezogen werden. Auch die Protokolle der Volksgerichtshofverhandlungen sind nur bruchstückhaft erhalten geblieben. Diese Verhandlungen dienten nicht der Wahrheitsfindung, sondern lediglich zur Feststellung eines das Todesurteil angeblich rechtfertigenden Schuldnachweises oder Schuldbekenntnisses. Sie sind daher ebenfalls für eine um Objektivität bemühte Geschichtsschreibung nur sehr begrenzt verwertbar.

3) Berichte Überlebender, die Klärung von Details bringen könnten, sind in der Regel – soweit sie vor Kriegsende entstanden sind – in der begreiflichen Absicht verfasst, tatsächliche Mittäterschaft oder auch nur Mitwisserschaft nicht erkennbar werden zu lassen und noch nicht erkannte Mitverschworene nicht zu gefährden. Soweit sie nach dem Krieg abgefasst worden sind, sind sie häufig nicht frei von dem Bestreben, die eigene Beteiligung oder Mitwisserschaft subjektiv überzubewerten. Die Chance, der Verfolgung durch die Gestapo zu entgehen , war umso grösser, je weiter der Betreffende in Wirklichkeit von dem inneren Kreis der Verschwörung entfernt war und nur über ein begrenztes Detailwissen verfügte.

4) Presse- und Rundfunkberichte aus der Nazizeit entbehren

natürlich jeder Objektivität und können nicht der Wahrheits-findung dienen.

5) Selbst „amtliche Verlautbarungen" und Personalpapiere wurden von den Nazis gefälscht und können in diesen Fällen nicht als Wahrheitsbeweis dienen. Aber nur für wenige Mit-wisser sind solche Fälschungen erkennbar.

6) Bei den „Kaltenbrunner-Berichten" handelt es sich um die zunächst täglich, später dann in grösser werdenden Zeitab-ständen vom Reichssicherheitshauptamt zusammengestellten Ermittlungsergebnisse der Gestapo und des Sicherheitsdien-stes an Bormann, den Reichsleiter der NSDAP, zur Unterrich-tung Hitlers. Sie sind durchaus nüchtern und sachlich, wenn auch natürlich sehr einseitig. Andererseits unterrichteten sie aber die Leser dieser Berichte auch mit einer gewissen Objekti-vität über die Rechtfertigungsbemühungen der Vernommenen und ihre Motive. Aber nur Kenner der Zusammenhänge und Details sind in der Lage, Wahres und Unwahres zu unterschei-den. Sie sind daher als historisch gesicherte Quelle nur sehr bedingt verwendbar.

7) Bei dem „Kiesel-Bericht" handelt es sich um eine Nieder-schrift des SS-Obersturmbannführers Dr. Georg Kiesel, der eine Sonderkommission der Gestapo zur Aufklärung der Verschwörung gegen Hitler geleitet hat und der diesen Bericht in jugoslawischer Gefangenschaft vor seiner späteren Hinrich-tung verfasst hat. Er stellte das, was die Gestapo bis Kriegsen-de ermitteln konnte, soweit ich das beurteilen kann, klar gegliedert und sachlich zusammen. Da dieser Bericht nach Kriegsende entstanden ist, kann er m. E. schon eher als Quelle historischer Forschung dienen, wenn man ihn auf das ein-schränkt, was die Gestapo ermitteln konnte. Dass das nicht die ganze und die volle Wahrheit war, liegt auf der Hand.

8) Verhängnisvoll hat sich das bald nach dem Krieg von Dr. Hans-Bernd Gisevius herausgegebene zweibändige Buch „Bis zum bitteren Ende" auf die spätere Geschichtsschreibung ausgewirkt, da ihm mehr Wahrheitsgehalt unterstellt wurde und noch wird, als ihm zukommt. Es ist unbestreitbar, dass der Verfasser in ständigem Kontakt mit führenden Männern des Widerstandes stand und dass er als Informant für den Wider-stand und als Kontaktmann zu ausländischen Diplomaten in der Schweiz gearbeitet hat. Ich weiss aber aus Gesprächen mit

meinem Schwiegervater, dass er über wichtige Einzelheiten nicht informiert wurde, da er als früherer Gestapomann nicht als absolut vertrauenswürdig angesehen wurde, insbesondere aus der Sicht von Stauffenberg. Dr. Gisevius ist ein typisches Beispiel für einen Autor, der Lücken im eigenen Wissen durch Vermutungen auszufüllen suchte. In der späteren Literatur begegnet man leider ständig Darstellungen, die sich auf unzutreffende Äusserungen von Dr. Gisevius berufen.

Es ist wohl für einen Einzelnen unmöglich, über ein so historisches Ereignis in allen Einzelheiten völlig fehlerfrei zu berichten. Eine gewisse ungewollte Fehlerquote muss hingenommen werden, ohne dass dem betreffenden Autor deshalb Vorwürfe gemacht werden können. Manche Fehler in Details sind auch für die geschichtliche Wahrheitsfindung, auf die es letztlich allein ankommt, unerheblich. Es gibt aber auch Fehler und Mängel, die zu einer Verzerrung der historischen Wahrheit führen – meistens sicher unbeabsichtigt, gelegentlich aber wohl auch gewollt.

Aus der Fülle der bedeutsamen sachlichen Fehler in der Literatur will ich einzelne Fälle beispielhaft anführen:

a) In der Literatur werden die Erschiessungen in der Bendlerstrasse auf Befehl Fromms als „standrechtliche Erschiessungen" bezeichnet. So ist es auch in die Personalpapiere der Erschossenen eingetragen worden. Das entsprach der offiziellen Sprachregelung nach dem 20. Juli 1944, und diese hat in die Literatur Eingang gefunden. Durch diese offizielle Sprachregelung sollte zweifellos gegenüber der Öffentlichkeit und insbesondere der Wehrmacht gegenüber der Anschein einer rechtmässigen Aburteilung dieser Männer durch ein ordnungsgemäss zusammengetretenes Standgericht erweckt werden. Die Übernahme dieser Falschdarstellung in die Nachkriegsliteratur basiert auch auf Äusserungen Fabian von Schlabrendorffs in seinem 1946 erschienenen Buch „Offiziere gegen Hitler". Dieser war jedoch am 20. Juli 1944 nicht in der Bendlerstrasse, sodass er aus eigenem Wissen dazu gar keine Aussagen machen konnte. Seine Äusserungen stützen sich auf Mitteilungen des Generaloberst Fromm während gemeinsamer Haftzeit im Zuchthaus Brandenburg. In Wirklichkeit hat es jedoch überhaupt kein Standgericht gegeben. Fromm ordnete die Erschiessungen ohne ein Standgerichtsurteil an –

sicherlich in dem Bestreben, diejenigen Mitwisser zu beseitigen, die im Falle von Vernehmungen ihn selbst wegen seiner jahrelangen Mitwisserschaft hätten belasten können. Generaloberst Fromm sind später wegen dieser seiner Handlungsweise von Hitler, dem Reichssicherheitshauptamt und dem Volksgerichtshof schwere Vorwürfe gemacht worden, weil er durch die vorzeitige Erschiessung dieser Männer die Ermittlungen und die Aufklärung der Verschwörung und des Kreises der Beteiligten erheblich behindert habe. Dies dürfte auch der wirkliche Grund für seine spätere Aburteilung durch den Volksgerichtshof gewesen sein. Es spricht nicht für die einem Historiker obliegende Sorgfaltspflicht, dass niemand daran Anstoss genommen hat, dass es nirgendwo Unterlagen über die Zusammensetzung des angeblichen Standgerichts, geschweige denn ein Urteil dieses Standgerichts gibt, und gleichwohl die These von der „standrechtlichen Erschiessung" ungeprüft weiter verbreitet wird.

Dass diese Erschiessungen die fünf Hauptverantwortlichen vor demütigenden Vernehmungen und dem Tode durch Henkershand bewahrt haben, steht auf einem anderen Blatt.

b) In seinem Buch „Carl Goerdeler und die deutsche Widerstandsbewegung" veröffentlicht Prof. Dr. Gerhard Ritter einen zehnseitigen handschriftlichen Brief von Dr. Goerdeler an einen General vom 17.5.1944, der als Entwurf erhalten geblieben ist, und behauptet – ohne jeglichen Beweis anzutreten, dass dieser Brief an General Olbricht gerichtet gewesen sei. Er sagt einführend, dass das Datum offenbar verschrieben sei und richtig 17.5.1943 heissen müsse. In diesem Brief wird der Empfänger unter Darlegung der politischen und militärischen Gründe zum Handeln aufgefordert.

Es erscheint völlig ausgeschlossen, dass dieser Brief tatsächlich für General Olbricht bestimmt gewesen ist. Goerdeler wusste, dass es gegenüber Olbricht eines solchen Briefes nicht bedurfte. Es gibt in diesem Brief keinerlei Anhaltspunkte dafür, dass er für Olbricht bestimmt war. Aber Historiker werten ihn nun als solchen und ziehen daraus aus Respekt vor einem der bedeutendsten deutschen zeitgeschichtlichen Historiker ohne eigene Überprüfung völlig abwegige Schlussfolgerungen.

Ritters Werk benutzt auch als eine wesentliche Quelle den

Bericht, den Dr. Goerdeler in seiner Gestapo-Haftzeit vor seiner Hinrichtung aus dem Gedächtnis heraus niedergeschrieben hat in dem vergeblichen Bemühen, Hitler gegenüber seine Handlungsweise noch rechtfertigen zu können, obgleich ein unter solchen Umständen entstandener Bericht sicher nur bedingt als Quelle verwendbar sein dürfte.

Ritter unterstellt als sicher, dass im Panzerschrank Olbrichts eine „Ministerliste" gefunden worden sei, obgleich er in einer Anmerkung diese Feststellung selbst als Gerücht bezeichnet. Auch Zeller hat keinerlei Quellen ausfindig machen können, die diese Behauptung Ritters belegen würden. Da mir mein Schwiegervater am Abend des 20. Juli 1944 das zu vernichtende Material aushändigte, ist es höchst unwahrscheinlich, dass eine „Ministerliste" in dem Panzerschrank verblieben sein soll. Unter den Materialien, die ich bei meiner Flucht aus dem Bendlerblock herausbrachte, befand sich keine „Ministerliste". Bei der Einstellung Olbrichts zu „Ministerlisten", über die ich in diesem Taschenbuch berichtet habe, halte ich es für ausgeschlossen, dass er in seinem Panzerschrank im Amt eine solche Liste überhaupt aufbewahrt hat.

c) In der Literatur hat sich die Version eingeschlichen, die Männer in der Bendlerstrasse hätten erst nach der Rückkehr Stauffenbergs nach Rangsdorf bzw. in die Bendlerstrasse gehandelt, und es sei unverständlich, warum sie nicht auf die Durchgabe des Stichwortes durch General Fellgiebel aus dem Hauptquartier hin, dass das Attentat zur Durchführung gekommen sei, sofort „Walküre" in Gang gesetzt hätten. Erst die Aussage des am 20. Juli diensthabenden Nachrichtenoffiziers, Oberstleutnant Sander, gegenüber Annedore Leber für deren Buch „Für und Wider" brachte die Bestätigung meiner Darstellung, dass General Fellgiebel das Stichwort nicht durchgegeben hatte – ja gar nicht hätte durchgeben können –, weil die Nachrichtenverbindungen schon vorher abgeschaltet worden waren. Wie bereits in der Fussnote auf Seite 97/98 zum Ausdruck gebracht, halte ich die Behauptung Sanders, er habe einer Vorzimmerdame des Generals Thiele in dessen Abwesenheit die Nachricht von dem misslungenen Attentat zur Weitergabe an Thiele übermittelt, aus den dort dargelegten Gründen für sehr unwahrscheinlich.

d) In dem hervorragenden Buch von Eberhard Zeller „Geist

der Freiheit" entdeckte ich bei einer der Neuauflagen plötzlich eine Darstellung, dass der damalige Bundestagspräsident Dr. Eugen Gerstenmeier am Abend des 20. Juli versucht habe, mit gezogener Pistole das Eindringen der fünf Offiziere in das Dienstzimmer des Generals Olbricht zu verhindern. Er habe jedoch eine Ladehemmung gehabt, die fünf (!) Offiziere seien daraufhin hinter der geöffneten Tür des im Vorzimmer stehenden Panzerschrankes in Deckung gegangen und hätten ihn dann überwältigt und sich Eingang in das Zimmer von Olbricht verschafft.

Auf meinen Hinweis an Dr. Zeller, dass diese Darstellung nicht den Tatsachen entspreche, berief sich Zeller auf einen ihm vorliegenden schriftlichen Bericht Dr. Gerstenmeiers. Ich bat daraufhin Dr. Zeller, diesen Bericht nicht in neue Auflagen zu übernehmen, da ich mich sonst aus Gründen der historischen Wahrheit öffentlich gegen diese Darstellung wenden müsse und ich keinerlei Interesse hätte, den amtierenden Bundestagspräsidenten blosszustellen.

Tatsache ist, dass Dr. Gerstenmeier an diesem Abend im Vorzimmer meines Schwiegervaters auf diesen wartete, weil er ihm über seine letzte Auslandsreise berichten wollte – jedoch nicht vorgelassen wurde, weil an diesem Abend andere Dinge zu erledigen waren. Ich unterstelle, dass Dr. Gerstenmeier auch noch wartete, als diese Offiziere eindrangen. In dem Vorzimmer stand jedoch überhaupt kein Panzerschrank, so-dass die Fragwürdigkeit der Behauptung, dass sich fünf mit Maschinenpistolen, Pistolen und Handgranaten bewaffnete und zur Niederschlagung des Aufstandes entschlossene Offiziere hinter der geöffneten Tür eines Panzerschrankes vor einer auf sie angeschlagenen Pistole in Sicherheit zu bringen versucht hätten, keines weiteren Kommentars bedarf.

Bedauerlicherweise ist diese Darstellung aber in den Memoiren von Dr. Gerstenmeier, die er kurz vor seinem Tode herausgegeben hat, doch wieder enthalten.

e) In allen Büchern und Zeitschriftenartikeln, die den Tod Roland Freislers erwähnen, wird behauptet, dass dieser am 3. Februar 1945 bei einem Bombentreffer auf das Gebäude des Volksgerichtshofes im Luftschutzraum durch einen herabstürzenden Deckenbalken getötet worden sei. Diese Version hat Fabian von Schlabrendorff in seinem Buch „Offiziere gegen

Hitler" mitgeteilt. Wie der Historiker Gert Buchheit in seinem Buch „Richter in roter Robe" auf Grund der Darstellung von Prof. Dr. Eberhard Bethge richtigstellt, wurde Freisler im Hof des Gebäudes des Volksgerichtshofes durch einen Bombensplitter getötet.

f) In dem von der Bundeszentrale für Politische Bildung in immer wieder folgenden Neuauflagen herausgegebenen Buch „Der 20. Juli 1944", das m. E. den Gesamtkomplex des 20. Juli in der erforderlichen Kurzfassung sehr gut zur Darstellung bringt, wird an einer Stelle der Todestag des Generalobersten Erich Hoepner mit 9. August 1944 angegeben, an anderer Stelle mit dem 8. August. Hoepner gehörte zu den im ersten Prozess vor dem Volksgerichtshof angeklagten Hauptbeteiligten des Aufstandsversuches. Das Verfahren begann am 8. August und wurde auch am 8. August mit den Todesurteilen gegen alle Angeklagten (Generalfeldmarschall Erwin von Witzleben, Generaloberst Erich Hoepner, Generalmajor Helmuth Stieff, Oberleutnant d. R. Albrecht von Hagen, Generalleutnant Paul von Hase, Oberstleutnant d. Genst. Robert Bernardis, Hauptmann Friedrich Karl Klausing, Peter Graf Yorck von Wartenburg) beendet. Die Urteile wurden noch am selben Tage vollstreckt.

g) Das von dem Schweizer Historiker Christian Müller 1970 im Droste-Verlag, Düsseldorf, herausgegebene Buch „Oberst i. G. Stauffenberg" zeigt in aller Deutlichkeit, mit welchen Schwierigkeiten ein Nachkriegshistoriker zu kämpfen hat, der auf vorhandene Veröffentlichungen angewiesen ist. Das Werk enthält ausserordentlich viele und z. T. auch wichtige Details aus dem Leben, Denken und Handeln des Grafen Stauffenberg. Der Verfasser konnte aber den Wahrheitsgehalt der ihm vorliegenden Veröffentlichungen nicht überprüfen, so dass sein Werk nur mit erheblichen Einschränkungen als Quelle für weitere Publikationen verwendbar ist. Das dankenswerte Bemühen des Verfassers, der Bedeutung dieses Mannes gerecht zu werden, heilt nicht alle Unrichtigkeiten.

h) In der grossen Brockhaus-Enzyklopädie (16. Band 1973) steht unter dem Stichwort Fabian von Schlabrendorff, er sei nach dem 20. Juli 1944 zum Tode verurteilt worden, der Vollstreckung jedoch entgangen. In seinem 1946 veröffentlichten Erlebnisbericht „Offiziere gegen Hitler" beschreibt

v. Schlabrendorff ausführlich, dass der Oberreichsanwalt unter dem Eindruck der Anschuldigungen Schlabrendorffs, seine angeblichen Geständnisse seien durch seit Friedrich dem Grossen in Preussen verbotene Folterungen erpresst worden, die Anklage gegen ihn fallen liess, der Volksgerichtshof ihn von allen Anklagepunkten freisprach und seine sofortige Haftentlassung anordnete. Die Gestapo kümmerte sich allerdings um dieses Urteil des Volksgerichtshofes überhaupt nicht, behielt ihn weiter in Haft und hätte ihn mit Sicherheit – wie so viele andere – vor Kriegsende noch umgebracht, wenn ihn nicht US-Soldaten aus den Händen der Gestapo (im Pustertal) befreit hätten.

17.
Schlussbetrachtung

Das Attentat war misslungen, der Befreiungsversuch gescheitert, die Rache und der Hass der Nazis wüteten in ihrem gesamten noch verbliebenen Herrschaftsgebiet gegen die Männer und Frauen, die es gewagt hatten, sich gegen Unrecht und Terror aufzulehnen. Ein im deutschen Recht und in der deutschen Verfassung bisher völlig fremder Begriff – die Sippenhaft gab den Rahmen für ein rechtswidriges Vorgehen gegen Familienangehörige und Verwandte der Verschworenen, das in das freie Belieben der Verfolgungsbehörden gestellt war. Selbst Greisinnen [12] und Kleinkinder, die noch nicht einmal ihren Namen wussten, wurden nicht verschont. Der totale Krieg wurde durch die totale Vergeltung ergänzt.

Das Verhängnis, das durch die Machtergreifung der Nationalsozialisten in Deutschland am 30. Januar 1933 über das deutsche Volk, über Europa und weite Teile der Welt hereingebrochen war, nahm seinen Lauf, bis die bedingungslose Kapitulation am 8. Mai 1945 das gequälte deutsche Volk und die Völker Europas von ihren Leiden und dieser verbrecherischen Schreckensherrschaft erlöste.

Der Zweite Weltkrieg forderte insgesamt über 55 Millionen Tote. In Deutschland starben nach dem 20. Juli 1944 an Krieg und Vertreibung mehr Menschen, als in den ersten fünf Jahren des Krieges. Übrig blieb im Herzen Europas ein durch die Siegermächte zweigeteiltes Rest-Staatsgebiet.

Die Tat des 20. Juli 1944 ist Geschichte. Für die wenigen noch lebenden Beteiligten und die Angehörigen der Opfer eine

---

[12] Selbst die in Dresden lebende 82jährige Mutter meines Schwiegervaters wurde nach dem 20. Juli von der Gestapo verhaftet und drei Wochen lang in einem Gefängnis eingesperrt, ohne überhaupt noch begreifen zu können, was mit ihr geschah.

stets lebendige, für das deutsche Volk eine mehr und mehr in Vergessenheit geratende Geschichte. Sie ist mit nichts in der deutschen Geschichte vergleichbar – auch nicht mit Tauroggen. Die Situation, in der die Besten unseres Volkes versuchten, eine kriminelle Staatsführung mit Gewalt zu beseitigen, wird sich nicht wiederholen. Sie hat das Schicksal, das Deutschland beschieden war, nicht abwenden können, aber sie hat doch vermocht, gegenüber dem eigenen Volk und gegenüber der Welt deutlich zu machen, dass die absolute Gleichsetzung des gesamten Volkes mit dem Nationalsozialismus nicht der geschichtlichen Wahrheit entspricht. Die Geschichte dieses Befreiungsversuchs widerlegt die These, dass sich die in der Verantwortung stehenden Männer und Frauen erst zum Widerstand entschlossen hätten, als sich der Verlust des Zweiten Weltkrieges abzeichnete. Der Befreiungsversuch hat die Teilung Deutschlands als unmittelbare Folge nationalsozialistischer Machtpolitik nicht verhindern können – es zeichnet sich aber inzwischen ab, dass er gemeinsames Erbe und Vermächtnis aller freiheitlich und demokratisch gesinnten Deutschen werden könnte. Die hervorragenden Fernsehfilme, die das DDR-Fernsehen zum 20. Juli 1985 über die Frauen des 20. Juli und zum 20. Juli 1986 über den General von Tresckow ausgestrahlt hat, sowie der am 19. Juli 1987 erstmalig ausgestrahlte Fernsehfilm von Günter Marquardt über den General der Infanterie Friedrich Olbricht deuten in diese Richtung.

Die (Ost)Berliner Zeitung brachte am 24.7.1989 einen Bericht über eine Gedenkveranstaltung in der Kirche von Potsdam-Bornstedt zum Andenken an die ermordeten und inhaftierten Widerstandskämpfer des 20. Juli 1944. Im Anschluss an die Gedenkfeier legten die Teilnehmer an einer Gedenktafel für Henning von Tresckow und die Widerstandsbewegung des 20. Juli 1944 auf dem Bornstedter Feld Blumen nieder. An der Familiengrabstätte Olbricht auf dem Dresdener Nordfriedhof – dem ehemaligen Garnisonsfriedhof –, in der sich eine Gedenktafel an General Olbricht befindet, legen seit dem Jahr 1988 Abordnungen der Nationalen Volksarmee Kränze nieder. Seine Geburtsstadt Leisnig liess an seinem Geburtshaus eine Gedenktafel anbringen. Die Stadt Leipzig benannte eine Strasse nach ihm.

Winston Churchill würdigte im Herbst 1946 im Britischen

Unterhaus den deutschen Widerstand mit folgenden Worten: „In Deutschland lebte eine Opposition, die zahlenmässig durch ihre Opfer und eine entnervende internationale Politik immer schwächer wurde, die aber zu dem Edelsten und Grössten gehörte, was in der politischen Geschichte aller Völker je hervorgebracht wurde. Diese Männer kämpften ohne Hilfe von innen oder von aussen, einzig getrieben von der Not des Gewissens. Solange sie lebten, waren sie für uns unerkennbar, da sie sich tarnen mussten. Aber an den Toten ist der Widerstand sichtbar geworden. Ihre Taten und Opfer sind das unzerstörbare Fundament eines neuen Aufbaues. Wir hoffen auf die Zeit, in der dieses heroische Kapitel der inneren deutschen Geschichte eine gerechte Würdigung findet.

Der Regierende Bürgermeister, Professor Dr. Ernst Reuter, und der Senat des Landes Berlin ehrten die Männer und Frauen des 20. Juli 1944 am 20. Juli 1953 durch die Errichtung des von Professor Richard Scheibe geschaffenen Ehrenmals im Hof des Bendlerblockes, der Wirkungsstätte des Generals Friedrich Olbricht, in dessen Sockel die Worte von Professor Dr. Edwin Redslob, des Gründers der Freien Universität Berlin, eingemeisselt wurden:

„Ihr trugt die Schande nicht. Ihr wehrtet Euch. Ihr gabt das grosse, ewig wache Zeichen der Umkehr – opfernd Euer heisses Leben für Freiheit, Recht und Ehre."

Der erste Präsident der Bundesrepublik Deutschland, Professor Dr. Theodor Heuss, legte in seiner denkwürdigen Rede am 19. Juli 1954 bei der Gedenkfeier der Bundesregierung und des Senats von Berlin zum 10. Jahrestag des Befreiungsversuchs im Auditorium Maximum der Freien Universität Berlin ein Bekenntnis der Bundesrepublik Deutschland zum deutschen Widerstand gegen die nationalsozialistische Unrechtsherrschaft ab, in der er u. a. ausführte:

„Das Bekenntnis gilt nicht nur den inneren Motiven, sondern es umfasst auch das geschichtliche Recht zu ihrem Denken und Handeln. Der Dank aber weiss darum, dass die Erfolglosigkeit ihres Unternehmens dem Symbolcharakter des Opfergangs nichts von seiner Würde raubt: hier wurde in einer Zeit, da die Ehrlosigkeit und der kleine, feige und brutale Machtsinn den deutschen Namen besudelt und verschmiert hatten, der reine Wille sichtbar, im Wissen um die Gefährdung des eigenen Lebens den Staat der mörderischen Bosheit zu entreissen und, wenn es erreichbar, das Vaterland vor der Vernichtung zu retten."

Er zitierte Adolf Hitler mit seinen eigenen Worten aus „Mein Kampf": „Wenn durch die Hilfsmittel der Regierungsgewalt ein Volkstum dem Untergang entgegengeführt wird, dann ist die Rebellion eines jeden Angehörigen eines solchen Volkes nicht nur Recht sondern Pflicht. Menschenrecht bricht Staatsrecht", und er schloss seine Ansprache mit den Sätzen:

„Die Scham, in die Hitler uns Deutsche gezwungen hat, wurde durch ihr Blut vom besudelten deutschen Namen wieder weggewischt. Das Vermächtnis ist noch in Wirksamkeit, die Verpflichtung noch nicht eingelöst."

Der Generalinspekteur der Bundeswehr würdigte den 20. Juli 1944 durch seinen Tagesbefehl zum 15. Jahrestag:

„Die Tat des 20. Juli 1944 – eine Tat gegen das Unrecht und gegen die Unfreiheit – ist ein Lichtpunkt in der dunkelsten Zeit Deutschlands. Die tragische Wahrscheinlichkeit des Scheiterns vor Augen, entschlossen sich freiheitlich gesinnte Kräfte aus allen Lagern, in vorderster Front Männer aus den Reihen der Soldaten, zum Sturz des Tyrannen. Das christlich-humanistische Verantwortungsbewusstsein, das diesen Entschluss bestimmte, gab ihrem Märtyrertum die Weihe. Wir Soldaten der Bundeswehr stehen in Ehrfurcht vor dem Opfer dieser Männer, deren Gewissen durch ihr Wissen aufgerufen war. Sie sind die vornehmsten Zeugen gegen die Kollektivschuld des deutschen Volkes. Ihr Geist und ihre Haltung sind uns Vorbild."

Das Heeresamt der Bundeswehr ehrte am 11. Juli 1986 den General der Infanterie Friedrich Olbricht, Chef des Allgemeinen Heeresamtes im Oberkommando des Heeres vom 15. Februar 1942 bis 20. Juli 1944, durch die Schaffung einer Gedenkstätte in der Konrad-Adenauer-Kaserne in Köln.

Der neue Minister für Abrüstung und Verteidigung der DDR Minister Eppelmann würdigte am 20. Juli 1990 im Rahmen einer Gedenkfeier mit militärischem Zeremoniell in seinem Ministerium die Soldaten im Widerstand.

Der Ministerrat der Deutschen Demokratischen Republik bestimmte den 46. Jahrestag des Befreiungsversuches als Tag der Neuvereidigung der Nationalen Volksarmee der DDR auf die neue demokratische Verfassung der DDR.

Beides kann allerdings lediglich als Bekenntnis der in der heutigen DDR jetzt politisch Verantwortlichen zum 20. Juli 1944 gewertet werden. Der Versuch der Nationalen Volksarmee, sich für die noch verbleibende kurze Zeitspanne ihrer Existenz des politisch-moralischen Erbes der Soldaten des Widerstandes gegen die Hitlerdiktatur zu bemächtigen und sich durch Aneignung der Tradition des 20. Juli von der Last ihrer eigenen Vergangenheit zu befreien, mag gut gemeint sein, ist aber von beklemmender Irrealität.

Dokumentarischer Anhang

1. Schriftprobe General Olbricht

Eidesformeln

Bis zum Tode des Reichspräsidenten von Hindenburg am 2. August 1934 hatte der
Fahneneid der Soldaten der Reichswehr und später der Wehrmacht den Wortlaut:

"Ich schwöre bei Gott diesen heiligen Eid, dass ich meinem Volk und Vaterland
allzeit treu und redlich dienen und als tapferer Soldat bereit sein will,
jederzeit für diesen Eid mein Leben einzusetzen."

Sofort nach Hindenburgs Tod wurde die Wehrmacht am 2. August 1934 auf Adolf
Hitler neu vereidigt. Die Eidesformel lautete von da an:

"Ich schwöre bei Gott diesen heiligen Eid, dass ich dem Führer des Deutschen
Reiches und Volkes, Adolf Hitler, dem obersten Befehlshaber der Wehrmacht,
unbedingten Gehorsam leisten und als tapferer Soldat bereit sein will, jederzeit
für diesen Eid mein Leben einzusetzen."

Der diesem Eid zugrunde liegende verfassungswidrige Kabinettsbeschluss der
Reichsregierung, der die Abschaffung des Amtes eines Reichspräsidenten
beinhaltete, war schon am 1. August 1934 - also vor dem Tode Hindenburgs - unter
Mitwirkung des Reichskriegsministers General von Blomberg gefasst worden. Die
Verweigerung der Eidesleistung im vorgeschriebenen Wortlaut wurde nach § 92 des
Militärstrafgesetzbuches als Ungehorsam bestraft.

Der Fahneneid der Bundeswehr der Bundesrepublik Deutschland lautet für
Berufssoldaten und Freiwillige:

"Ich schwöre, der Bundesrepublik Deutschland treu zu dienen und das Recht und
die Freiheit des Deutschen Volkes tapfer zu verteidigen - so wahr mir Gott
helfe!" (Die letzten fünf Worte sind nicht Pflicht.)

Die Wehrpflichtigen der Bundeswehr leisten den Fahneneid wie Berufssoldaten und
Freiwillige - lediglich statt "Ich schwöre..." sprechen sie "Ich gelobe...".

2. Eidesformeln

12

Der Chef der Heeresrüstung und   Berlin, den 31. Juli 1943.

Befehlshaber des Ersatzheeres

AHA/Ia(I) Nr. 3830/43 g.Kdos.   Geheime Kommandosache

Bezug: Chef H Rüst u BdE AHA/Ia VII Nr.1720/42 gKdos.vom 26.5.42.

Betr.: "Walküre".   220 Ausfertigungen

                          11. .Ausf.

3. Akt Ib/E, Az. H.A.Walküre

A l l g e m e i n e s.

      Durch die Aufstellung der Walküre II Divisionen sind die mit
Bezugs-Verfg. befohlenen Maßnahmen "Walküre" überholt. Sie werden daher aufgehoben und durch nachstehende Bestimmungen ersetzt:

I. Aus den Ersatz- und Ausbildungstruppenteilen, Schulen und
    Lehrgängen mit Lehrtruppen (Ausnahme siehe Ziff. VII) sind
    die in den Bereichen der W.Kdo. liegenden Teile durch die
    stellv.Gen.Kdo. zu Kampfgruppen zusammenzufassen. Die Vorbe-
    reitungen und Durchführung laufen unter dem Stichwort

                "W a l k ü r e".

II. Hierzu ist durch die stellv.Gen.Kdo. die Bildung von einsatz-
     fähigen Kampfgruppen (verst.Btl., unter Eingliederung aller
     verfügbaren Waffengattungen) kalendermäßig so vorzubereiten,
     daß auf gegebenes Stichwort die Durchführung in 2 Stufen er-
     folgen kann.

a) 1. Stufe.
    Herstellung der Einsatzbereitschaft von Einheiten (Komp.pp)
    innerhalb von 6 Stunden.
    Eine Alarmbereitschaft ist mit den vorzubereitenden Maß-
    nahmen nicht verbunden.

b) 2.Stufe.
    Zusammenfassung von Einheiten der 1.Stufe zu einsatzfähigen
    Kampfgruppen (siehe Ziff. II, 1.Abs.).

                                    - 2 -

Wehrkreiskommando XVII

Abt. Ib/Org. Ρ. .... Nr.

3. „Walküre"-Befehl vom 31. Juli 1943
Durchführungsbestimmungen

158

Eisenbahntransport zum Zwecke der Zusammenziehung zu Kampfgruppen ist nur dort durchzuführen, wo andere Möglichkeiten
(Landmarsch) eine erhebliche Verzögerung bedeuten oder Kraft-
wagentransport nicht möglich ist.

Grundsatz:
Schnellste Zusammenfassung unter Ausnutzung aller verfügbaren Mittel.

III. Für Schulen, Lehrgänge, Lehrtruppen und Wehrkreis-Unter-
führer-Lehrgänge gelten ebenfalls die Bestimmungen dieser
Verfügung. (Jn Abänderung Chef H Rüst u BdE AHA/Ia(I)
Nr.4810/42 gKdos. vom 13.10.42) Ausnahme siehe VII.
Die kalendermäßigen Vorbereitungen sind jedoch so zu treffen,
daß aus den Schulen, Lehrgängen usw. selbständige Einheiten
aufgestellt werden können.
Der Aufruf für Schulen, Lehrgänge und Lehrtruppen usw. wird
im Bedarfsfall gesondert befohlen.

IV. Die Stärke und Zusammensetzung der Kampfgruppen richtet sich
nach dem jeweiligen personellen Bestand der Einheiten.
Zur materiellen Ausstattung stehen die gesamten Waffen, Kfz.,
Panzerbestände usw. der Einheiten zur Verfügung. Mit diesen
Beständen ist eine Zahl von Kampfgruppen einsatzfähig auszu
statten, wobei als Ausstattungsgrundlage nicht die KStN,
sondern die Einsatzbereitschaft der Kampfgruppe ist.

Falls nach erfolgter materieller Ausstattung aus den
Beständen der Einheiten über die materiell ausgestatteten
Kampfgruppen hinaus Kampfgruppen als Personaleinheiten vorhanden sind, wird von Fall zu Fall befohlen werden, ob diese
unter Rückgriff auf die Bestände der Fz.Kdo. und Parke aus-
zustatten sind.

- 3 -

V. Panzer- und Panz.Gren.Einheiten einschl. derenuchulen mit
Lehrgängen und Lehrtruppen sind neben den Verbänden der
Jnfanterie als besondere Kampfgruppen zusammenzufassen.

VI. Aus den im Bereich der W.Ko. liegenden Nachrichten- Kraftfahr-
Park-, Verwaltungstruppen usw. sind Einheiten in die Kampfgruppen nur so weit einzuteilen, als dies der Stärke der
einzelnen Kampfgruppen entspricht und erforderlich ist. Der
übrige personelle und materielle Bestand dieser Einheiten
steht für die Ausstattung der Kampfgruppen zur Auffüllung
zur Verfügung.

Ausnahme:
a) San.-Truppen.
Durch die San.-Ausbildungs- und Ers.Abteilungen im Bereich
der W.Kdo. ist die Aufstellung von San.-Kp. und Kr.Kw.
Zügen entsprechend dem personellen und materiellen Bestand vorzubereiten.
b) Heeres-Nachrichten-Schule Halle bereitet aus Nachr.Lehr-
Rgt. die Aufstellung der gem.Chef H Rüst u BdE AHA/Ia(I)
Nr.36723/42 geh. vom 17.11.42 befohlenen Korps-Nachr.Abt.
vor.

VII. Aus folgenden Einheiten, Schulen und Lehrgängen sind
Alarmeinheiten zu bilden:
a) Marschbtlne. und -Komp.
b) Schulen und Lehrgänge:
Offz.Lehrgänge, Fahnenjunkerschulen u.Lehrgänge,
Oberfähnrichslehrgänge, militärärztl.Akademie u.
heeresvet.ärztl.Akademie, Forschungsabteilung u.San.Offz.
der Gebirgs-San.-Schule sowie Offz. der San.-Lehrabt.,
Heeres-Uffz.Schulen, Feuerwerker-Schule, Waffenmeister-
Schulen I u. II, Heeresnachrichtenschule II, Heeresreit-
u. Fahrschule, Pi.-Schule Karlshorst, Festungswallmeister-
Schule Sternberg, 1./Eisenbahn-Pi.Schule Rehagen-Klausdorf,
Beamten- u.Schirrmeister-Lehrgänge,

- 4 -

160

c) <u>Lehrtruppen. und Ersatz Abtl.</u>

Pi.-Lehrbataillon 3, Rosenheim, Festungslehrabteilung
Althöfchen, Truppen-Entgiftungs-Lehrkp. der San.-Lehr-
abt., Ausbildungsbattr. für Gasspürhunde, Feldpost-
ersatzabteilung.

d) <u>Sonstiges.</u>

Nachrichten-Betriebsabteilung Chef H Rüst u BdE,
Blindenführerhund-Staffel, Gruppe Heeresstreifen-
dienst zbV, Zug-Wach Abt., Betreuungsdienst, Heeres-
schule für Nachrichtenhelferinnen, Nachrichtenhelfe-
rinnen-Ausbildungsabt.,-Bereitschaften und -Trupps.

Ferner alle Feldzeugdienststellen, Kraftfahrparke, San.-
Abt., Heimatpferdeparke u. Pferdelazarette, Zentralers.
Teillager, Zgkw.Gleiskettenlager, sowie Parke aller
übrigen Waffen.

Außerdem Luftabwehr- M.G.Posten, Alarm- u.Heimat-
flak-Battr., Werkschutz.

Weisungen über die Gliederung dieser Alarmeinheiten werden
von Chef H Rüst u BdE nicht gegeben. Über materielle Ausstattung siehe Durchführungsbestimmungen I.2.)b) bb).

Die <u>Lehrtruppen</u> der oben angeführten Schulen und Lehrgänge <u>stehen jedoch für "Walküre" zur Verfügung</u> (vgl.Ziff.
III.).

VII.) Durch die W.Kdo. ist <u>der Objektschutz und die Sicherung von
Kunstbauten</u> bei Notständen unabhängig von den für Walküre
aufzustellenden Kampfgruppen vorzusehen. Die Vorbereitungen
für "Walküre" sind hierauf abzustimmen.

IX.) Mit Herausgabe dieser Bestimmungen werden die mit Chef
H Rüst u BdE AHA/Ia(I) Nr.4810/42 gKdos. vom 13.10.42 er-
lassenen Bestimmungen <u>über die Verwendungsbereitschaft des
Ersatzheeres</u> ebenfalls <u>aufgehoben.</u>

X.) a) Die Kalender-Vorbereitung ist durch die W.Kdo. den
entspr.in ihren Bereichen liegenden Dienststellen zu
übertragen.

- 5 -

b) Für W.Kdo. Gen.Gouv. gelten die Bestimmungen "Brunhilde-Ost" gem.Chef H Rüst u BdE AHA/Ia(I) Nr.4940/42 gKdos. vom 28.10.42.

Für W.Kdo.Böhmen-Mähren verbleibt es bei den Bestimmungen Wehrmachtsbevollmächtigter beim Reichsprotektor u. Befehlshaber im W.Kdo.Böhmen u.Mähren Ia/Id Nr.100/43 gKdos. vom 10.7.43.

Befehlshaber der Deutschen Truppen in Dänemark erläßt für seinen Befehlsbereich eigene Bestimmungen. Es unterstehen ihm hierzu alle in seinem Befehlsbereich liegenden Einheiten.

c) Einheiten von W.Kdo., die in anderen Bereichen untergebracht sind, unterstehen für diese Maßnahmen den jeweiligen territorialen Befehlshabern.

d) Soweit neben "Walküre" andere Sicherungsmaßnehmen z.B. Küstensicherung (W.K.X) oder Dünkirchen (W.K.VI) oder Bekämpfung von Fallschirmjägern und Luftlandetruppen vorgesehen sind, sind die für "Walküre" vorzubereitenden Maßnahmen soweit möglich als Grundlage auch für diese Sicherungsmaßnahmen zu nehmen.

e) Die Bestimmung für Bereitstellungen von Transportraum für Alarmeinsatz bei Ob West gem.Chef H Rüst u BdE/ AHA/Ia(II) Nr.1376/43 gKdos. vom 27.3.43 (verteilt an die betroffenen Dienststellen) behält weiterhin seine Gültigkeit.

XI. Auslösung:

a) Die Durchführung wird ausgelöst

aa) für das Gesamtvorhaben durch das Stichwort"Walküre".

bb) für Teilvorhaben (Beschränkung für bestimmte W.Kdo.) durch entsprechenden Zusatz, z.B. "Walküre" für W.Kdo. V.

Entsprechend zu vorstehender Ziffer aa) und bb) werden durch den Zusatz der Stufen

z.B. "Walküre" 1. Stufe oder

"Walküre" 2. Stufe für W.Kdo.V

ausgelöst und wirksam.   - 6 -

6

Weitere Zusätze über Einbeziehung der Schulen, über
materielle Ausstattung unter Rückgriff auf die Fz.Kdo.
usw. können in dem Aufruf jeweils enthalten sein.
Diesen Stichworten kann eine Vorankündigung mit dem
Zusatz "in Erwatung" z.B.

      "Walküre" für W.Kdo.V in Erwartung"

vorausgehen.

b) Das Stichwort zu vorstehender Ziff.a) wird durch Chef
H Rüst u BdE gegeben. Der Empfang ist umgehend durch
Fernschreiben im Wortlaut zu bestätigen.

c) Im Falle überraschender Bedrohung und sonstiger Notstände
sind die W.K.Befh. berechtigt, die Maßnahmen selbständig
auszulösen. Es kann dabei auch möglich sein, daß hierbei
auf die Alarm-Einheiten gem. VII. (Offz.Lehrgänge, Oberfähnrich-Lehrgänge, Fahnenjunker-Schulen usw.) zurückge-
griffen werden muß. Diese Maßnahmen dürfen jedoch nur im
äußersten Notfall ergriffen werden.
Sofortige Meldung an Chef H Rüst u BdE ist in diesem
Fall zu veranlassen.

XII. Transporte.

a) Transporte zum Zusammenziehen der Kampfgruppen vergl.
Ziff. II. b).

b) Transportanmeldungen für die Kampfgruppen nach ihrer
Zusammenfassung sind nach Eingang des Tichwortes bei den
zuständigen Transport-Kdturen. einzureichen.

XIII. Durchführungsbestimmungen sind in der Anlage enthalten.

XIV. Geheimhaltung.

Der an der Durchführung der Vorarbeiten zu beteiligende
Kreis ist so eng wie möglich zu halten.
Keinesfalls dürfen Dienststellen und Einzelpersonen außer-
halb der Wehrmacht von den Absichten bzw. Vorarbeiten Kenntnis erhalten.

- 7 -

XV. Zeitpunkt des Jnkrafttretens dieser Bestimmungen.

Bis zum 12.8., 24.00 Uhr, behalten die bisherigen Bestimmungen, Walküre II, ihre Gültigkeit. Bis zu diesem
Zeitpunkt müssen die Vorarbeiten abgeschlossen sein.
Ab 13.8., OO Uhr, treten die Bestimmungen dieser Verfügung in Kraft.

XVI. Meldungen.

a) Der Abschluß der kalendermäßigen Vorbereitungen ist
bis 12.8. an Chef H Rüst u BdE AHA/Ia(I) durch Kurier
zu melden. Die Meldung hat zu enthalten:

aa) Einheiten (Kp.pp) und deren Aufkommensorte, getrennt nach pferdebesp.Einheiten und Pz. bzw. Pz.
Gren.Einheiten.

bb) Kriegsgliederung der Kampfgruppen und deren Aufkommensorte, getrennt nach pferdebesp.Einheiten
und Pz. bzw. Pz.Gren.Einheiten.

Hierbei ist zu unterscheiden zwischen materiell ausgestatteten Kampfgruppen und Kampfgruppen, die Personaleinheiten sind.

cc) Ungefähren Zeitpunkt der beendeten Zusammenziehung der Kampfgruppen.

dd) Kriegsgliederung der Einheiten bzw. der Kampfgrup-
pen von Schulen, Lehrgängen und Lehrtruppen gem.
III. unter Berücksichtigung der Ausnahmen gem.
Ziff. VII.

ee) Stärke der Alarmeinheiten gem. VII.

b) Da die personelle u. materielle Ausstattung dauernden
Schwankungen unterworfen ist, sind Berichtigungen zur
Meldung gem. Ziff.a) laufend zum Freitag jeder Woche,
erstmalig zum 20.8., durch Fernschreiben an Chef HRüst
u BdE AHA/Ia(I) zu melden.

gez. Fromm

F. d. R.

Julier

Major d. G.

Verteiler:

Durchführungsbestimmungen.

I. Grundsätzliches.

1.) Die vom Aufruf betroffenen Einheiten müssen weiterhin in der Lage sein zur

a) Aufrechterhaltung und Erledigung des Schriftverkehrs einschl. Personalpapierführung;

b) Betreuung (Unterbringung, Verpflegung, Einkleidung, Besichtigung usw.) von einrückenden Rekruten und Genesenen, über deren weiteren Verbleib jeweils entschieden werden wird;

c) Bewachung der Liegenschaften und Wartung zurückbleibender Geräte;

d) Durchführung von Entlassungen.

Das für die Maßnahmen von a) bis d) erforderliche Personal ist auf ein Mindestmaß zu beschränken. Es ist vornehmlich a.v. oder g.v.H.-Personal vorzusehen.

2.) Zur Durchführung von "Walküre" stehen zur Verfügung:

a) Personell:

Alles verfügbare Personal in den Bereichen der W.Kdo. einschl. noch in Grundausbildung befindlicher, aber verwendbar erscheinender Rekruten.

Sämtliche Urlauber.

Einzelpersonal aus den gemäß Allgemeines Ziffer VII. für die Heranziehung für "Walküre" nicht vorgesehenen Schulen, Lehrgängen usw., vor allem zur Besetzung von Offz.-. Uffz.- und Spezialisten-Stellen.

Die gesamte Stellenbesetzung einschl. der Offz.- und Beamten-Stellenbesetzung erfolgt durch die W.Kdo.

Das Personal von in Aufstellung befindlichen Marsch-Kp. und Marsch-Btl. steht nicht zur Verfügung, vergl. Ziffer VII.

-2-

166

- -

) Materiell:

Die Gesamtbestände an Waffen, Gerät, Munition, Kfz.,
Panzern und Pferden der in den Bereichen der W.Kdo.
liegenden Einheiten.

Die Bestände der Fz.Kdo., Parke usw. stehen erst
auf Weisung Chef H Rüst und BdE zur Verfügung.

Die Bestände der Fz.Kdo. und Parke sind vorgesehen:

aa) zur Ausstattung der als Personaleinheit aufgestellte
Kampfgruppen,

bb) zur Ausstattung der Alarm-Einheiten gemäß Allgemeines Ziffer VII.,

cc) zur Verbesserung der Ausstattung der aus den Beständen der Einheiten ausgestatteten Kampfgruppen.

Das Rückgriffsrecht auf diese Bestände muß im
Aufruf "Walküre" besonders befohlen sein, nur in ganz
begründeten Ausnahmefällen veranlassen die Wehrkreis-
befehlshaber die Ausstattung der Kampfgruppen aus den
Beständen der Fz.Kdo., Parke usw. selbständig. Chef H
Rüst und BdE ist hiervon sofort zu benachrichtigen.

Materielle Einzelbestimmungen:

Feldküchen (auch Kochkisten)
können neben etwaigem Bestand nicht zur Verfügung gestellt werden.

San.Gerät
ist durch die W.Kdo. (W.K.-Ärzte) unter Anrechnung des
bei den Ers.u.Ausb.Abt. befindlichen Geräts bereitzu-
stellen.

Pferde.
Es stehen zur Verfügung:
Alle Pferde der Einheiten.
(ab 1.11.43 auch die Remonten 42 der W.K.-Reit- und
Fahrschulen sowie der Remonten-Schwdr.)
Alle ausgabefähigen Pferde der Heimatpferdeparke.

-3-

Alle geheilten Pferde der Heimatpferde-Lazarette.

Soweit die hier angeführten Bestände nicht ausreichen, ist Aushebung vorzusehen. Eine Aushilfe durch Chef H Rüst und BdE durch Zuführung aus anderen W.K. erfolgt nicht.

Es ist jedoch verboten, vor Eingang des Stichworts die Aushebungsvorbereitungen mit Stellen ausserhalb der Wehrmacht (z.B. Dienststelle Reichsnährstand) zu besprechen.

Bespannfahrzeuge und Geschirre.

Es stehen zur Verfügung die Bestände der Einheiten. Der Bedarf an landesüblichen Fahrzeugen und landesüblichen Geschirren ist, soweit erforderlich, durch die Aushebung zu decken.

Für die Geheimhaltung gelten die Bestimmungen wie für die Aushebung von Pferden.

II. Einzelheiten.

  1.) Truppenbezeichnungen.

Die Bezeichnungen sind wie folgt vorzusehen:

a) Für Kampfgruppen:

Die Kampfgruppen aus den Bereichen der W.Kdo. tragen die Nr. ihrer W.K., z.B.

Im Bereich des W.Kdo.V Kampfgruppe V

Die Kampfgruppen innerhalb der W.K. werden durchnummeriert, z.B.:

          1. Kampfgruppe V
          2. Kampfgruppe V usw.

b) Für Kampfgruppen der Schulen, Lehrgänge, Lehrtruppen usw. gelten die Bestimmungen gemäss a) sinngemäss. Sie sind durch die W.Kdo. in ihre laufende Nr.Bezeichnung einzubeziehen. Soweit nur Einheiten (Kp. usw.) aufgestellt werden, tragen diese folgende Bezeichnungen:

- 4 -

z.B. 1.Battr.III   oder) bei Einheiten aus dem
      1.Pi.Kp.III   ) Bereich des W.Kdo.III

c) Alarm-Einheiten.

Die Alarm-Einheiten tragen die Bezeichnung Schule,
Lehrgang usw.

z.B. 1.Kp. Mil.Ärztl.Akademie
      1.Kp. Heeres-Reit- und Fahrschule.

2.) Feldpost-Versorgung.

Feldpostnummern werden nicht zugeteilt.
Die Feldpost-Versorgung erfolgt über die Ämter der
Deutschen Reichspost.

Die Versorgung ist wie folgt zu regeln:
Die Rest-Kdo. gemäß Durchführungsbestimmungen
Ziffer I. 1.) leiten die eingehende Post den Kampfgruppen zu. Hierzu sind möglichst zentrale Stellen vorzusehen, bei denen durch die Kampfgruppen die Post abgeholt
wird. Diese Abholorte sind möglichst selten zu wechseln.

3.) Ersatztruppenteile.

Eine Bestimmung von Ersatztruppenteilen für die "Walküre"-
Einheiten erfolgt nicht.

Für den einzelnen Mann ist jeweils die Einheit ersatz-
zuständig, der er vor Auslösung "Walküre" angehörte.

‿erkommando des Heeres
Chef H Rüst und BdE   Berlin, den 6. 10. 1943

AHA Ia(I) Nr.5413/43 g.Kdos.   200 Ausfertigungen

                       74.Ausfertigung

Bezug: Chef H Rüst und BdE AHA Ia(I) Nr.3830/43 g.Kdos. v.31.7.43.

Betr.: Walküre.

Geheime Kommandosache

Wehrkreiskommando XVII
(Stellvertretendes Generalkommando XVII. A. K.)
Reg. Stelle
2 OKT 1943
Nr. 1297
Anlagen

     Zum Bezugsbefehl wird ergänzend befohlen:

1.) **Abschnitt III.**

Der bisherige Abschnitt III. ist mit III. a) zu bezeichnen,

als III. b) ist hinzuzufügen:

     "Einheiten des Feldheeres, die sich in Aufstellung,
Auffrischung oder Umgliederung im Heimatkriegsgebiet befinden,
sind ebenfalls entsprechend den Bestimmungen dieser Verfügung
heranzuziehen.

     Sie sind aufzustellen:

a) als Kampfgruppen, wenn ihr Aufstellungsstand hinsichtlich
Grad der Bewaffnung, Beweglichkeit und Ausrüstung es zu-
läßt,

b) als Alarmeinheit, wenn die Aufstellung noch nicht so weit
vorangeschritten ist.

     Auf jeden Fall sind sie selbständig aufzustellen und
nicht mit anderen Walküre-Verbänden des Wehrkreises zusammen-
zulegen."

2.) **Abschnitt VII., 2.Zeile:**

Nach zu bilden ist ein Komma zu setzen und der Satz einzufügen:

"deren Einsatzbereitschaft gleichfalls innerhalb von 6 Stunden
hergestellt sein muß:"

3.) **Abschnitt XI. c)**, am Ende des letzten Satzes ist einzufügen:

"Jn Falle des Einsatzes der Alarmeinheiten gem. VII.b)(Offz.
Lehrgänge, Oberfähnrich-Lehrgänge usw.) hat sofortige Meldung
der Schulen an ihre zuständige Waffenabteilung des OKH zu erfolgen."

J. A.

Olbricht

- 738 -

I/b org Nr. 601

1 2. OKT 1943

*4. Ergänzungsbefehl vom 6. 10. 43 zum „Walküre"-Befehl
vom 31. 7. 43 (unterschrieben von Olbricht)*

an			Kr.Nr.	durch
HDVS	20.7	2209	43	Müller
HKHB	20.7	3150	42	Staude 10
I.Nr.1				12
TWKG	20.7	7300	43	Thoma?r 13
WPLW	20.7	3125	42!	Kindl 11
HGSA	20.7	9045	43	Geheim nach Eingang

HOKW *0 2165*
20. Juli 1944 *1815*

Geheime Kommandosache

Mit Anschriftenübermittlung
An
Stellv.Gen.Kdo.I.- XIII.
(III durch Furier)
XVII, XVIII, X., XXI.A.K.
W.Kdo.Gen.Gouv., Böhmen/Mähren

KR

1552

1.) Walküre 2.Stufe für W.Kdo.I - XIII, XVII, XVIII, XI, XXI
unter Rückgriff auf sämtliche Bestände des Feld- und Ersatzheeres,
notfalls einschl. der Bestände der Zeugämter und Parks.
X - Zeit   20.7.   18.00 Uhr

2.) Entnommene Waffen, Großgeräte und Kfz. der Ohm-Bestände aus
Zeugämtern und Parken sind sofort an AHA Stab Ib durch FS zu
melden.

3.) Gliederung, Stärken und Aufkommensorte der aufgerufenen Einheiten
sind bis 21.7. 12.00 Uhr durch KR-Fernschreiben an AHA Stab I
zu melden.

4.) Die im W.Kdo.Böhmen/Mähren und W.Kdo.Gen.Gouv. getroffenen Maßnahmen sind entsprechend durchzuführen. Die aufgerufenen Einheiten sind gemäß Ziffer 3.) an AHA Stab I zum 21.7. 12.00 Uhr
zu melden.

Nach Abgang: OKH Chef H Rüst und BdE
AHA Stab I(1)   1.Ausf.   AHA Stab I Nr.4936 /44 g.Kdos.v.20.7.44
         II   2. "   J. A.
         Ib   3. "
Jn 3   4. "

5. „Walküre"-Befehl 2. Stufe vom 20. Juli 1944
(unterschrieben von v. Mertz)

Das nachstehende, von Dr. R. Kn. bereits
im August 1939 verfaßte Gedicht soll
die Leser anregen, darüber nachzudenken,
inwieweit sie am jetzigen Stand der Dinge mitschuldig sind und
welche Verpflichtungen für uns in Württemberg jetzt bestehen.

Der Nationalsozialismus

Herr,
Gieß aus die Schale deines Zorns,
Denn sieh, das Maß ist voll.
Was Göttliches dem Menschen
Du ins Herz gelegt,
Unflätige besudeln es mit Unflat.
Verführer standen auf,
Vom Wahne selbst Verführte,
Und schäumten ihren Wahn
Dumpf-gläubigem Volk ins Ohr.
Selbst in Niederungen ausgebrütet
Peitschen sie mit ihrer Triebe Geißel
Den Pöbelsinn der Masse auf.
Neid giert nach fremdem Gut und fremdem Geist,
Schlägt seinen Haß in alles Höhere,
Um es in den gemeinen Pfuhl herabzuzerren.

Weh dem Menschen,
Des Haupt die Menge überragt,
Des Seele stolz und frei den Nacken trägt —
Sein Kopf muß fallen.
Mit Lüge fingt ihr an,
Die Lüge frißt nun weiter.
Des Glaubens heilig reine Flamme
Ersticket ihr zu gift'gem Schwälen,
Was alles ihr mit geilen Händen angefaßt,
Es ward zum Fluch gewandelt;
Wahrheit zu Lug, Recht zu Betrug.
Statt freiem Manneswort nur feiles Kriechen,
Statt Herren — Knechte.
Ja selbst der höchsten Dinge lautres Gold
Befleckte eurer Mäuler fauler Hauch,
Daß sie nun stinken und den Reinen ekeln.
Vaterland und Ehre,
Treue, Mannesmut, Geist, Schönheit.

6. Gedicht Dr. Robert Knauß, Der Nationalsozialismus
(August 1939)

172

In des Geschwätzes Überdruß
Habt ihr zerredet sie
Zu hohlem Lärm.
Schauspieler ihr, ihr Übertreiber,
Werft eure Larve ab!
Wie klein und ärmlich
Steht ihr da in eurer Blöße!
Die Würde edlen Menschentums
Liegt heut im Staub,
Zertreten von Unrecht und Gewalt.
Es floh der Geist in ferne Wüsten längst
und schweigt . . .
Euren aufgeblas'nen Götzen aber
Umkriechen Sklaven nur,
Im Takte Beifall brüllend,
Unterwürf'ge Speichellecker,
Deren Rücken sich duckt
Unter der Peitsche Pfeifen.
Doch hinter eurer Maske hohlem Pomp
Argwöhnisch lauern eure Blicke,
Angstverzerrt und unstät um sich spähend
Nach den Verrätern im eignen Lager.
Keiner traut dem andern,
Wohl wissend, daß unter Hehlern keine Treue.

O Herr,
Das Maß ist voll,
Dein Zorn gerecht.
Die Zeit muß furchtbar sich erfüllen.
Wer Ohren hat zu hören,
Wer nicht betäubt von des Gesindels Lärmen,
Dem grollt von ferne schon
Der Donner des Gerichts.
Du Herr, schlägst sie mit Wahnsinn,
Um sie zu verderben.
Im Taumel ihrer Großmannssucht
Rasen sie schnell und immer schneller,
Schaum vorm Munde,
Blind dem Abgrund zu,
Mit sich reißend das betrogne Volk,
Ungerechte und Gerechte zermalmend gleichermaßen.
Ströme von Blut und Leiden
Spülen die aufgehäuften Frevel weg.

Bis daß die Sonne eines Frühlingstags
Sich wieder aus den Schwaden hebt
Im warmen Leuchten einer neuen Menschlichkeit.
Ungläubig noch, kaum trauend diesem ungewohnten Licht
Schaudernd vor ihres einst'gen Wahnes Trübung

Reiben die Menschen sich die Augen,
Aus schwerem, grauenvollem Traum erwacht,
Lachen vor Freude,
Fallen weinend sich um den Hals.
Und sie erkennen:
Was hülfe es dem Menschen,
Daß er gewänne diese ganze Welt
Und nähme Schaden doch an seiner Seele?

Selig sind
Die reinen Herzens sind,
Und nur die Liebe führt zu Gott.

August 1939   *(Dr. R. Kn.)*

Das Oberkommando der Wehrmacht gibt bekannt:

In der Normandie setzte der Feind seine Angriffe im Raum östlich und südöstlich Caen mit starker Panzerartillerie- und Fliegerunterstützung während
des ganzen Tages fort, ohne daß ihm der erstrebte Durchbruch gelang. Nach
erbitterten Kämpfen, die den ganzen Tag hindurch in Saint-Lo tobten, wurden
die Trümmer der Stadt aufgegeben. Feindliche Vorstöße aus der Stadt heraus
nach Süden sowie starke örtliche Angriffe der Nordamerikaner weiter nordwestlich brachen verlustreich zusammen. Schlachtflieger unterstützten die
Abwehrkämpfe der Erdtruppen in wirksamen Tiefangriffen und vernichteten 10
feindliche Panzer. In Luftkämpfen wurden 16 feindliche Flugzeuge abgeschossen.

In der Nacht griffen Kampf- und Nachtschlachtflugzeuge feindliche Bereitstellungen nördlich Caen mit guter Wirkung an. In Munitions- und Betriebs-
stofflagern entstanden Brände und Explosionen. In der Nacht vom 18. auf 19.
Juli schossen Nachtjäger über Nordfrankrich 30 viermotorige britische Bom-
ber ab. Batterien der Kanalinsel Aldernay schossen einen feindlichen Ge-
leitzerstörer in Brand, der nach heftigen Explosionen sank. Im französischen Raum wurden erneut 151 Terroristen im Kampf niedergemacht. Das Ver-
geltungsfeuer auf London dauerte die ganze Nacht über an.

In Italien drang der Feind in erbitterten, für ihn besonders verlustreichen
Kämpfen in den Südteil von Livorno und die völlig zerstörten Hafenanlagen
ein, wo heftige Straßenkämpfe entbrannten. In den Abendstunden wurden unsere Truppen auf Stellungen nördlich der Stadt zurückgenommen. Nordwestlich
Poggibonsi scheiterten zahlriche Angriffe des Gegners. Westlich Ankona gelang es dem Feind, nach erbitterten Kämpfen auf dem Nordufer des Esinoflus-
ses mit schwächeren Kräften Fuß zu fassen. Seine mit besonderer Wucht entlang der Küstenstraße geführten Angriffe brachen dagegen sämtlich zusammen.
Im Süden der Ostfront stehen unsere Divisionen im Raum östlich Lemberg in
schweren Abwehrkämpfen. Feindliche Durchbruchsversuche in Richtung auf die
Stadt selbst wurden aufgefangen. Von Kowel her vordringende starke sowjetische Kräfte wurden am Bug zum Stehen gebracht. Auch im Mittelabschnitt

- 2 -

7. Bericht des Oberkommandos der Wehrmacht vom 20. Juli 1944

dauern nördlich Brest heftige Kämpfe an. Im Raum von Grodno auf das Westu-
fer des Njemen übergesetzte sowjetische Kampfgruppen wurden in Gegenangrif-
fen zurückgeworfen. Im Seengebiet nordwestlich und nördlich Wilna sowie der
Düna und Ostrow wurden starke Angriffe der Sowjets in wechselvollen Kämpfen
zerschlagen und einige Einbrüche abgeriegelt. Allein im Abschnitt eines
Korps wurden hier in den letzten sieben Tagen 215 feindliche Panzer vernichtet. Der Stabsgefreite Unger in einer Panzerjägerabteilung schoß ge-
stern mit seinem Geschütz elf schwere sowjetische Panzer ab. Die Luftwaffe
führte zahlreiche Tiefangriffe gegen feindliche Bereitstellungen und Kolon-
nen und vernichtete wiederum zahlreiche Panzer und über 230 motorisierte
und bespannte Fahrzeuge. In Luftkämpfen und durch Flakartillerie wurden 56
feindliche Flugzeuge abgeschossen. Starke Verbände deutscher Kampfflugzeuge
richteten schwere Angriffe gegen die sowjetischen Nachschubstützpunkte
Molodetschno, Nowosokolniki und Wilikije Luki.

Nordamerikanische Bomberverbände führten von Westen und Süden Terrorangriffe gegen West-, Südwest- und Süddeutschland. Vor allem in den Wohnbe-
zirken der Städte München, Koblenz, Schweinfurt und Saarbrücken entstanden
Schäden. Die Bevölkerung hatte Verluste. Durch Luftverteidigungskräfte
wurden 61 feindliche Flugzeuge zum Absturz gebracht. In der Nacht griffen
britische Störflugzeuge das Stadtgebiet von Bremen an.

DIE LAGE AN DER FRONT DER NORMANDIE WIRD VON TAG ZU TAG SCHWIERIGER, SIE
NÄHERT SICH EINER SCHWEREN KRISE.

DIE EIGENEN VERLUSTE SIND BEI DER HÄRTE DER KÄMPFE, DEM AUSSERGEWÖHNLICH
STARKEN MATERIALEINSATZ DES GEGNERS VOR ALLEM AN ARTILLERIE UND PANZERN UND
BEI DER WIRKUNG DER DEN KAMPFRAUM UNUMSCHRÄNKT BEHERRSCHNDEN FEINDLICHEN
LUFTWAFFE DERARTIG HOCH, DASS DIE KAMPFKRAFT DER DIVISIONEN RASCH ABSINKT.
ERSATZ AUS DER HEIMAT KOMMT NUR SEHR SPÄRLICH UND ERREICHT BEI DER SCHWIE-
RIGEN TRANSPORTLAGE DIE FRONT ERST NACH WOCHEN. RUND 97 000 MANN AN VERLU-
STEN, DARUNTER 2360 OFFIZIERE, UNTER IHNEN 28 GENERALE UND 354 KOMMANDEURE,
ALSO DURCHSCHNITTLICH PRO TAG 2500 BIS 3000 MANN, STEHEN BIS JETZT INSGE-
SAMT 6000 MANN ERSATZ GEGENÜBER. AUCH DIE MATERIELLEN VERLUSTE DER EINGE-
SETZTEN TRUPPEN SIND AUSSERORDENTLICH HOCH UND KONNTEN BISHER NUR IN GERIN-
GEM UMFANG ERSETZT WERDEN, Z.B. VON RUND 225 PANZERN BISHER NUR 17.

DIE NEUZUGEFÜHRTEN DIVISIONEN SIND KAMPFUNGEWOHNT UND BEI DER GERINGEN AUS-
STATTUNG MIT ARTILLERIE, PANZERBRECHENDEN WAFFEN UND PANZERBEKÄMPFUNGSMIT-
TELN NICHT IMSTANDE, FEINDLICHE GROSSANGRIFFE NACH MEHRSTÜNDIGEM TROMMEL-
FEUER UND STARKEN BOMBENANGRIFFEN AUF DIE DAUER ERFOLGRICH ABZUWEHREN. WIE
DIE KÄMPFE GEZEIGT HABEN, WIRD BEI DEM FEINDLICHEN MATERIALEINSATZ AUCH DIE
TAPFERSTE TRUPPE STÜCK FÜR STÜCK ZERSCHLAGEN. DIE NACHSCHUBVERHÄLTNISSE
SIND DURCH DIE ZERSTÖRUNG DES BAHNNETZES, DIE STARKE GEFÄHRDUNG DER STRAS-
SEN UND WEGE BIS ZU 150 KM HINTER DER FRONT DURCH DIE FEINDLICHE LUFTWAFFE
DERART SCHWIERIG, DASS NUR DAS ALLERNÖTIGSTE HERANGEBRACHT WERDEN KANN UND
VOR ALLEM MIT ARTILLERIE- UND WERFERMUNITION ÜBERALL ÄUSSERST GESPART WER-
DEN MUSS.

NEUE NENNENSWERTE KRÄFTE KÖNNEN DER FRONT IN DER NORMANDIE NICHT MEHR ZUGE-
FÜHRT WERDEN. AUF DER FEINDSEITE FLIESSEN TAG FÜR NAG NEUE KRÄFTE UND MEN-
GEN AN KRIEGSMATERIAL DER FRONT ZU. DER FEINDLICHE NACHSCHUB WIRD VON UNSE-
RER EIGENEN LUFTWAFFE NICHT GESTÖRT. DER FEINDLICHE DRUCK WIRD IMMER STÄR-
KER.

UNTER DIESEN UMSTÄNDEN MUSS DAMIT GERECHNET WERDEN, DASS ES DEM FEIND IN
ABSEHBARER ZEIT - 14 TAGEN BIS DREI WOCHEN - GELINGT, DIE EIGENE DÜNNE

- 2 -

*8. Blitzfernschreiben Generalfeldmarschall Rommel an Hitler
vom 15. 7. 1944*

FRONT, VOR ALLEM BEI DER 7. ARMEE ZU DURCHBRECHEN UND IN DIE WEITE DES FRANZÖSISCHEN RAUMES ZU STOSSEN. DIE FOLGEN WERDEN UNÜBERSEHBAR SEIN.

DIE TRUPPE KÄMPFT ALLERORTS HELDENMÜTIG, JEDOCH DER UNGLEICHE KAMPF NEIGT DEM ENDE ENTGEGEN. ICH MUSS SIE BITTEN, DIE FOLGERUNGEN AUS DIESER LAGE UNVERZÜGLICH ZU ZIEHEN. ICH FÜHLE MICH VERPFLICHTET, ALS OBERBEFEHLSHABER DER HEERESGRUPPE DIES KLAR AUSZUSPRECHEN ...

ROMMEL, FELDMARSCHALL

Geheim

FRR

HOKW 02165

Geheime Kommandosache

20. Juli 1944 /1900

f e r n s c h r e i b e n !

J 2 2630

I.) Der Führer Adolf H i t l e r ist tot !

20,30

Eine gewissenlose Clique frontfremder Parteiführer hat es unter
Ausnutzung dieser Lage versucht, der schwerringenden Front in
dem Rücken zu fallen und die Macht zu eigennützigen Zwecken an
sich zu reißen.

II.) In dieser Stunde höchster Gefahr hat die Reichsregierung zur
Aufrechterhaltung von Recht und Ordnung den militärischen Aus-
nahmezustand verhängt und mir zugleich mit dem Oberbefehl über
die Wehrmacht die vollziehende Gewalt übertragen.

III.) Hierzu befehle ich:

1.) Ich übertrage die vollziehende Gewalt - mit dem Recht der
Delegation auf die territorialen Befehlshaber -

in den Heimatkriegsgebiet auf den

Befehlshaber des Ersatzheeres

unter gleichzeitiger Ernennung zum Oberbefehlshaber im
Heimatkriegsgebiet

in den besetzten Westgebieten auf den

Oberbefehlshaber West (Oberbefehlshaber der Heeresgruppe D

in Italien auf den

Oberbefehlshaber Südwest (Oberbefehlshaber der Heeresgrupp
C).

in dem Südostraum auf den

Oberbefehlshaber Südost (Oberbefehlshaber der Heeresgrupp
F),

in den besetzten Ostgebieten auf die

Oberbefehlshaber der Heeresgruppen Südukraine, Nordukraine
Mitte, Nord und den Wehrmachtbefehlshaber Ostland für ihre
jeweiligen Befehlsbereich,

*9. Fernschreiben des neuen Oberbefehlshabers der Wehrmacht,
Generalfeldmarschall von Witzleben, vom 20. Juli 1944*

179

in Dänemark und
in Norwegen auf die
Wehrmachtbefehlshaber

2.) Den Inhabern der vollziehenden Gewalt sind unterstellt:

   a) sämtliche in ihrem Befehlsbereich befindlichen Dienst-
     stellen und Einheiten der Wehrmacht einschl. der Waffen-SS
     des RAD und der OT.

   b) alle öffentlichen Behörden (des Reiches, der Länder
     der Gemeinden), insbesondere die gesamte Ordnungs-,
     Sicherheits- und Verwaltungspolizei,

   c) alle Amtsträger und Gliederungen der NS....... und die ihr
     angeschlossenen Verbände,

   d) die Verkehrs- und Versorgungsbetriebe.

3.) Die gesamte Waffen-SS ist mit sofortiger Wirkung in den .....
   eingegliedert.

4.) Die Inhaber der vollziehenden Gewalt sind! für .... Ver-
   tung der Ordnung und öffentlichen Sicherheit verantwortlich.
   Sie haben insbesondere zu sorgen für:

   a) die Sicherung der Nachrichtenanlagen
   b) die Ausschaltung des SD.
   Jeder Widerstand gegen die militärische Vollzugsgewalt
   rücksichtslos zu brechen.

5.) In dieser Stunde höchster Gefahr für das .... Ge-
   schlossenheit der Wehrmacht und Aufrecht........ ....
   Disziplin oberstes Gebot.
   Ich mache es daher allen Befehlshabern des Heeres, der
   Kriegsmarine und der Luftwaffe zur Pflicht, die Inhaber der
   vollziehenden Gewalt bei Durchführung ihrer schwierigen
   Aufgabe mit allen zu Gebote stehenden Mitteln zu ....

sen und die Befolgung ihrer Weisungen durch die untergeord-
neten Dienststellen sicherzustellen.
Der deutsche Soldat steht vor einer geschichtlichen Aufgabe.
Von seiner Tatkraft und Haltung wird es abhängen, ob
Deutschland gerettet wird.

Gleiches haben alle territorialen Befehlshaber, die Oberkommandos
der Wehrmachtteile und die den Oberkommandos unmittelbar unter-
stehenden Kommandobehörden des Heeres, der Kriegsmarine und der
Luftwaffe.

Der Oberbefehlshaber der Wehrmacht
gez. v. Witzleben
Generalfeldmarschall

Der Chef der Heeresrüstung und
Befehlshaber des Ersatzheeres   Berlin, den 2.0. Juli 1944
Stab   Nr.45000/44 g.

Vorstehenden Erlaß zur Kenntnis.

J.K.

Verteiler:

Ob West (Heeresgruppe D, zugl. für H.Gr. B)
Militärbefehlshaber Frankreich
Militärbefehlshaber Belgien und Nordfrankreich
Wehrmachtbefehlshaber Niederlande
Ob Südwest)Heeresgruppe C)
Deutscher Bevollmächtigter General in Italien
Ob Südost (Heeresgruppe F) zugl. für H.Gr. E
Militärbefehlshaber Südost, Belgrad zugl. für Mil.Befehlsh. Serbien
Militärbefehlshaber Griechenland, Athen
Deutscher Bevollmächtigter General in Kroatien
Deutscher Bevollmächtigter General in Albanien
Deutscher Wehrmachtattaché in Ungarn
Deutscher Militärattaché in Bulgarien
Deutscher General beim Slowakischen Verteidigungsministerium
Deutscher General beim Oberkommando der Rumänischen Wehrmacht
Heeresgruppe Südukraine
Heeresgruppe Nordukraine
Heeresgruppe Mitte
Heeresgruppe Nord
Wehrmachtbefehlshaber Ostland
Der Deutsche General beim Oberkommando der Finnischen Wehrmacht
Geb.AK 20
Wehrmachtbefehlshaber Dänemark
Wehrmachtbefehlshaber Norwegen
Ob d M
Chef d St d Skl
Marinegruppe West und Süd
MOK Nordsee, Ost, Norwegen, Italien
Ob d L
Chef Genst d Lw
Gen Qu Genst d Lw
Chef d Luftwehr
Luftflotte Reich (Luftwaffenbefehlshaber Mitte)
        alle Luftflotten

182

Stadt Berlin
Bezirksamt Wedding
Krematorium

Berlin N 65, den 23. August 1946
Gerichtstr. 37/35

An Frau
Eva O l b r i c h t
Berlin - D a h l e m,
Peter Lennéstr. 38
- - - - - - - - - - -

Auf Ihre Anfrage vom 24. 7. 1946 teilen wir Ihnen mit, daß sich
die Erledigung der Sache durch Beurlaubung des Heizers Richard
Kuhlmey verzögert hat. In der Anlage übersenden wir Ihnen die
gewünschte schriftliche Aussage des obengenannten Heizers über die
hier am 23. 7. 44 vorgenommenen Einäscherungen.
Wir hoffen Ihnen damit gedient zu haben und weitere Nachforschungen
dadurch erleichtert werden .

Im Auftrage:

[Unterschrift]

Verhandelt, Berlin, den 23.8. 1946

Der Heizer Richard Kuhlmey, mit der Angelegenheit bekannt
gemacht, erklärt:

An dem fraglichen Tage wurde ich zwischen 11 - und 12 Uhr
mittags aus meiner Wohnung durch Boten zum Dienst geholt.
Als ich mich im Krematorium zum Dienstantritt meldete, sah
ich noch, wie der Unterteil eines Sarges mit drei Leichen,
welche, wie mir erinnerlich ist, nur mit Unterwäsche beklei-
det waren, in den Ofen zur Verbrennung eingefahren wurde.
Ich hörte später, daß bereits vorher ebenfalls ein Sarg
mit zwei Leichen, angeblich auch nur mit Unterwäsche be-
kleidet, zur Verbrennung eingefahren worden ist. Ich erhielt
den Auftrag, bis Montag früh 5 Aschenurnen zur Ausgabe her-
zurichten. Die Aschenurnen sind, wie ich später erfuhr, auch
abgeholt worden. Der Ueberführungsort blieb mir unbekannt.
Eine Registrierung ist nicht erfolgt. Die Verbrennung wurde
unter Aufsicht mir unbekannter Personen (vermutlich Gestapo)
und des ehem. Krematoriumsleiters Arthur Tschirner, jetzt
wohnhaft Berlin N 65, Seestr.   vorgenommen.

[Unterschriften]

10. Bericht des Krematoriums-Heizers Kuhlmey
23. August 1946

Vorlage an Herrn Reichsleiter Bormann.

Betrifft: Prozeß um den Verrat am 20.7.1944.

Am 7.3.1945 wurde vor dem Volksgerichtshof die
Verhandlung gegen den ehemaligen Generaloberst
F r o m m wegen seiner Beteiligung an den Vor-
gängen vom 20.7.1944 durchgeführt. Den Vorsitz
der Verhandlung führte der Vizepräsident das
Volksgerichtshofes, Dr. Drohne, Beisitzer war
Volksgerichtsrat Köhler und NSKK-Gruppenführer
Oppermann. Die Anklage vertrat Oberstaatsanwalt
Dr. Gorisch.

Fromm, der Ihnen, Herr Reichsleiter, sicher von
Person bekannt ist, erschien in sehr ungünstiger
bürgerlicher Kleidung, so dass er einen herunter-
gekommenen Eindruck machte. Er verteidigte sich
aber mit großer Energie und viel Geschick und
zeigte damit, dass er ein sehr gefährlicher intel-
ligenter Gegner ist, der Höppner, Witzleben und

- 2 -

11. Prozeßbericht Generaloberst Fromm

den meisten anderen beteiligten Militärs überlegen war. Im Schlußwort fasste er in ganzstün-
diger flüssiger Rede besser als sein Verteidiger
nochmals alles zusammen, was zu seinen Gunsten
sprach und beeindruckte dadurch sichtlich alle
Zuhörer.

Fromm konnte nach den Vorermittlungen nicht vor-
geworfen werden, dass er von den Vorbereitungen
des 20.7. wusste oder gar an den Plänen Becks und
Gördelers beteiligt war. Bedenklich war allerdings,
dass Olbricht und Stauffenberg seine nächsten Mitarbeiter waren und dass er mit Graf Helldorf Anfang Juli 44 nach längerer Zeit wieder eine Besprechung führte. Fromm stellte in Abrede, dass
Olbricht und Stauffenberg ihm gegenuber defaiti-
stisch sich geäussert hatten. Dies ist zwar unwahrscheinlich, das Gegenteil konnte aber nicht
nachgewiesen werden. In seinem Gespräch mit Graf
Helldorf am 3.7.44 über die Kriegslage hat Fromm
geäussert: "Am besten wäre es, der Fuhrer nähme
sich das Leben". Dies hat Fromm in der Hauptver-
handlung zögernd zugegeben.

- 3 -

185

Das Verhalten Fromms am 20.7. reichte ebenfalls
zu einer Anklage wegen Hoch- und Landesverrats
nicht aus. Es ist ihm nicht nachzuweisen, dass
er in irgendeiner Weise den Verratern Vorschub
geleistet oder sie gedeckt hat. Der Befehl zur
Alarmierung der Truppen in Berlin ist unter Fäl-
schung seines Namens von Olbricht herausgegeben
worden. Belastend war allerdings, dass Fromm
nach Niederschlagung des Putsches durch das Wach-
regiment persönlich, ohne Beachtung der für ein
militärisches Standgericht vorhandenen Vorschriften, die Verräter Stauffenberg, Olbricht, von
Haefften und Merz von Quirnlein zum Tode verurteilte und sofort erschiessen liess. Der Verdacht
liegt nahe, dass er damit Mitwisser seines fruhe-
ren Verhaltens ausschaltete, ein sicherer Nach-
lass dafur ist aber nicht vorhanden.

Fromm war angeklagt, aus Feigheit in einem besonders schweren Fall die Gegenwehr gegen die
Putschisten nicht unter Einsatz seines Lebens versucht zu haben. Das Gericht hat hierzu folgendes

festgestellt: Sofort nach der Mitteilung von
dem Attentat auf den Führer erfuhr Fromm durch
Anruf von Generalfeldmarschall Keitel gegen 16.00
Uhr den tatsächlichen Sachverhalt. Er sagte
Graf Stauffenberg, der sich bei ihm gegen 17.00
Uhr zurückmeldete und dabei behauptete, Feldmarschall Keitel habe gelogen, der Führer sei tot,
auf den Kopf zu, dass er das Attentat verübt habe. Stauffenberg bejahte das kalt und wurde
darauf von Fromm aufgefordert, sich selbst zu erschiessen. Als er dies ablehnte, erklärte Fromm
ihn und Olbricht für verhaftet. Er kam mit beiden
in ein Handgemenge und wurde von weiteren Verräter-
Offizieren mit vorgehaltener Pistole gezwungen
zu erklären, dass er sich der Gewalt füge. Im
Zimmer seines Adjutanten wurde er dann verhaftet
gehalten. Vor einen Ausgang dieses Zimmers wurde
Major von Leonrodt als Wache gestellt, ein zweiter Ausgang war unbewacht. Durch diesen zweiten
Ausgang setzte sich der Adjutant Fromms mit Generalmajor Kennes und Oberst von Roell im Haus in
Verbindung und überbrachte ihnen den Wunsch Fromms,
von außen Hilfe herbeizuholen. Fromm versuchte
nicht selbst durch diese Tür zu entweichen, ob-

. . ... Adjutant sich uenrtach durch diese
... .:ulturnts. Auch die führertrauen Generale
. ... und Soecht, die zu Fromm eingedrungen
.aren, nachdem sie den Nachposten von Leonrodt
.... auf die Seite geschoben hatten, entfern-
..n sich durch diese zweite Türe, auf die Fromm
... selbst hinwies, ungehindert. Seine Pistole,
die Fromm vom Adjutanten mitgebracht worden war,
.ng.e er in seinen Schrank, ohne zu versuchen,
.i. zu gebrauchen. Den Verräter Hoppner, der inzwischen sein Dienstzimmer in Besitz genommen
hatte, begrüsste Fromm bei seinem Weggehen mit
handschlag und bat ihn, seine Privatpost mit-
nahmen zu dürfen. Als er austreten wollte, erbat er sich hierzu von Hoppner ausdrücklich die
Erlaubnis, trotz des Hinweises seines Adjutanten,
dass er durch die unbewachte Türe den Toiletten-
raum doch ungehindert aufsuchen könne. Er erklärte hierzu seinem Adjutanten, er wolle sich korrekt
verhalten. Der Bitte Hoppners, ihm eine Flasche
Cognac zur Verfügung zu stellen, hat er ohne weiteres entsprochen. Als ihm auf seine Bitte gestattet wurde, seine Privatwohnung im gleichen Gebäude aufzusuchen, hat er ohne Aufforderung das
versprechen gegeben, nichts dienstliches zu unter-

- 6 -

nehmen und keine Ferngespräche zu führen. Seine
Frau anzurufen war ihm ausdrücklich gestattet
worden. Obwohl er bei dem Gespräch mit seiner
Frau bemerkt hatte, dass das Gespräch nicht über-
wacht wird, hat er nicht den Versuch unternommen,
fernmündlich Verbindung mit Außenstellen zu bekommen.

Das Gericht hat Fromm zum Tode und dauerndem
Verlust der Ehrenrechte verurteilt, weil es in
diesem Verhalten ein Versagen aus Feigheit er-
blickte. Das Urteil ist im Ergebnis durchaus zu
billigen, denn Fromm ist seinem ganzen Verhalten
nach ein höchst gefährlicher Verräter. Juristisch
steht das Urteil allerdings auf schwachen Füssen,
denn die Annahme, dass Fromm aus Feigheit den
Einsatz seiner Person gescheut hat, nicht viel-
mehr aus Sympathie mit den Verrätern und in der
Absicht, sich bei Glücken des Verrates doch noch
den Überweg zu den neuen Männern offen zu halten,
scheint nicht restlos geklärt. Es ist aber er-
freulich, dass das Gericht bei seiner langen Beratung über diese Schwierigkeit nicht gestolpert
ist, sondern die Folgerung aus dem Gesamtverhal-

- 7 -

ten des Verraters Fromm gezogen hat.

Dr. Crohne führte die Verhandlung bei ausge-
zeichneter Aktenkenntnis gut und sicher. Er ist
nicht so wortgewandt wie Dr. Freisler es war,
was sich insbesondere bei der mündlichen Urteils-
begründung zeigte, wirkte aber durch seine sachlich knappe Behandlung des Prozeßstoffes als
guter Richter. Wie ich soeben aus dem Justizministerium erfahre, hat Reichsminister Dr.
Thierack Vollstreckung des Urteils durch Erschiessen angeordnet. Von dem Zeitpunkt der Vollstreckung werde ich benachrichtigt werden.

[Unterschrift]

12.12.

[Unterschrift]

Führerhauptquartier, den 2.August 1944

An den

Chef des Oberkommandos der Wehrmacht,
Generalfeldmarschall K e i t e l.

Das Heer hat mir den Wunsch unterbreitet, zu sofortiger
Wiederherstellung seiner Ehre schnellstens durch eine rücksichtslose Säuberungsaktion auch von den letzten am Anschlag
am 20. Juli 1944 beteiligten Verbrechern befreit zu werden.
Es möchte die Schuldigen sodann der Volksjustiz überantwor-
tet sehen.

Ich will dem entsprechen, zumal der schnelle und tat-
kräftige Zugriff des Heeres selbst den volks- und hochver-
räterischen Anschlag im Keime erstickt hat.

Ich bestimme:

Ein Ehrenhof von Feldmarschällen und Generalen des Heeres
hat zu prüfen:

wer an dem Anschlag irgendwie beteiligt ist und aus
dem Heer ausgestoßen werden soll,

wer als verdächtig zunächst zu entlassen sein wird.

In diesen Ehrenhof berufe ich neben Ihnen, Generalfeldmarschall Keitel,

den Generalfeldmarschall von Rundstedt,
Generaloberst Guderian,
General der Infanterie Schroth,
Generalleutnant Specht.

– 2 –

12. Erlaß Adolf Hitlers vom 2. August 1944

Als Vertreter:

    General der Infanterie Kriebel,
    Generalleutnant Kirchheim.

    Ich werde über die Anträge des Ehrenhofes persönlich ent-
scheiden.

    Soldaten, die ich ausstoße, haben keine Gemeinschaft mehr
mit den Millionen ehrenhafter Soldaten des Großdeutschen Reiches, die die Uniform des Heeres tragen, und mit den Hundert-
tausenden, die ihre Treue mit dem Tode besiegelten. Sie sollen
daher auch nicht von einem Gericht der Wehrmacht, sondern zusammen mit anderen Tätern vom Volksgerichtshof abgeurteilt
worden. Dasselbe muß gelten für die Soldaten, die ich zunächst aus der Wehrmacht entlasse.

    Ich beauftrage Sie als Chef des Oberkommandos der Wehr-
macht mit der Durchführung dieses Erlasses.

                gez. Adolf Hitler

Oberkommando des Heeres
  - Heerespersonalamt -   Führerhauptquartier, den 2.Aug. 1944

    Vorstehender Befehl wird zur Kenntnisnahme und weiteren
Veranlassung übersandt.

    Der Ehrenhof tritt am Freitag, dem 4.8.44, um 11 Uhr in
der Dienststelle des OKW, Berlin-Dahlem, Föhrenweg 21, zusammen.

    Als Protokollführer wird der Chef der Ag P 2 in HPA,
Generalmajor Maisel, kommandiert.

               I. A.

               Burgdorf

L i s t e

der im Zusammenhang mit dem 20.7.1944 verhafteten Offiziere.

Lfd. Nr.	Name mit Zuname Geb.Datum	Dienstgrad	Dienststellg. u.Truppenteil	Fr.Tr.T.bzw. Fr.Dienststelle RDA und TB
1	v. Stülpnagel Joachim 13.12.1917	Oberleutnant	J.R. 451	J.R. 67
2	Graf von Stauffenberg Alexander 15.3.1905	Lt.d.R.	Arko. 168	4.B.17 1.11.42 Würzburg
3	Oster Hans 9.8.1887	Gen.Major a.D.	Amt Ausl. Abw.OKW	Amt Ausl. Abw.OKW
4	Brewer Walther 28.6.1894	Gen.Major	Gen.z.b.V. Kdt.Groß-Paris	Kdr.Pz.Gren- Rgt.10
5	Schröder Fritz 1.4.1887	Gen.Major	St.d.Kdr.Gen d.Sich.Tr.u. Bef.im Heer. Geb.Mitte(F.B.) Kdt.Feldkdtr. 549	Kdr.Pi.Üb.Pl. Dessau-Roßlau
6	Hayessen Hajo 18.12.1919	Oblt.d.R.	s.Gren.F.Batl.9 seit 18.5.44	Gren.Rgt.15 1.5.44 Kassel
7	Müller-Eversbusch Eberhard 5.1.1917	Major i.G.	Gen.St.d.H. Org.Abt.	Pz.A.R. 13
8	Graf v.Pfeil Friedr.Karl 4.11.1916	Hauptmann (a.)	Pz.Tr.Schule Krampnitz Hilfsoffz.b.d. Insp.f.Pz.Tr. Fünsdorf	Aufkl.Abt.8
9	von Freymann Walter 19.8.1899	Obstlt.)a.)	F.R.OKH(D.r. W.Krs.III)	Gren.Rgt.67 1.4.42(322)
10	Goerdeler Reinhard 16.5.1922	Leutnant d.R.	Art.Schule Dachstein	4.R.24 Sip 1.10.43 haf Leipzig I
11	Georgi Friedr.-Rudolf 2.7.1917	Major		Sip haf
12	von Hase Günther 20.10.1881	Obstlt.a.D.	J.R.645 am 10.12.43 aus akt.Fehr- dienst ent- lassen	22.3.39 Sip Berlin IV ha (Brud

- 2 -

13. Liste im Zusammenhang mit dem 20. 7. 1944 verhafteter Offiziere

193

Herrn
Dr. Friedrich Georgi
Griegstraße 37

1000 Berlin 33

Sehr geehrter Herr Dr. Georgi!

Nach der Wende in der DDR und im Prozeß der Vorbereitung der deutschen
Einheit haben wir uns die Aufgabe gestellt, insbesondere die geistige
Auseinandersetzung mit der Vergangenheit zu fördern und politische Ak-
zente zu setzen, die der demokratischen Entwicklung dienlich sind.

Am 20. Juli 1990 jährt sich zum 46. Mal die mutige Tat von Oberst Claus
Schenk Graf von Stauffenberg und seiner engsten Mitverschworenen zur
Beseitigung Hitlers und mit ihm der nationalsozialistischen Gewaltherr-
schaft in Deutschland.
Für die Soldaten der NVA, die fast ein halbes Jahrhundert später ihren
Dienst versehen, ist die Haltung der Angehörigen des militärischen Wider-
standes, die mit ihrem Leben für den Rang des Gewissens Zeugnis ablegten,
Anlaß, sich in die Tradition dieser Männer zu stellen, im Interesse einer
neuen Überlieferungspflege sich den Voraussetzungen, Möglichkeiten und
Perspektiven ihres mutigen Handelns bewußt zu werden.

Zur Würdigung der Soldaten im Widerstand findet am 20. Juli 1990,
um 18.00 Uhr, im Ministerium für Abrüstung und Verteidigung in STRAUSBERG
eine Gedenkfeier mit militärischem Zeremoniell statt.

Im Namen von Herrn Minister Eppelmann erlaube ich mir, Sie sehr herzlich
zu der Gedenkfeier einzuladen.

Es werden Persönlichkeiten aus dem politischen Leben und den Streitkräf-
ten der Deutschen Demokratischen Republik und der Bundesrepublik Deutschland sowie Teilnehmer des Widerstandes bzw. deren Angehörige erwartet.

Für die Gäste, die bei den Gedenkfeiern in BERLIN (WEST) zugegen sind, stehen nach der Kranzniederlegung in PLÖTZENSEE Busse für die Fahrt nach STRAUSBERG bereit.

Eventuell erforderliche Rücksprachen bitte ich unter der Rufnummer Berlin 55 27 48 03 zu führen.

Ich wäre sehr erfreut, wenn Sie Ihre Teilnahme ermöglichen könnten.

Mit vorzüglicher Hochachtung

Strausberg, den ⊬.⅂ . 1990
Tgb.-Nr.: 79⅄1 ⅄ /90

Werner E. Ablaß

DER

MINISTER FÜR ABRÜSTUNG UND VERTEIDIGUNG
DER DEUTSCHEN DEMOKRATISCHEN REPUBLIK

beehrt sich,

Herrn Dr. Friedrich Georgi

zu einer

Gedenkfeier mit militärischem Zeremoniell

aus Anlaß des

46. JAHRESTAGES DES 20. JULI 1944

einzuladen.

Die Gedenkfeier findet am 20. Juli 1990 um 18.00 Uhr
im Ministerium für Abrüstung und Verteidigung, Strausberg, statt.

Sie werden gebeten, anschließend am Cocktail
im Tagungszentrum des Ministeriums teilzunehmen.

Personenregister

Bei der Erarbeitung des Manuskriptes zu diesem Taschenbuch ist mir durch Gespräche mit Jüngeren – aber auch Älteren – die durchaus Interesse daran haben, von einem Überlebenden des Widerstandes gegen den Nationalsozialismus etwas über seine persönlichen Erlebnisse zu erfahren, bewusst geworden, wie sehr die Namen, die damals positive wie negative Bedeutung hatten, bereits in Vergessenheit geraten sind und dass die heutigen Menschen selbst mit den Namen der schlimmsten Repräsentanten der damaligen Schreckensherrschaft keinerlei Vorstellungen verbinden – ja die Namen nicht einmal mehr kennen. Ich habe mich deshalb in Abstimmung mit dem Herder-Verlag dazu entschlossen, alle in diesem Taschenbuch genannten Personen in einem Personenregister zu erfassen und – soweit mir das möglich war – ihre wichtigsten Lebensdaten zusammenzustellen. Dabei habe ich mich auf diejenigen Angaben beschränkt, die für das Verständnis der in diesem Buch dargestellten Entwicklungen und Ereignisse wesentlich sind. Bei dieser Arbeit ist mir bewusst geworden, wie fehler- und lückenhaft viele in der Literatur gemachten Angaben über die damals handelnden Personen sind. Ich bin mir dabei natürlich auch im klaren, dass ich nicht alle diese Angaben mit der an sich erforderlichen Sorgfalt überprüfen konnte – auch wenn ich mich sehr darum bemüht habe –, weil viele dokumentarischen Unterlagen aus der damaligen Zeit vorsätzlich vor Kriegsende vernichtet worden sind, viele durch die Kriegs- und Nachkriegswirren in Verlust geraten sind, viele noch unveröffentlicht in irgendwelchen Archiven der Siegermächte des 2. Weltkrieges lagern und über viele Dinge der damaligen Zeit überhaupt keine schriftlichen Unterlagen angefertigt worden sind, um die Verbrechen der damaligen Machthaber nicht „aktenkundig" werden zu lassen. Infolgedessen sind auch die von mir zusammengestellten Angaben z. T. unter Vorbehalt des Irrtums zu bewerten.

ADAM, Wilhelm (1877-1949)
Generaloberst. Galt als einer der fähigsten Offiziere der Reichswehr. 1930-1933 Chef des Truppenamtes im Reichswehrministerium. 1933-1935 Befehlshaber im Wehrkreis VII. 1935-1938 Kommandeur der neu gegründeten Wehrmachtsakademie in Berlin. 1938 kurzzeitig Oberbefehlshaber des Gruppenkommandos 2 (West). November 1938 wegen Differenzen mit Hitler vorzeitig in den Ruhestand versetzt.

ARNDS, (nicht Arend)
Leunant in der 4. Kompanie (Kompaniechef Oberleutnant Schlee) des Wachbatallions „Grossdeutschland". Befehligte am 20. Juli 1944 die von der 4. Kompanie gestellte Wache im Bendler-Block.

v. AXTHELM, Walther
General der Flakartillerie; General der Flakwaffe im Oberkommando der Luftwaffe. Vorher Kommandeur des Regiments „General Göring", Kommandierender General des I. Flakkorps im Westfeldzug und im Russlandfeldzug bis 1942.

BECK, Ludwig (1880-1944)
Generaloberst. 1933-1935 Chef des Truppenamtes im Reichswehrministerium. 1935-1938 Chef des Generalstabes des Heeres. Nahm 1938 seinen Abschied, nachdem es ihm nicht gelang, Hitler vom Einmarsch in die Tschechoslowakei abzuhalten. Wurde danach der führende Kopf des deutschen Widerstandes. Sollte nach gelungenem Befreiungsversuch Staatsoberhaupt des Deutschen Reiches werden. Versuchte nach dem Scheitern vergeblich, sich das Leben zu nehmen. Wurde auf Befehl des Generaloberst Fromm von einem Feldwebel erschossen.

v. BELOW, (* 1907)
Oberst d. Gen. der Luftwaffe. Seit 1937 Luftwaffenadjutant bei Hitler.

BERNARDIS, Robert (1908-1944)
Oberstleutnant d. Genst. im Stab des Allgemeinen Heeresamtes. Verbindungsmann zur Militäropposition in Wien. Am 20. Juli 1944 in der Bendlerstrasse verhaftet. Am 8. August 1944 vom Volksgerichtshof zum Tode verurteilt und am selben Tag in Berlin-Plötzensee durch den Strang hingerichtet.

BETHGE, Professor D. Eberhardt
Theologe. Mitglied der Bekennenden Kirche. Verheiratet mit der Tochter des Syndikus der Deutschen Lufthansa Klaus Bonhoeffer (Bruder des am 9. April 1945 im Konzentrationslager Flossenbürg ermordeten Theologen Dietrich Bonhoeffer), der am 2. Februar 1945 vom Volksgerichtshof zum Tode verurteilt und am 23. April 1945 von

Wachmannschaften der SS kurz vor dem Einmarsch der Roten Armee in Berlin bei seiner angeblichen Freilassung hinterrücks ermordet wurde.

v. BLOMBERG, Werner (1878-1946)
Seit 1936 Generalfeldmarschall. 1927-1929 Chef des Truppenamtes im Reichswehrministerium. 1933-1935 Reichswehrminister. 1935-1938 Reichskriegsminister. Trug entscheidend zur Festigung des Nationalsozialistischen Regimes bei. Vereidigte am 2. August 1934 nach dem Tode des Reichspräsidenten von Hindenburg die Wehrmacht auf Hitler. Wurde 1938 wegen seiner Wiederverheiratung von Hitler zur Abdankung gezwungen und musste ins Exil gehen. Blieb auch danach ergebener Gefolgsmann Hitlers. Starb am 14. März 1946 in amerikanischer Haft.

v. BOESELAGER, Georg (1915-1944)
Zuletzt als Oberstleutnant Kommandeur der 3. Kavalleriebrigade. Am 27. August 1944 an der Ostfront gefallen. Stellte sich im März 1943 als Kommandeur eines Reiterregiments bei der Heeresgruppe Mitte Oberst v. Tresckow für ein Attentat auf Hitler bei einem geplanten Besuch bei seinem Regiment zur Verfügung. Der Besuch wurde abgesagt.

BORMANN, Martin (1900-1945?)
Nationalsozialistischer Politiker. Seit 1933 Stabsleiter beim „Stellvertreter des Führers" Rudolf Hess und Reichsleiter der NSDAP. Wurde während des Krieges der engste und mächtigste Mitarbeiter Hitlers im „Führerhauptquartier". 1941 als Nachfolger des nach England geflogenen Rudolf Hess Leiter der Parteikanzlei und Mitglied des Ministerrates für Reichsverteidigung. Genoss bis zuletzt Hitlers uneingeschränktes Vertrauen. Übte als „Sekretär des Führers" in den letzten Kriegsjahren zunehmend unseligen Einfluss auf Hitler aus – vor allem im Kampf gegen die Kirchen und Juden, aber auch im Kampf der Partei gegen Wehrmacht und SS. Einer der schlimmsten – vielleicht der schlimmste – Ratgeber Hitlers. Trat für radikale Massnahmen gegen die Juden und die slawischen Völker in den besetzten Gebieten ein. Nutzte die ihm bekannten Schwächen Hitlers rücksichtslos aus, um politische Rivalen auszuschalten und seine eigene Macht zu vergrössern. Setzte den Ausschluss Görings und Himmlers aus der NSDAP und deren Enthebung von allen Ämtern bei Hitler durch, als diese versuchten, bei Kriegsende Verhandlungen mit den Alliierten aufzunehmen. Blieb bis zum Tode Hitlers an seiner Seite. Beteiligte sich an einem Ausbruchsversuch am 30.4.1945. Ungeklärt blieb zunächst, ob er dabei ums Leben gekommen ist oder ob ihm die Flucht ins Ausland gelungen ist. Wurde vom Amtsgericht in Berchtesgaden Ende Oktober 1954 auf den 2.5.1945 für tot erklärt. Wurde am

1. Oktober 1946 vom Nürnberger Militärtribunal in Abwesenheit zum Tode verurteilt. Nach einem Gutachten des Instituts für Gerichtsmedizin wurde 1973 ein auf dem Gelände des Lehrter Bahnhofs in Berlin exhumiertes Skelett mit absoluter Sicherheit als das Bormanns identifiziert.

v. BRAUCHITSCH, Walther (1881-1948)
Seit 1940 Generalfeldmarschall. 1938-1941 als Nachfolger von Generaloberst Freiherr von Fritsch Oberbefehlshaber des Heeres. Besondere Bindung an Hitler, der seine erste Frau zur Scheidung überredete, die Kosten der Scheidung übernahm und ihm so die Wiederverheiratung mit seiner 2. Frau ermöglichte, die eine begeisterte Nationalsozialistin war. Stand den Kriegsvorbereitungen Hitlers skeptisch gegenüber, konnte sich aber nicht zu entsprechenden Handlungen aufraffen und liess seinen Chef des Generalstabes, General der Artillerie Ludwig Beck, bei dessen Bemühungen, den deutschen Einmarsch in das Sudetenland zu verhindern, im Stich. Wurde Ende 1941 aus Gesundheitsgründen verabschiedet. Verstarb am 18. Oktober 1948 im britischen Militärhospital in Hamburg-Barmbeck, bevor ihm vor einem britischen Militärgericht der Prozess gemacht werden konnte.

v. BREITENBUCH, Eberhard
Rittmeister. Forstmeister. Ordonnanzoffizier bei Generalfeldmarschall v. Kluge (Oberbefehlshaber der Heeresgruppe Mitte bis Anfang Juli 1944) – dann bei dessen Nachfolger Generalfeldmarschall v. Bock. Tresckow gewinnt v. Breitenbuch für ein Attentat auf Hitler während einer bevorstehenden Unterredung zwischen Hitler und v. Bock auf dem Obersalzberg am 11. März 1944, zu der v. Breitenbuch den Feldmarschall begleitet. V. Breitenbuch hält die mit einem Bombenattentat verbundenen Risiken für zu gross und entschliesst sich als guter Pistolenschütze zu einem Pistolenattentat. Es gelingt ihm, den Berghof mit einer Browning-Pistole in der Hosentasche zu betreten. Beim Versuch, als Begleiter v. Bocks das Besprechungszimmer zu betreten – die Pistole hat er inzwischen entsichert –, wird er von den SS-Wachen daran gehindert mit dem Hinweis, dass die Besprechung ohne Ordonnanzoffiziere stattfindet. V. Breitenbuch muss unverrichteter Dinge ins Hauptquartier der Heeresgruppe Mitte zurückfliegen.

BRICKENSTEIN
Oberst im Stabe des Wehrmachtbefehlshabers Böhmen-Mähren. Persönlicher Freund des Generaloberst Fromm, der ihm nach dem „Fehlalarm" vom 15. Juli 1944 befahl, einen Erholungsurlaub anzutreten.

BUCHHEIT, Gert
Historiker. Verfasser u. a. von „Ludwig Beck – ein preussischer

General", „Der deutsche Geheimdienst – Geschichte der militärischen Abwehr"; „Hitler der Feldherr – Zerstörung einer Legende" und „Richter in roter Robe – Freisler, Präsident des Volksgerichtshofes" – sämtlich List Verlag, München.

BUHLE, Walther
General der Infanterie. Chef des Heeresstabes beim Oberkommando der Wehrmacht. Wurde bei dem Attentat auf Hitler am 20. Juli 1944 leicht verletzt.

v. BURGDORF, Wilhelm
General. Nachfolger des seinen Verletzungen beim Attentat am 20. Juli 1944 erlegenen General Schmundt als Chef des Heerespersonalamtes. Überbrachte – zusammen mit Generalleutnant Ernst Maisel – am 14. Oktober 1944 im Auftrag Hitlers Generalfeldmarschall Rommel das Gift, mit dem dieser Selbstmord begehen sollte.

v. d. BUSSCHE-STREITHORST, Axel Freiherr
Hauptmann im Infanterieregiment 9 (Potsdam). Aktives Mitglied des militärischen Widerstandskreises des I.R. 9. Erklärte sich Herbst 1943 zu einem Selbsttötungsattentat auf Hitler bereit. (Vorführung von Winteruniformen im „Führerhauptquartier" – Uniform wurde beim Abtransport in Berlin durch Luftangriff vernichtet.) Blieb unentdeckt. Überlebte nach erneuter schwerer Verwundung im Lazarett.

v. BRAUN, Wernher (1912-1977)
Deutscher Raketenfachmann. Entwickelte gemeinsam mit General Dornberger in Peenemünde die V 2, die ab Herbst 1944 zum Einsatz kam. Ging nach Kriegsende in die USA, wo er entscheidenden Einfluss auf die Entwicklung des amerikanischen Raumfahrtprogramms nahm.

CANARIS, Wilhelm (1887-1945)
Kommandierender Admiral. Seit 1935 Chef der Abwehr im Reichskriegsministerium – seit 1938 im Oberkommando der Wehrmacht. Unterstützte im Rahmen seiner amtlichen Tätigkeit die Bestrebungen des Widerstandes. Februar 1944 entlassen. Nach dem 20. Juli 1944 verhaftet. Am 9. April 1944 im Konzentrationslager Flossenbürg von SS ermordet.

CHURCHILL, Winston Leonhard, Sir (1953) (1874-1965)
Britischer Staatsmann. Britischer Premierminister während des 2. Weltkrieges (1940-1945). (Oktober 1951 – April 1953 erneut Britischer Premierminister; 1953 Nobelpreis für Literatur; 1956 Karlspreis)

DINORT
Oberst der Luftwaffe. Berühmter Sturzkampfflieger. Kommandeur
der „Fliegerzieldivision" des Generals der Flakwaffe im Oberkommando der Luftwaffe.

v. DOHNANYI, Hans (1902-1945)
1929 persönlicher Referent des Reichsjustizministers und Leiter des
Ministerbüros. Versuchte nach dem Reichstagsbrand die deutschen
Richter zu einer offenen Aktion gegen den wachsenden Terror zu
veranlassen. Verlor (1933) daraufhin seine Stellung und wurde 1938
Reichsgerichtsrat. Während des Krieges im Amt Ausland/Abwehr des
Oberkommandos der Wehrmacht (Canaris/Oster) für die Opposition
tätig. Am 6.6.1943 gemeinsam mit seinem Schwager Dietrich Bonhoeffer und Dr. Joseph Müller verhaftet. Nach schwersten Folterungen am
8. April 1945 im KZ Sachsenhausen ermordet.

DORNBERGER, Walter, Dr.-Ing. e.h.
Oberst. Abteilungschef im Heereswaffenamt. Zuständig für die Ent-
wicklung der Versuchswaffen des Heeres in Peenemünde (V 2,
Wasserfall).

DULLES, Allan Welsh (1893-1969)
Amerikanischer Politiker und Diplomat. Leitete während des 2. Welt-
krieges den amerikanischen Geheimdienst von Bern aus. 1953-1961
Leiter des CIA. Verfasser des Buches „Germany's Underground" (The
Macmillan Company New York). Deutsche Übersetzung unter dem
Titel „Verschwörung in Deutschland" (Europa Verlag, Zürich, 1947).
Bruder des amerikanischen Aussenministers (1953-1959) John Foster
D.

FELLGIEBEL, Erich (1886-1944)
General der Nachrichtentruppe. Stand ab 1939 als Chef des Wehr-
machtnachrichtenwesens an der Spitze des gesamten Nachrichtenwe-
sens. Gehörte seit 1938 zum engsten Kreis um Beck. Zeichnete sich
durch aussergewöhnliche Fachkenntnisse aus. Sollte nach den Ermittlungen der Gestapo nach einem Umsturz Postminister im Kabinett
Goerdeler werden. Sollte nach dem Attentat aus Rastenburg die
Nachricht an Olbricht nach Berlin durchgeben und anschliessend die
Unterbrechung aller Nachrichtenverbindungen des Hauptquartiers
anordnen. Wurde durch widrige Umstände daran gehindert. Wurde
nach dem 20. Juli am 10.8.1944 zum Tode verurteilt und am 4.9.1944
in Plötzensee hingerichtet.

FLIESSBACH
1944 Major (WuG) im Stabe des Allgemeinen Heeresamtes. Beschaffte
am Abend des 20. Juli 1944 die Waffen aus dem Spandauer Zeughaus,
mit der sich die Gruppe von Offizieren des Allgemeinen Heeresamtes

(ausser ihm Herber, Pridun, v. d. Heyde und Kuban) bewaffnete, die aus eigener Initiative zur Rettung des NS-Regimes gegen die Verschwörer vorgingen, Olbricht, Stauffenberg, Beck und Mertz von Quirnheim festnahmen und Fromm befreiten und so die Erschiessung der Hauptbeteiligten auf Befehl Fromms ermöglichten, bevor Teile des Wachbataillons (Remer) eingreifen konnten.

FREISLER, Roland, Dr. (1893-1945)
Präsident des Volksgerichtshofes von 1942-1945. Kam bei einem Luftangriff auf Berlin am 3.2.1945 ums Leben. Sein Tod rettete einigen verhafteten Mitgliedern des Widerstandes das Leben. Einzelheiten s. S. 114 ff.

v. FREYTAG-LORINGHOVEN, Wessel (1899-1944)
1944 Oberst d. Genst. Abteilungschef Heereswesenabteilung im Generalstab des Heeres. Unter Canaris vorher Abteilungschef im Amt Ausland/Abwehr im Oberkommando der Wehrmacht. Besorgte für den Attentatsversuch den erforderlichen Sprengstoff. Erschoss sich nach dem Misslingen des Attentats und dem Scheitern des Befreiungsversuchs am 26.7.1944.

v. FRITSCH, Werner Freiherr (1880-1939)
Generaloberst. 1934-1938 Chef der Heeresleitung – ab 2.5.1935 Oberbefehlshaber des Heeres. Berufssoldat alter preussischer Schule, fähig, unbeugsam und von asketischer Lebensweise. Versuchte – im Grunde selbst unpolitisch – das Heer aus der Politik konsequent herauszuhalten. Stand den Kriegsplänen Hitlers im Wege. Wurde 1938 Opfer einer von Himmler gegen ihn eingefädelten besonders widerwärtigen Intrige. Zwar deckte ein militärisches Ehrengericht die Fälschungen der Untersuchungen, auf die sich die gegen ihn erhobenen Vorwürfe stützten, durch die Gestapo auf und sprach ihn in allen Punkten frei, jedoch wurde er nicht wieder als Oberbefehlshaber des Heeres eingesetzt. Angewidert von den zu seiner Ablösung angezettelten Machenschaften zog er sich ins Privatleben zurück. Wurde ehrenhalber Chef des 12. Artillerieregiments, mit dem er im Polenfeldzug in vorderster Linie den Tod suchte und sich nach schwerer Verwundung nicht bergen liess. Er fiel am 22. September 1939 vor Warschau (Praga).

FROMM, Friedrich (1888-1945)
Generaloberst. Befehlshaber des Ersatzheeres und Chef der Heeresrüstung im Oberkommando des Heeres. Wusste, dass innerhalb des ihm unterstellten Allgemeinen Heeresamtes Pläne zum Umsturz vorbereitet wurden, ohne sich daran zu beteiligen, aber auch ohne etwas dagegen zu unternehmen. Ordnete die Erschiessung Olbrichts, Stauffenbergs, Mertz von Quirnheims und Werner von Haeftens in der

Nacht vom 20. auf den 21. Juli 1944 im Hof des Bendler-Blockes in Berlin an und gestattete Generaloberst Beck Selbstmord. Wurde am 21. Juli 1944 auf Anordnung Himmlers verhaftet, vom Volksgerichtshof am 9.3.1945 wegen Feigheit zum Tode verurteilt und am 12.3.1945 von Beamten des Zuchthauses Brandenburg erschossen.

de GAULLE, Charles (1890-1970)
Französischer General und Staatsmann. Seit Juni 1943 Präsident des in Algerien neu gegründeten „Französischen Komitees der Nationalen Befreiung", das am 15.5.1944 in die von ihm geleitete „provisorische Regierung der Französischen Republik" umgebildet wurde. November 1945 Ministerpräsident und provisorischer Staatspräsident (bis Januar 1946). 1958 Ministerpräsident und Ende 1958 Staatspräsident der Französischen Republik (bis 1969).

v. GERSDORFF, Rudolf Christoph Freiherr (*1905)
Generalmajor. 1941-1943 Ic im Stabe der Heeresgruppe Mitte-Nord (Ostfront) bei v. Tresckow. Beschaffte den Sprengstoff für die von Tresckow geplanten Attentatsversuche am 13. März 1943. Erklärte sich nach dem Scheitern dieser Attentatsversuche selbst zu einem Bombenattentat auf Hitler am 21.3.1943 im Berliner Zeughaus bereit, das jedoch dann nicht ausgeführt werden konnte. War am 20. Juli 1944 Chef des Stabes beim Oberkommando der 7. Armee. Blieb unentdeckt.

GERSTENMEIER, Eugen Prof. Dr. (1906-1989)
Theologe, Oberkonsistorialrat. Aktives Mitglied der Bekennenden Kirche und Mitglied des Kreisauer Kreises. 1937 Privatdozent an der Universität Berlin. Aus politischen Gründen entlassen. Anschliessend im Aussenamt der evangelischen Kirche in Deutschland. Unterrichtete Olbricht über seine bei Auslandsreisen ins neutrale Ausland gewonnenen Informationen. Befand sich am 20. Juli 1944 zufällig in der Bendlerstrasse, um Olbricht über seine letzte Reise nach Schweden zu berichten. Wurde verhaftet und vom Volksgerichtshof zu acht Jahren Zuchthaus verurteilt. Nach dem Kriege Gründer des evangelischen Hilfswerkes in Deutschland. CDU-Politiker. Seit 1949 Mitglied des Deutschen Bundestages. Von 1954-1969 Bundestagspräsident. 1956 Stellv. Vorsitzender der CDU, 1962 Mitglied des Präsidiums der CDU. Trat 1969 nach öffentlichen Auseinandersetzungen über die Inanspruchnahme ihm rechtlich zustehender Wiedergutmachungsleistungen als Bundestagspräsident zurück. Im Zuge seines Wiedergutmachungsverfahrens rückwirkend zum Professor ernannt.

GISEVIUS, Hans Bernd (1904-1974)
Jurist. Deutschnationaler Jugendführer. 1933 Mitglied der NSDAP. Trat nach der Machtübernahme der Nazis in den preussischen Verwaltungsdienst ein und wurde zur politischen Abteilung des

Polizeipräsidiums in Berlin versetzt, wo er am Aufbau der Geheimen Staatspolizei mitwirkte. Versetzung ins Reichsministerium des Inneren und von da ins Reichskriminalpolizeiamt. Wanderte in die Privatwirtschaft ab. Während des Krieges schloss er sich dem Widerstand an und wurde Mitarbeiter des Amtes Ausland/Abwehr, das ihn im Rahmen der Gegenspionage als Vizekonsul getarnt in Zürich verwendete. Nahm dort Kontakt mit dem in Bern residierenden Leiter des US-Geheimdienstes (Allan Welsh Dulles) auf, den er auftragsgemäss über die Aktivitäten des Widerstandes informierte. Wurde von Olbricht und insbesondere von Stauffenberg wegen seiner politischen Vergangenheit nicht als absolut vertrauenswürdig angesehen und in die wichtigsten Details der Vorbereitungen des Attentats und des Umsturzes nicht eingeweiht. 1946 erschien sein viele Fehler enthaltendes Buch „Bis zum bitteren Ende", das von vielen Nachkriegshistorikern in Unkenntnis der tatsächlichen Geschehnisse als verlässliche Quelle angesehen wurde.

GOEBBELS, Paul Joseph, Dr. phil. (1897-1945)
Reichspropaganda-Leiter der NSDAP (1928). Reichsminister für Volksaufklärung und Propaganda (1933-1945). Seit 1926 NSDAP-Gauleiter von Berlin. Nach dem 20. Juli 1944 Reichsbevollmächtigter für den totalen Kriegseinsatz an der Heimatfront. Übernahm am 30.4.1945 das ihm von Hitler testamentarisch übertragene Reichskanzleramt. Am Tage darauf nahm er sich zusammen mit seiner ganzen Familie im Führerbunker in Berlin das Leben. Die mit bislang nicht vorstellbarer Perfektion und Totalität von Goebbels betriebene Propaganda hatte entscheidenden Anteil an der Entwicklung der NSDAP zur stärksten politischen Kraft in Deutschland und zur Festigung des Widerstandswillens des Deutschen Volkes während des 2. Weltkrieges.

GOERDELER, Carl Friedrich, Dr. (1884-1946)
1930-1937 Oberbürgermeister von Leipzig. Weigerte sich 1933, die Hakenkreuzfahne auf dem Leipziger Rathaus hissen zu lassen. Trat 1937 aus Protest gegen die Entfernung der vor dem Leipziger Gewandhaus stehenden Büste des jüdischen Komponisten Felix Mendelssohn-Bartholdy als Oberbürgermeister zurück. Wurde danach einer der führenden Männer des bürgerlich-konservativen Widerstandes gegen Hitler. Nutzte seine berufliche Tätigkeit als Auslandsberater der Stuttgarter Firma Bosch, um einflussreiche Persönlichkeiten in Grossbritannien, Frankreich und USA vor den Gefahren des Nationalsozialismus zu warnen. Sollte nach gelungenem Umsturz Reichskanzler werden. Versuchte, sich nach dem gescheiterten Umsturzversuch der drohenden Verhaftung durch Flucht zu entziehen. Wurde am 12.8.1944 in Marienwerder erkannt und verraten (Helene Schwärzel). Wurde am 8.9.1944 vom Volksgerichtshof zum Tode verurteilt, jedoch erst am 2. Februar 1945 in Plötzensee hingerichtet.

GÖRING, Hermann (1893-1946)
Reichsmarschall. Oberbefehlshaber der Luftwaffe, Preussischer Ministerpräsident. Hitlers designierter Nachfolger. Der 2. Mann im 3. Reich. Wurde vom alliierten Militärgericht in Nürnberg wegen Verschwörung zum Zwecke der Kriegsvorbereitung, Verbrechen gegen den Frieden, Kriegsverbrechen und Verbrechen gegen die Menschlichkeit zum Tode verurteilt. Entzog sich seiner Hinrichtung am 15. Oktober 1946 durch Selbstmord (Giftkapsel).

GRAF, Willy (1918-1943)
Sanitätssoldat. Medizinstudent an der Universität München. Gläubiger Katholik. Schloss sich – nach mehreren Einsätzen an der Ostfront zum Studium der Medizin an der Universität München beurlaubt – der Widerstandsgruppe „Die weisse Rose" an, wurde nach der Flugblattaktion der Geschwister Scholl an der Münchener Universität am 18.2.1943 gemeinsam mit diesen und Professor Huber verhaftet. Der Versuch Olbrichts und Sacks, das Verfahren gegen ihn vor ein Militärgericht zu bringen, weil er ein auf Urlaub befindlicher Soldat war, misslang. Nach zwei Monaten quälender Verhöre, in deren Verlauf es der Gestapo nicht gelang, Graf zur Preisgabe weiterer Namen von Mitgliedern der „Weissen Rose" zu zwingen, wurde er vom Volksgerichtshof zum Tode verurteilt. Das Urteil wurde erst nach weiteren sechs Monaten qualvoller Haft auf dem Schafott vollstreckt.

GUDERIAN, Heinz (1988-1954)
Generaloberst. Chef des Generalstabes des Heeres 1944-1945 als Nachfolger von Generaloberst Zeitzler. Als deutscher Panzergeneral wesentlich an den Erfolgen der Blitzkriege in Polen und Frankreich beteiligt. 1934 Chef des Stabes beim Inspekteur der motorisierten Truppen. 1938 als Generalleutnant „Chef der schnellen Truppen". 1939 als General der Panzertruppen Kommandierender General des XIX. Armee-Korps, das erfolgreich in Polen, Frankreich und 1941 in der UdSSR operierte. Wurde Dezember 1941 entlassen, weil er die strategischen Vorstellungen Hitlers für einen Winterkrieg in Russland missbilligte. Februar 1943 Reaktivierung als Generalinspekteur der Panzertruppen. Nach dem 20. Juli 1944 berief Hitler ihn in den von ihm eingerichteten „Ehrenhof des Heeres", der die Aufgabe hatte, die an dem Umsturzversuch beteiligten Offiziere des Heeres zur Ausstossung aus dem Heer vorzuschlagen, um ihre Aburteilung durch den Volksgerichtshof zu ermöglichen. War ein willfähriges Werkzeug in der Hand Hitlers, der daran mitwirkte, hunderte von ehemaligen Kameraden entgegen den geltenden Gesetzen der Volksgerichtshof-Justiz auszuliefern. Hitler entliess ihn am 28. März 1945, weil Guderian die Kriegsführung Hitlers nicht länger als Chef des Generalstabes decken wollte. Geriet am 10. Mai 1945 in amerikanische Gefangenschaft.

v. HAEFTEN, Werner (1908-1944)
Oberleutnant. Ordonnanzoffizier von Stauffenberg (Ende 1943).
Durch Einfluss des Vaters und des älteren Bruders Hans-Bernd
überzeugter Gegner des Nationalsozialismus. Begleitete Stauffenberg
bei dem Attentat am 20. Juli 1944. Wurde nach dem Scheitern des
Befreiungsversuchs auf Befehl Fromms im Hof des Bendlerblocks
erschossen. Der Bruder, Legationsrat im Auswärtigen Amt Hans-
Bernd v. Haeften, fand durch Trott zu Solz und Reichwein Anschluss
an den Kreisauer Kreis. Wurde nach dem 20. Juli 1944 verhaftet, am
15.8.1944 vom Volksgerichtshof zum Tode verurteilt und am selben
Tage hingerichtet. War verheiratet mit der Tochter Barbara des
früheren Reichswirtschaftsministers (1926-1929) und Reichsaussenmi-
nisters (1929-1931) Julius Curtius (1877-1948).

v. HAGEN, Albrecht (1902-1944)
1944 Oberleutnant d. Reserve in der Organisationsabteilung im Oberkommando des Heeres. Wurde nach dem Studium der Staats- und
Rechtswissenschaften Banksyndikus. Seit 1943 Mitarbeiter von Generalmajor Stieff. War diesem behilflich, den für das Attentat auf Hitler
benötigten Sprengstoff zu befördern und aufzubewahren. Erklärte
sich bereit, gemeinsam mit Stieff ein Attentat auf Hitler auszuführen.
Seit 1943 10. Panzer-Division. Wurde in dem ersten Prozess des
Volksgerichtshofes gegen die Männer des 20. Juli am 8.8.1944 zum
Tode verurteilt und noch am selben Tage in Berlin-Plötzensee hingerichtet.

v. HASE, Paul (1885-1944)
Generalleutnant. 1944 Stadtkommandant von Berlin. Früher Gesin-
nungsfreund Becks. Eine der entscheidenden Persönlichkeiten für das
Gelingen des Umsturzversuches. Entschlossener Gegner des national-
sozialistischen Regimes. Traf nach dem Attentat die für seinen
Befehlsbereich vorgesehenen Massnahmen und Anordnungen zur
Ausschaltung der NS-Führungsspitze. Bekannte sich vor dem Volks-
gerichtshof am 8.8.1944 rückhaltlos zu seinem Handeln, das er im
Interesse des deutschen Volkes für zwingend notwendig hielt. Der
Volksgerichtshof verurteilte ihn zum Tode. Das Urteil wurde noch am
selben Tage in Plötzensee vollstreckt.

HAYESSEN, Egbert (1913-1944)
Major d. Genst. 1944 Generalstabsoffizier im Stabe des Allgemeinen
Heeresamtes. Fungierte am 20. Juli 1944 als Verbindungsoffizier
zwischen Olbricht und dem Stadtkommandanten von Berlin Generalleutnant v. Hase. Am 15.8.1944 vom Volksgerichtshof zum Tode
verurteilt und noch am selben Tage in Plötzensee hingerichtet.

v. HELLDORF, Wolf Heinrich Graf (1896-1944)
General der Polizei. Polizeipräsident von Berlin (seit 1935). Seit 1925 Landtagsabgeordneter für die NSDAP in Preussen. 1931 Führer der SA-Gruppe Berlin-Brandenburg. 1933 Reichstagsabgeordneter. Schloss sich der Widerstandsbewegung an und versorgte General Olbricht, zu dem er engen persönlichen Kontakt hielt, mit wichtigen Informationen aus dem Polizeiapparat. Wurde nach schweren Folterungen vom Volksgerichtshof am 15.8.1944 zum Tode verurteilt und auf besonders grausame Weise am selben Tage in Plötzensee hingerichtet.

HERBER
1944 Oberstleutnant d. Genst. Ib im Stabe des Allgemeinen Heeresamtes. Gehörte nicht zu den in die Vorbereitungen des Befreiungsversuchs Eingeweihten. Bildete am Abend des 20. Juli 1944 zusammen mit Pridun, v. d. Heyde, Fliessbach und Kuban die Offiziersgruppe im Allgemeinen Heeresamt, die aus eigener Initiative zur Rettung des NS-Regimes gegen die Verschwörer vorging, Olbricht, Stauffenberg, Beck und Mertz v. Quirnheim festnahm und Fromm befreite und so die Erschiessung der Hauptbeteiligten auf Befehl von Fromm ermöglichte, bevor Teile des Wachbataillons (Remer) eingreifen konnten. Bemühte sich nach dem 20. Juli vergeblich um Auszeichnung und Beförderung für seine Verdienste um die Niederschlagung des Putsches.

HERFURTH, Otto (1893-1944)
Generalmajor. 1944 Chef des Stabes des stellv. Generalkommandos des Wehrkreises III (Berlin-Brandenburg) (General v. Kortzfleisch). Wurde am 29.9.1944 vom Volksgerichtshof zum Tode verurteilt, weil er „Befehle der Putschisten ausgeführt hat". Das Urteil wurde 29.9.1944 (?) in Berlin-Plötzensee vollstreckt.

HEUSINGER, Adolf (1897-1982)
Generalleutnant. Chef der Operationsabteilung im Generalstab des Heeres. Als solcher einer der engsten militärischen Mitarbeiter Hitlers. Kein Nationalsozialist. Versuchte im Rahmen seiner Möglichkeiten – leider häufig vergeblich –, Hitler (im Interesse der Truppe) vor strategischen Fehlentscheidungen zu bewahren. Hielt am 20. Juli 1944 Vortrag in der Lagebesprechung. Wurde durch das Bombenattentat Stauffenbergs leicht verletzt. Zwei Tage später wurde er unter dem Verdacht, von dem Attentat gewusst zu haben, verhaftet und vor dem Volksgerichtshof angeklagt. Wurde im Oktober 1944 freigesprochen, jedoch all seiner Pflichten und Ämter als Offizier entbunden. Wurde nach dem 2. Weltkrieg von den Alliierten in Nürnberg inhaftiert, jedoch nicht unter Anklage gestellt, sondern lediglich als Zeuge vernommen. Ein Jahr nach seiner Haftentlassung (1948) berief ihn

Bundeskanzler Konrad Adenauer zu seinem militärischen Berater. Spielte eine führende Rolle beim Aufbau der Bundeswehr. Chef der Abteilung Streitkräfte im Bundesministerium der Verteidigung. 1957-1961 General-Inspekteur der Bundeswehr., 1961-1964 Vorsitzender des Ständigen Militärausschusses der NATO in Washington.

v. d. HEYDE,
1944 Major d. Genst. im Stabe des Allgemeinen Heeresamtes. Gehörte nicht zu den in die Vorbereitung des Befreiungsversuchs Eingeweihten. Bildete am Abend des 20. Juli 1944 zusammen mit Pridun, Herber, Fliessbach und Kuban die Offiziersgruppe im Allgemeinen Heeresamt, die aus eigener Initiative zur Rettung des NS-Regimes gegen die Verschwörung vorging, Olbricht, Stauffenberg, Beck und Mertz v. Quirnheim festnahm und Fromm befreite und so die Erschiessung der Hauptbeteiligten auf Befehl von Fromm ermöglichte, bevor Teile des Wachbataillons (Remer) eingreifen konnten. Bemühte sich nach dem 20. Juli vergeblich um Auszeichnung und Beförderung für seine Verdienste um die Niederschlagung des Putsches.

HEYDRICH, Reinhard (1904-1942)
Stellvertretender Reichsprotektor in Böhmen und Mähren seit 1941 (Die offizielle Dienstbezeichnung „Stellvertretender Reichsprotektor von Böhmen und Mähren" diente der Täuschung der Öffentlichkeit – insbesondere des Auslandes. Er übte de facto die Funktion des Reichsprotektors nach der Abberufung von von Neuraths aus diesem Amt aus). Stellvertretender Reichsprotektor in Böhmen und Mähren seit 1941. Wurde 1931 als Oberleutnant z. See wegen unehrenhaften Verhaltens verabschiedet, trat im selben Jahr der SS bei und wurde von Himmler mit dem Aufbau des SS-Sicherheitsdienstes beauftragt. 1934 Chef der Gestapo, 1936 Chef der Sicherheitspolizei und des SD (Sicherheitsdienstes), 1939 Leiter des Reichssicherheitshauptamtes, zu dem auch die Kriminalpolizei gehörte. Massgeblich an den Mordaktionen am 30.6.1934 („Röhmputsch") beteiligt. Organisierte mit gefälschten Dokumenten die Fritsch-Krise (1938), die „Kristallnacht" (9./10. November 1938), den fingierten Überfall auf den Sender Gleiwitz, der von Hitler zum Vorwand für den Angriff auf Polen (1.9.1939) unter Bruch des deutsch-polnischen Nichtangriffspaktes benutzt wurde. Berief am 20. Januar 1942 die „Wannsee-Konferenz" zur „Endlösung der Judenfrage" ein. Wurde am 27. Mai 1942 Opfer eines (von in England dazu ausgebildeten tschechischen Exil-Agenten ausgeführten) Schusswaffen- und Bombenattentats, an dessen Folgen er am 4.6.1942 verstarb. Inkarnation bestialischer Grausamkeit, zynischer Menschenverachtung und skrupelloser Machtgier. Mit seinem Namen „Die blonde Bestie" sind die schlimmsten Verbrechen, die das nationalsozialistische Regime begangen hat, verbunden.

HIMMLER, Heinrich (1900-1945)
Reichsführer SS und Chef der deutschen Polizei. Reichsinnenminister
1943-1945. Ursprünglich Diplomlandwirt. Seit 1939 „Reichskommissar zur Festigung des deutschen Volkstums". War in dieser Tätigkeit
verantwortlich für die brutale Umsiedlungs- und Rassenverfolgungs-
politik der Nationalsozialisten. Nach dem 20. Juli 1944 Befehlshaber
des Ersatzheeres. Tauchte nach Kriegsende unter falschem Namen
unter. Nahm sich am 23.5.1945 bei seiner Entdeckung in Lüneburg das
Leben (Giftkapsel).

v. HINDENBURG, Paul von Beneckendorff und v. H. (1847-1934)
Generalfeldmarschall. Erwarb sich als Sieger in der Schlacht von
Tannenberg (1914) legendären Ruhm. 1925-1934 Reichspräsident.
Siegte bei den Neuwahlen zum Reichspräsidenten 1932 über seinen
Gegenkandidaten Hitler. Ernannte 1933 entsprechend den Bestimmungen der Reichsverfassung Hitler als Führer der stärksten Reichstagsfraktion zum Reichskanzler, nachdem es ihm nicht gelungen war,
durch zwei Präsidialkabinette (v. Papen, v. Schleicher) das weitere
Anwachsen der NSDAP einzudämmen. Unmittelbar vor seinem Tode
verabschiedete das Reichskabinett am 1. August 1934 unter Mitwirkung des Reichswehrministers von Blomberg ein Gesetz, durch das
das Amt des Reichspräsidenten unter Missachtung der Reichsverfassung abgeschafft wurde und die Rechte als Staatsoberhaupt und
Oberster Befehlshaber der Wehrmacht auf Hitler übergingen. V.
Hindenburg verstarb am 2. August 1934. Sein politisches Testament
wurde nicht veröffentlicht.

HITLER, Adolf (1889-1945)
Führer des Deutschen Reiches. Gebürtiger Österreicher. Vorsitzender,
Neugründer und Führer der Nationalsozialistischen Deutschen Arbei-
ter-Partei (NSDAP). 1923 Putschversuch in München. Ein Jahr Festungshaft in Landsberg. Schrieb dort das Buch „Mein Kampf". 1933
als Führer der stärksten Partei und Reichstagsfraktion Reichskanzler.
1934 nach dem Tode des Reichspräsidenten v. Hindenburg als „Führer
und Reichskanzler" Deutschlands Regierungs- und Staatschef – zgl.
Oberster Befehlshaber der Wehrmacht. Verantwortlich für die Verbrechen Deutschlands gegen das eigene Volk, gegen die Juden, gegen
fremde Völker während des nationalsozilistischen Gewaltsystems von
1933 bis 1945 und für die Entfesselung des 2. Weltkrieges. Nahm sich
am 30. April 1945 im Bunker der Reichskanzlei in Berlin das Leben
(gleichzeitig Gift und Pistolenkopfschuss).

HOEPNER, Erich (1886-1944)
Generaloberst. Eine der führenden Persönlichkeiten des militärischen
Widerstandes. 1938 Kommandeur der 1. leichten Division (Wupper-
tal). Gehörte zusammen mit Guderian zu den bedeutendsten Experten
des modernen Panzerkrieges. Vorbildlicher Truppenführer. 1941 führ-

te er die Panzergruppe 4 – später 4. Panzerarmee – bis an die Vorstädte von Moskau. Entgegen dem ausdrücklichen Befehl Hitlers nahm er seine Armee in ausgebaute Winterstellungen zurück und rettete dadurch seine ihm anvertrauten ca. 200.000 Soldaten vor dem Untergang. Hitler degradierte ihn ohne militärgerichtliches Verfahren aus eigener Machtanmassung zum Reiter und stiess ihn aus der Armee aus. Hoepner war seit 1933 einer der entschlossensten und handlungsbereiten höheren Offiziere der Wehrmacht. Stand in engem Kontakt zu Beck, Olbricht und Goerdeler. Sollte nach gelungenem Attentat Oberbefehlshaber des Heimatheeres werden. Wurde noch in der Nacht vom 20. auf den 21. Juli 1944 verhaftet und am 8. August 1944 vom Volksgerichtshof zum Tode verurteilt. Das Urteil wurde sofort danach in Plötzensee vollstreckt.

v. HOFACKER, Caesar (1896-1944)
1944 als Oberstleutnant der Reserve im Stabe des Militärbefehlshabers Frankreich (v. Stülpnagel) tätig. Im 1. Weltkrieg bekannter Jagdflieger. Im Widerstand eng mit seinem Vetter Graf Stauffenberg verbunden. Unterstützte v. Stülpnagel bei der Ausarbeitung und Durchführung der Massnahmen zur Ausschaltung der SS- und SD-Einheiten in Frankreich nach Auslösung des Stichwortes „Walküre", was in Frankreich planmässig und ohne Blutvergiessen durch entschlossenes Handeln auf der Grundlage perfekter Vorbereitungen in vollem Umfang gelang. Wurde nach dem Scheitern des Befreiungsversuchs vom Volksgerichtshof als „Haupt der Verschwörung in Frankreich" zum Tode verurteilt und am 20.12.1944 hingerichtet.

v. HOHENZOLLERN, Wilhelm (1859-1941)
Von 1888-1918 Kaiser Wilhelm II. Letzter Deutscher Kaiser und König von Preussen. Dankte nach Ausbruch der Revolution (9.11.1918) am 10.11.1918 ab und ging nach Holland ins Exil. Grossvater des Prinzen Louis Ferdinand.

HOPF, Dr.
Verfasser des Geheimberichtes an Bormann über den Prozess gegen Generaloberst Fromm am 7.3.1945 vor dem Volksgerichtshof, aus dem wichtige Einzelheiten über den tatsächlichen Verlauf des 20. Juli 1944 in der Bendlerstrasse hervorgehen und durch den bewiesen wird, dass die Erschiessung von Olbricht, Stauffenberg, Mertz v. Quirnheim und v. Haeften – sowie des Generaloberst Beck – in der Nacht vom 20. auf den 21. Juli 1944 im Hof des Bendlerblockes auf Anordnung Fromms erfolgte und überhaupt kein Standgerichtsverfahren durchgeführt worden war. (s. Dokumentar-Anhang 11)

HUBER, Kurt Univ.Professor Dr. (1892-1943)
Professor für Philosophie und Musikwissenschaft an der Universität

München. Gebürtiger Schweizer. Infolge einer Kindheitserkrankung bleibend gelähmt. Geistiger Kristallisationspunkt des studentischen Widerstandes an der Universität München („Die weisse Rose"). Wurde nach der Flugblattaktion der Geschwister Scholl am 18.2.1943 an der Universität München verhaftet und am 22.2.1943 vom Volksgerichtshof in einem Schnellverfahren zum Tode verurteilt und noch am selben Tage auf dem Schafott hingerichtet.

HUGENBERG, Alfred (1865-1951)
Wirtschaftsführer. 1909-1918 Vorsitzender des Krupp-Direktoriums. Gewann durch Ankauf von Zeitungen und Aktienerwerb von Presse- und Filmkonzernen grossen politischen Einfluss in Deutschland. Vorsitzender der Deutschnationalen Volkspartei. Verhalf Hitler durch Koalition mit der NSDAP nach den Reichstagswahlen am 6. März 1933 zur absoluten Mehrheit im Reichstag. Ab Februar 1933 bis Juni 1933 Wirtschafts- und Ernährungsminister im Kabinett Hitler, aus dem er nach dem Verbot auch seiner Partei ausschied.

JODL, Alfred (1890-1946)
Generaloberst. Chef des Wehrmachtsführungsstabes. Einer der engsten militärischen Ratgeber Hitlers. Kannte Hitler seit 1923 und vergötterte ihn. Ab 1935 Tätigkeit im Wehrmachtsamt des Reichskriegsministeriums.
Nach Errichtung des Oberkommandos der Wehrmacht dort Leiter der Abteilung Landesverteidigung. Ab 1939 Chef des Wehrmachtführungsamtes - später umbenannt in Wehrmachtsführungsstab –, damit Hitlers „persönlicher Stabschef". Trat gelegentlich Hitlers strategischer Konzeption entgegen, was seinem fanatischen Glauben an die Genialität Hitlers jedoch keinen Abbruch tat. Erhielt 1943 ehrenhalber das Goldene Parteiabzeichen. Am 7. Mai 1945 unterzeichnete Jodl im Reims im Auftrage des neuen Reichskanzlers Grossadmiral Dönitz die Kapitulation des Deutschen Reiches gegenüber den Westmächten. Das Nürnberger Militärtribunal verurteilte ihn wegen Teilnahme an den verbrecherischen Handlungen Hitlers am 16. Oktober 1946 zum Tode durch den Strang. Er wurde am selben Tag hingerichtet. Später befand eine deutsche Spruchkammer, dass Jodl sich keines Verbrechens gegen das Völkerrecht schuldig gemacht habe, und sprach ihn am 28.2.1953 posthum von allen Verbrechen frei, für die er hingerichtet worden war.

JOHN v. FREYEND, Ernst
Oberstleutnant. 1944 Adjutant des Chefs des Oberkommandos der Wehrmacht Generalfeldmarschall Keitel.

v. KAHR, Gustav Ritter (1882-1934)
Regierungspräsident von Oberbayern (1917-1924). 1923 von der Baye-

rischen Staatsregierung zum Generalstaatskommissar ernannt, übernahm unter Verhängung des Ausnahmezustandes die Vollziehende Gewalt in Bayern. Schlug am 9. November 1923 mit Einheiten der Bayerischen Landespolizei und der Reichswehr den Putschversuch Hitlers nieder. Wurde am 30.6.1934 von Nationalsozialisten ermordet.

KAISER, Hermann (1885-1945)
Studienrat. Nach 1933 überzeugter Gegner des Nationalsozialismus. Als Hauptmann der Reserve einer der engsten Mitarbeiter Olbrichts bei der Vorbereitung des Umsturzes. Führte auf Wunsch Olbrichts das Kriegstagebuch des Befehlshabers des Ersatzheeres (Fromm). Unmittelbar nach dem 20. Juli 1944 verhaftet. Am 23.1.1945 hingerichtet.

KALTENBRUNNER, Ernst (1903-1946)
Österreichischer Nationalsozialist. 1943 Chef des Reichssicherheitshauptamtes als Nachfolger von Heydrich. Promovierter Jurist und Rechtsanwalt. 1938 Staatssekretär für öffentliche Sicherheit. SS-Gruppenführer, Mitglied des Reichstages. Oberster Chef der Gestapo und des Sicherheits-Dienstes. Tat sich durch besonders brutale Unterdrückungsmassnahmen und bei der Judenverfolgung hervor. Vom Nürnberger Alliierten Militärgericht wegen Kriegsverbrechen und Verbrechen gegen die Menschlichkeit zum Tode verurteilt und am 16. Oktober 1946 hingerichtet.

KEITEL, Wilhelm (1882-1946)
Generalfeldmarschall (seit Juli 1940). 1935-1938 Chef des Wehrmachtsamtes im Reichskriegsministerium. 1938-1945 Chef des Oberkommandos der Wehrmacht. Engster militärischer Berater Hitlers, diesem unterwürfig ergeben. Träger des Goldenen Parteiabzeichens (1939). Unterzeichnete am 9. Mai 1945 die bedingungslose Kapitulation der deutschen Streitkräfte. Machte sich durch willfährige Weitergabe verbrecherischer Befehle Hitlers an die Wehrmacht in höchsten Masse mitschuldig an Kriegsverbrechen. Wurde in den Nürnberger Kriegsverbrecherprozessen von den Siegermächten zum Tode verurteilt und am 16. Oktober 1946 hingerichtet.

KIESEL, Georg Dr.
Untersuchungsbeamter der Gestapo. SS-Obersturmbannführer. Leitete die zuletzt auf 400 Mitarbeiter angeschwollene Sonderkommission des Reichssicherheitshauptamtes zu Ermittlungen im Falle des 20. Juli 1944. Geriet bei Kriegsende in jugoslawische Gefangenschaft. Verfasser des sog. Kiesel-Berichtes. Wurde nach Abschluss dieses Berichtes auf Anordnung Titos hingerichtet.

KIRCHHEIM
1944 Generalleutnant. Am 2.8.1944 von Hitler als Vertreter in den

„Ehrenhof" des Heeres berufen, der die Aufgabe hatte, alle an dem Befreiungsversuch vom 20. Juli 1944 irgendwie Beteiligten Hitler zur Ausstossung aus dem Heer vorzuschlagen. Die Ausstossung war Voraussetzung für die Aburteilung vor dem Volksgerichtshof, weil Soldaten ausschliesslich der Militärgerichtsbarkeit unterworfen waren. Der „Ehrenhof" kam dieser ihm übertragenen Aufgabe willfährig nach. Er beschloss grundsätzlich ohne Anhörung der Betroffenen. Er schlug auch Tote posthum zur Ausstossung vor. Es ist kein einziger Fall bekannt geworden, in dem der „Ehrenhof" anders entschieden hätte, als von ihm verlangt wurde. Verdächtige mussten zur Entlassung aus dem Wehrdienst vorgeschlagen werden. Wortlaut des Hitler-Befehls vom 2.8.1944 s. Dokumentarischer Anhang 12.

KLAUSING, Friedrich-Karl (1920-1944)
Hauptmann. 1944 Ordonnanzoffizier Stauffenbergs. Begleitete Stauffenberg bei dessen Attentatsversuchen am 11. und 15. Juli 1944. Tat am 20. Juli Dienst in der Bendlerstrasse. Hatte sich als Frontoffizier wegen der unmenschlichen Handlungsweisen der SS zum Widerstand entschlossen. War Zeuge der Erschiessungen in der Bendlerstrasse. Ihm gelang in der Nacht die Flucht aus dem Bendlerblock. Am Morgen des 21. Juli stellte er sich selbst, um sich zu Stauffenberg zu bekennen. Wurde am 8.8.1944 vom Volksgerichtshof zum Tode verurteilt und am selben Tag in Plötzensee hingerichtet.

v. KLUGE, Hans Günther (1882-1944)
Generalfeldmarschall seit 1940. Zuletzt Oberbefehlshaber West. 1933 als Generalmajor Inspekteur der Nachrichtentruppe. 1934 als Generalleutnant Befehlshaber des Wehrkreises VI (Münster). Oberbefehlshaber der 4. Armee im Frankreich- und Russlandfeldzug. Ende 1941 Oberbefehlshaber der Heeresgruppe Mitte (Ostfront). Nahm zu seinem 60. Geburtstag (30.10.1942) von Hitler einen Scheck über 250.000,-RM an. Wurde am 3.7.1944 als Nachfolger von Rundstedt Oberbefehlshaber West. Duldete die Attentatsvorbereitungen v. Tresckows auf Hitler (1943), ohne sich selbst daran zu beteiligen. Sagte seine Unterstützung nur für den Fall eines erfolgreichen Attentats zu. Wurde am 17. August 1944 seines Postens enthoben, weil er die Attentatsvorbereitungen v. Tresckows nicht unterbunden und nicht gemeldet hatte, und wurde nach Berlin befohlen. Auf der Fahrt von Paris nach Metz vergiftete er sich am 19. August 1944. Versicherte Hitler in einem Abschiedsbrief seiner Bewunderung für dessen Genie und Grösse und seiner Treue bis zum Tode.

v. KORTZFLEISCH
General. 1944 Kommandierender General des Stellv. Generalkommandos III (Berlin-Brandenburg). War wiederholt vergeblich auf Beteiligung am militärischen Widerstand angesprochen worden. Wei-

gerte sich am 20. Juli 1944, Befehle von Beck oder Hoepner entgegenzunehmen. Widersprach der Behauptung, dass Hitler tot sei. Berief sich auf seinen Hitler geschworenen Eid. Wurde nach einer heftigen Auseinandersetzung mit Beck in der Bendlerstrasse festgenommen. Konnte jedoch im Verlauf des Nachmittags fliehen. Da die Verschwörer damit gerechnet hatten, dass sich v. Kortzfleisch dem Befreiungsversuch nicht anschliessen würde, stand sein Nachfolger General v. Thüngen schon bereit.

KRIEBEL

1944 General der Infanterie. Am 2.8.1944 von Hitler als Vertreter in den „Ehrenhof" des Heeres berufen, der die Aufgabe hatte, alle an dem Befreiungsversuch vom 20. Juli 1944 Beteiligten Hitler zur Ausstossung aus dem Heer vorzuschlagen. Die Ausstossung war Voraussetzung für die Aburteilung vor dem Volksgerichtshof, weil Soldaten ausschliesslich der Militärgerichtsbarkeit unterworfen waren. Der "Ehrenhof" kam dieser ihm übertragenen Aufgabe willfährig nach. Er beschloss grundsätzlich ohne Anhörung der Betroffenen. Er schlug auch Tote posthum zur Ausstossung vor. Es ist kein einziger Fall bekannt geworden, in dem der „Ehrenhof" anders entschieden hätte, als von ihm verlangt wurde. Verdächtige mussten zur Entlassung aus dem Wehrdienst vorgeschlagen werden. Wortlaut des Hitler-Befehls vom 2.8.1944 s. Dokumentarischer Anhang 12.

KUBAN

1944 Major (?) im Stabe des Allgemeinen Heeresamtes. Gehörte nicht zu den in die Vorbereitung des Befreiungsversuchs Eingeweihten. Beteiligte sich an der Gruppe von Offizieren aus dem Stabe des Allgemeinen Heeresamtes, die am Abend des 20. Juli 1944 aus eigener Initiative zur Rettung des NS-Regimes gegen die Verschwörer vorgingen, Olbricht, Stauffenberg, Beck und Mertz v. Quirnheim festnahmen und Fromm befreiten und so die Erschiessung der Hauptbeteiligten auf Befehl von Fromm ermöglichten, bevor Teile des Wachbataillons (Remer) eingreifen konnten. (Ausser ihm Pridun, Herber, v. d. Heyde und Fliessbach.)

LAUTZ, Ernst Dr.

1944 Oberreichsanwalt. Vertrat die Anklage gegen fast alle am Befreiungsversuch des 20. Juli 1944 Beteiligten. Er plädierte – bis auf wenige Ausnahmen – auf Todesstrafe. Er bildete zusammen mit dem Präsidenten des Volksgerichtshofes Freisler ein Gespann der Grausamkeit und Brutalität. Im Gegensatz zu Freisler bemühte er sich jedoch – ohne Emotionen zu zeigen – um nüchterne juristische Formulierungen. Lautz wurde am 4.1.1947 vor einem amerikanischen Militärgericht (Militärgerichtshof Nr. III) im sog. „Nürnberger Juristenprozess" zusammen mit fünfzehn anderen Juristen – darunter vier weitere ehemalige Angehörige des Volksgerichtshofes – wegen „Verbrechen gegen die Menschlichkeit" angeklagt und am 3./4.12.1947 zu zehn Jahren Gefängnis verurteilt. Bei seiner Verteidigung berief er sich darauf, nach damals gültigem deutschen Recht gehandelt zu haben. Er wurde bereits am 31.1.1951 amnestiert.

LEBER, Julius Dr. (1891-1945)
Chefredakteur und sozialdemokratischer Reichstagsabgeordneter seit 1924. Eine der führenden Persönlichkeiten des deutschen Widerstandes. Studierte Staatswissenschaften in Strassburg und Freiburg. Promovierte 1920 zum Dr. der Staatswissenschaften. Entschiedener Gegner des Nationalsozialismus. 1933-1937 Konzentrationslager in Esterwegen und Oranienburg. Nahm nach seiner Haftentlassung Verbindung zum Kreisauer Kreis auf. Enge Kontakte zu Goerdeler, zu Olbricht und ab Oktober 1943 zu Stauffenberg. Leber war Stauffenbergs Wunschkandidat für das Amt des Reichskanzlers. Wurde bereits am 5. Juli 1944 verhaftet und am 20.10.1944 vom Volksgerichtshof zum Tode verurteilt. Hinrichtung in Plötzensee am 5. Januar 1945.

LIEBKNECHT, Karl (1871-1919)
Sozialdemokratischer Politiker und Gründer der Kommunistischen Partei Deutschlands (31.12.1918). Rechtsanwalt. Seit 1908 Mitglied des preussischen Abgeordnetenhauses, seit 1912 des Deutschen Reichstages. 1916 trat er als Kriegsgegner aus der SPD-Fraktion aus. Nach einer Kundgebung gegen den Krieg wurde er 1916 wegen Hochverrats zu 2 1/2 Jahren Zuchthaus verurteilt. Trat nach seiner Begnadigung 1918 gemeinsam mit Rosa Luxemburg an die Spitze des Spartakusbundes und proklamierte im Berliner Schloss am 9. November 1918 die „Freie sozialistische Republik Deutschland" nach dem Vorbild der sowjetischen Räterepublik. Unternahm im Januar 1919 einen Aufstand gegen die Republik. Wurde nach Niederschlagung des Aufstandes durch regierungstreue Truppen von Soldaten der Garde-Kavallerie-Schützendivision gemeinsam mit Rosa Luxemburg am 15.1.1919 in Berlin ermordet.

MAERCKER, Georg (1865-1924)
Generalmajor und Kommandeur der 214. Infanterie-Division (1918). Bildete in den Wirren nach Kriegsende am 22.12.1918 mit Zustimmung seines Kommandierenden Generals (XIV. Reservekorps) das „Freiwillige Jägerkorps" (Freikorps Maercker), das noch vor Jahresende auf 4.000 Mann anwuchs und das er der Regierung der Weimarer Republik zur Verfügung stellte. Das Freikorps Maercker erreichte bald die Stärke einer Brigade und war als Truppe mit fester Disziplin in der Hand ihres Kommandeurs für die Führung der um ihre Existenz ringenden jungen Republik von unschätzbarem Wert. Es hatte entscheidenden Anteil an der Stabilisierung der Republik und wurde zum

Vorbild für die Bildung zahlreicher anderer Freikorps. Maerckers Gedanken für die Organisation einer neuen Nachkriegsarmee trugen massgeblich zur Schaffung der Reichswehr bei.

MAISEL, Ernst
Generalleutnant. Chef der Arbeitsgruppe P 2 im Heerespersonalamt. Protokollführer des von Hitler am 2. August 1944 eingesetzten „Ehrenhofes des Heeres", der die Aufgabe hatte, diejenigen Offiziere des Heeres, die der Teilnahme am Aufstandsversuch des 20. Juli 1944 verdächtigt wurden, Hitler zur Ausstossung aus dem Heer vorzuschlagen, um deren Aburteilung durch den Volksgerichtshof zu ermöglichen. Beauftragter für die Sühnung des 20. Juli im Oberkommando des Heeres. Überbrachte am 14. Oktober 1944 im Auftrag Hitlers – gemeinsam mit v. Burgdorf – dem Generalfeldmarschall Rommel das Gift, mit dem dieser Selbstmord verübte.

MANSTEIN, Fritz Erich von Lewinski genannt v. M. (1887-1973)
Generalfeldmarschall seit 1942. 1935-1938 Chef der Operationsabteilung im Generalstab des Heeres und Stellvertreter Becks. Versagte sich dessen Aufforderung zum Widerstand gegen Hitler. Galt als einer der fähigsten deutschen Generalstabsoffiziere und Heerführer. Entwarf den Feldzugplan gegen Frankreich, Belgien und Holland. Unpolitischer Nur-Soldat, zuletzt Oberbefehlshaber der Heeresgruppe Süd (Ostfront). Wurde im März 1944 wegen einer erneut beantragten Rückzugsgenehmigung für seine Heeresgruppe verabschiedet und nicht wieder verwendet. Suchte erst kurz vor dem Umsturzversuch Kontakt zu Olbricht, der ihn jedoch wegen seiner in der Vergangenheit immer wieder bewiesenen Loyalität zu Hitler und seiner charakterlichen Mängel ablehnte. Wurde bei Kriegsende von einem britischen Militärgericht zu 18 Jahren Gefängnis verurteilt, jedoch 1953 vorzeitig freigelassen.

MEICHSSNER, Joachim (1906-1944)
Oberst d. Genst. 1940 Ia im Allgemeinen Heeresamt bei Olbricht. Später Chef der Organisationsabteilung im Wehrmachtführungsstab des Oberkommandos der Wehrmacht. Einer der wichtigsten und langjährigen Mitarbeiter Olbrichts bei der Vorbereitung des Umsturzversuches. Am 29.9.1944 vom Volksgerichtshof zum Tode verurteilt und am selben Tage in Plötzensee hingerichtet.

MERTZ VON QUIRNHEIM, Albrecht Ritter (1905-1944)
Oberst d. Genst. Seit gemeinsamer Akademiezeit (1940) befreundet mit Claus Stauffenberg. Von diesem Olbricht als sein Nachfolger als Chef des Stabes im Allgemeinen Heeresamt empfohlen, als Stauffenberg (15.6.1944) Chef des Stabes beim Befehlshaber des Ersatzheeres (Fromm) wurde. Schloss sich mit vollem persönlichen Einsatz und

Risiko der militärischen Widerstandsgruppe im AHA an. Wurde in der Nacht vom 20. auf den 21. Juli 1944 auf Befehl Fromms im Hof des Bendlerblockes erschossen.

v. MÖLLENDORF
Rittmeister. 1944 Adjutant des Kommandanten des Führerhauptquartiers „Wolfsschanze" in Rastenburg (Ostpreussen).

MUSSOLINI, Benito (1883-1945)
Italienischer Politiker. Ursprünglich aktiver Sozialist, gründete er nach dem 1. Weltkrieg die faschistische Bewegung. Wurde nach dem „Marsch auf Rom" (1922) vom König von Italien mit der Bildung eines faschistisch/bürgerlichen Kabinetts beauftragt. Verbündete sich nach der Machtergreifung Hitlers mit diesem (Achse). Griff 1936 in den Spanischen Bürgerkrieg und 1940 an der Seite Deutschlands in den 2. Weltkrieg ein. Am 25.7.1943 wurde er durch innerfaschistische Oppositionskräfte als Folge ständiger schwerer militärischer Misserfolge gezwungen, den militärischen Oberbefehl an den König abzugeben. Dieser liess ihn in Haft nehmen. Im Auftrag Hitlers wurde er durch ein Fallschirmunternehmen der Waffen-SS aus der Haft befreit. Sein Besuch in Hitlers Hauptquartier am 20.7.1944 verursachte eine Vorverlegung der Lagebesprechung um zwei Stunden, die sich verhängnisvoll auf den Zeitplan des Befreiungsversuchs auswirkte. Wurde bei Kriegsende von italienischen Widerstandskämpfern auf der Flucht ergriffen und am 28.4.1945 ohne Gerichtsverfahren zusammen mit seiner Geliebten Clara Petacci ermordet.

NEBE, Arthur Dr. (1894-1945)
SS-Gruppenführer. Seit 1920 Kriminalpolizist, seit 1924 Kriminalkommissar. Seit 1931 Mitglied der NSDAP. Ab 1937 Chef des Reichskriminalpolizeiamtes, das 1939 als Amt V in das Reichssicherheitshauptamt eingegliedert wurde. Ursprünglich überzeugter Nationalsozialist und verantwortlich für Massenermordungen in Russland, wurde Nebe zum wichtigsten Kontaktmann Olbrichts im Reichssicherheitshauptamt. Gab entscheidend wichtige Informationen aus dem Reichssicherheitshauptamt, wo er bis zum 20. Juli 1944 als absolut vertrauenswürdig galt, an Olbricht. Tauchte nach dem 20. Juli 1944 unter. Wurde verraten und am 16.1.1945 in einer Mühle bei Zossen verhaftet. Am 2.3.1945 vom Volksgerichtshof zum Tode verurteilt und am 21.3.1945 in Plötzensee hingerichtet.

v. NEURATH, Konstantin Freiherr (1873-1956)
Berufsdiplomat. Konservativer Politiker. Deutscher Aussenminister von 1932-1938. (Kabinett v. Papen, v. Schleicher und Hitler). 1938-1945 Reichsminister ohne Geschäftsbereich. 1939-1941 Reichsprotektor in Böhmen-Mähren. Mitglied der NSDAP seit 1937, SS-

Obergruppenführer 1943. Am 1. Oktober 1946 vom Alliierten Militärgericht in Nürnberg wegen Kriegsverbrechen, Verbrechen gegen die Menschlichkeit und Verbrechen gegen den Frieden zu 15 Jahren Haft verurteilt. 1954 aus Gesundheitsgründen aus der Haft im Kriegsverbrechergefängnis in Spandau vorzeitig entlassen. Verstarb 1956.

NOSKE, Gustav (1868-1946)
Sozialdemokratischer Politiker. 1896-1918 Mitglied des Reichstages. Ab 29.12.1918 Mitglied des „Rates der Volksbeauftragten" mit Zuständigkeit für das Militärressort. Sicherte den Bestand der entstehenden Republik durch Niederschlagung regionaler kommunistischer Aufstände durch Einsatz loyaler Truppen- und Freikorpsverbände im gesamten Reichsgebiet. Februar 1919 bis März 1920 Reichswehrminister. Trug die Verantwortung für die Reduzierung der Armee auf die im Versailler Friedensvertrag vorgeschriebene Stärke und legte den Grund für den Aufbau der Reichswehr. Nach dem Kapp-Putsch (1920) musste er auf Druck seiner eigenen Partei als Reichswehrminister zurücktreten und wurde Oberpräsident in Hannover. 1933 aus dem Staatsdienst entlassen und inhaftiert. 1944 erneut inhaftiert.

OBERG, Carl-Albrecht (1897-1965)
1942-1945 Höherer SS- und Polizeiführer im besetzten Frankreich. 1941-1942 als SS- und Polizeiführer in Radom massgeblich für die Ausrottung von Juden und die Zwangsverpflichtung polnischer Arbeitskräfte verantwortlich. Seine Versetzung nach Frankreich führte zu einer Verschärfung der Judenverfolgung in Frankreich und zu einer starken Belastung des Verhältnisses zwischen der französischen Bevölkerung und den deutschen Besatzungskräften. Wurde nach Ausgabe des Stichwortes „Walküre" auf Anordnung des Militärbefehlshabers Frankreich v. Stülpnagel festgenommen. Versteckte sich nach dem Krieg in einem Dorf in Tirol. Von amerikanischer Militärpolizei aufgespürt, wurde er in Deutschland vom Nürnberger Militär-Tribunal zum Tode verurteilt – jedoch Oktober 1946 an Frankreich ausgeliefert. In Frankreich wurde er 1954 erneut zum Tode verurteilt. 1958 wurde das Strafmass in zwanzig Jahre Zwangsarbeit umgewandelt. 1965 wurde er von de Gaulle begnadigt und nach Deutschland repatriiert, wo er noch im selben Jahr verstarb.

OBERTH, Hermann Prof. Dr. h.c. (1894-1989)
Pionier der Raumfahrt. Entwarf bereits 1917 eine Rakete von 25 m Länge und 5 m Durchmesser. Treibstoff Alkohol und Sauerstoff. Nutzlast 10 t. Bereits 1923 beschrieb er die wesentlichen Elemente der heutigen Grossraketen. 1938-1940 Raketenversuche an der TH in Wien. Ab 1941 Heeresversuchsanstalt in Peenemünde. 1955-1958 arbeitete Oberth in Huntsville/USA am amerikanischen Raketenprogramm. Stand in der Öffentlichkeit stets im Schatten seines früheren Schülers Wernher von Braun.

OFTEDAL, Sven Dr.
Norweger. KZ-Häftling im Konzentrationslager Sachsenhausen. Dort als Häftlingsarzt tätig. Nach dem 2. Weltkrieg norwegischer Sozialminister.

OLBRICHT, Eva Emma Therese geb. Koeppel (geboren 1895)
Ehefrau von Friedrich Olbricht (1918). 2 Kinder: Tochter Rosemarie (1919-1988) – verheiratet 1942 mit Friedrich Georgi; Sohn Klaus (1922-1941), in Russland gefallen.

OSTER, Hans (1888-1945)
Generalmajor. Gehörte wie Olbricht zur Widerstandsgruppe, die sich im Stabe der 4. Infanterie-Division in Dresden gebildet hatte. 1935-1943 Chef des Stabes des Amtes Ausland/Abwehr im Oberkommando des Heeres/der Wehrmacht (Admiral Canaris). Bis zu seiner Entfernung aus dem Amt einer der aktivsten Männer des Widerstandes und wichtigster Mitarbeiter Olbrichts bei den Umsturzvorbereitungen – gewissermassen „Chef des Stabes" des militärischen Widerstandes. Nach dem 20. Juli 1944 verhaftet. Unmittelbar vor der Befreiung durch die U.S. Army im Konzentrationslager Flossenbürg von SS-Wachen am 9.4.1945 ermordet.

PAASIKIVI, Juho Kusti (1870-1956)
Finnischer Staatsmann, Bankjurist, führte 1944 die Waffenstillstandsverhandlungen mit der Sowjet-Union in Moskau. November 1944 – März 1946 finnischer Ministerpräsident. Anschliessend finnischer Staatspräsident bis 1956.

PIFFRADER, Dr.
Gestapo-Beamter, 1944 SS-Oberführer im Reichssicherheitshauptamt. Wurde am 20. Juli 1944 vom Reichssicherheitshauptamt in die Bendlerstrasse entsandt, nachdem bei den ersten Ermittlungen der Gestapo im „Führerhauptquartier" der Verdacht, der Attentäter zu sein, auf Stauffenberg fiel, um diesen zu verhaften. Stauffenberg liess ihn seinerseits festnehmen.

PILSUDSKI, Józef (1867-1935)
Polnischer Staatsmann, Marschall von Polen. Kämpfte seit seiner Jugend als polnischer Patriot für die Wiederherstellung der Unabhängigkeit Polens an der Seite der Mittelmächte. Gründer des polnischen Staates nach dem 1. Weltkrieg. Schloss 1934 den Nichtangriffspakt zwischen Deutschland und Polen ab.

PLANCK, Erwin (1893-1945)
Staatssekretär a. D., Sohn des Nobelpreisträgers Professor Dr. Max Planck. Berufsbeamter. Unter v. Papen und unter v. Schleicher Chef

der Reichskanzlei. Schloss sich 1941 aus Gewissensgründen der Widerstandsbewegung an. Vermittelte mehrfach Informationen zwischen Olbricht und v. Tresckow unter dem Vorwand der Erledigung von Rüstungsaufträgen für die Firma Wolff (Köln), für die Planck nach Entlassung als Beamter als Vertreter tätig war. Wurde am 23. Juli 1944 verhaftet und nach Verurteilung durch den Volksgerichtshof am 23.1.1945 in Plötzensee hingerichtet.

POPITZ, Johannes Professor Dr. (1884-1945)
Preussischer Finanzminister (1933-1944). Jurist und Staatswissenschaftler. Ab 1925 Staatssekretär im Reichsfinanzministerium. Trat 1929 zusammen mit seinem Minister (Hilferding) zurück. Wirkte gleichzeitig als Hochschullehrer für Steuerrecht und Finanzwissenschaft an der Universität Berlin. Nahm bereits 1938 Kontakt zum Widerstand auf. Mitglied der Mittwochsgesellschaft. Stand in ständigem Kontakt mit Olbricht. Führte 1943 Geheimgespräche mit Himmler, um diesen auf die Seite des Widerstandes zu ziehen. Wurde am 21.7.1944 verhaftet und am 3.10.1944 vom Volksgerichtshof zum Tode verurteilt. Das Urteil wurde erst am 2.2.1945 vollstreckt.

PRIDUN
1944 Oberstleunant d. Genst. Ia im Stabe des Allgemeinen Heeresamtes. Gehörte nicht zu den in die Vorbereitungen des Befreiungsversuchs Eingeweihten. Bildete am Abend des 20. Juli 1944 zusammen mit Herber, v. d. Heyde, Fliessbach und Kuban die Offiziersgruppe im Allgemeinen Heeresamt, die aus eigener Initiative zur Rettung des NS-Regimes gegen die Verschwörer vorging, Olbricht, Stauffenberg, Beck und Mertz v. Quirnheim festnahm und Fromm befreite und so die Erschiessung der Hauptbeteiligten auf Befehl von Fromm ermöglichte, bevor Teile des Wachbataillons (Remer) eingreifen konnten. Bemühte sich nach dem 20. Juli 1944 vergeblich um Auszeichnung und Beförderung für seine Verdienste um die Niederschlagung des Putsches.

PROBST, Christoph (1919-1943)
Medizinstudent an der Universität München. Freund von Hans Scholl. Mitglied der Widerstandsgruppe „Die weisse Rose". Wurde nach der Flugblattaktion der „Weissen Rose" am 18.2.1943 an der Universität München am 22.2.1943 – obwohl verheiratet und Vater von drei Kindern – in einem Schnellverfahren vor dem Volksgerichtshof gemeinsam mit Professor Huber und den Geschwistern Scholl zum Tode verurteilt und noch am selben Tage durch das Fallbeil hingerichtet.

v. REICHENAU, Walter (1884-1942)
Generalfeldmarschall seit 1940. 1933 Chef des Ministeramtes im

Reichswehrministerium. Später umbenannt in Wehrmachtsamt. Persönlicher Berater und Stabschef des Reichswehrministers/Reichskriegsministers v. Blomberg. Sah im Nationalsozialismus ein unverzichtbares Instrument gegen den Marxismus und zur Stärkung der Machtposition der Wehrmacht. Schlüsselfigur zur Eingliederung der Wehrmacht in den NS-Staat. 1935 Befehlshaber im Wehrkreis VII. 1938 Oberbefehlshaber der Heeresgruppe 4 (Leipzig), 1939 Oberbefehlshaber der 10. Armee, später der 6. Armee. 1941 Oberbefehlshaber der Heeresgruppe Süd (Ostfront). Stand voll hinter den kriminellen Befehlen Hitlers zur Führung des Krieges und Ausrottung der Juden in den eroberten Ostgebieten. Verstarb nach einer Flugzeug-Bruchlandung am 17.1.1942 an einem Schlaganfall.

REICHWEIN, Adolf Professor Dr. (1898-1944)
Professor der Geschichte und Staatsbürgerkunde an der Universität Halle (1930-1933). Persönlicher Referent des preussischen Kultusministers Becker. Trat 1932 demonstrativ in die SPD ein und zog sich 1933 auf den Posten eines Dorfschullehrers zurück. 1939 nahm er eine Arbeit am Volkskundemuseum in Berlin an. Seit 1941 Teilnehmer an den Beratungen des Kreisauer Kreises. Vermittelte Anfang Juli 1944 zwischen einigen Kommunisten und Julius Leber eine geheime Besprechung, die von einem eingeschleusten Spitzel der Gestapo verraten wurde und zur Verhaftung Reichweins und Lebers führte. Reichwein wurde am 20.10.1944 vom Volksgerichtshof zum Tode verurteilt und am selben Tage in Plötzensee hingerichtet.

REINEKE, Hermann
General der Infanterie. 1944 Chef des Wehramtes und Chef des NS-Führungsstabes im Oberkommando der Wehrmacht. Wirkte als Richter am Volksgerichtshof bei zahlreichen Prozessen gegen die Männer des 20. Juli mit.

REMER, Otto (1912-)
1944 Major. Kommandeur des Wachbataillons „Grossdeutschland" in Berlin, das die Wachkommandos für die militärischen Dienststellen des Standortes Berlin stellte. Gehörte nicht zu den in die Vorbereitung des Putschversuches Eingeweihten. Im Krieg achtmal verwundet. Von Hitler persönlich mit dem Eichenlaub des Ritterkreuzes des Eisernen Kreuzes ausgezeichnet. Erhielt am 20. Juli 1944 von seiner vorgesetzten Dienststelle, dem Stadtkommandanten von Berlin Generalleutnant Paul v. Hase, den Befehl, Reichsminister Dr. Goebbels festzunehmen. Seine aufkeimenden Bedenken gegen die Ausführung dieses Befehls veranlassten ihn, den zu dieser Zeit dem Wachbataillon als Verbindungsoffizier zum Reichsminister für Volksaufklärung und Propaganda zugeteilten Oberleutnant Dr. Hagen (nach dem 20. Juli zum Hauptmann befördert) zu Goebbels zu schicken, um sich über die

tatsächliche Lage zu unterrichten – insbesondere um zu klären, ob Hitler tatsächlich tot sei. Dr. Hagen brachte nach seinem Gespräch mit Goebbels Remer zu diesem. Goebbels stellte eine direkte Telefonverbindung zwischen Remer und Hitler her. Hitler befahl Remer, mit allen Kräften des Wachbataillons gegen die Putschisten vorzugehen. Als Teile des Wachbataillons zur Verstärkung des in der Bendlerstrasse den Wachdienst versehenden Zuges des Wachbataillons eintrafen, war Fromm infolge der Aktion von fünf hitlertreuen Offizieren des Stabes des Allgemeinen Heeresamtes gegen die Verschwörer jedoch bereits wieder Herr der Lage. Remer wurde für seine Verdienste um die Niederschlagung des Putsches, der in Wirklichkeit bereits ohne sein Zutun beendet worden war, zunächst zum Oberst befördert und zum Kommandanten des „Führerhauptquartiers" ernannt. Bald danach wurde er Generalmajor und Divisionskommandeur. Er liess gegen Kriegsende seine östlich der Elbe eingeschlossene Division, der er den Durchbruch nach Dresden befahl, im Stich und setzte sich selbst in Zivil nach Westen ab. Er gründete 1949 die neonazistische Sozialistische Reichspartei. 1952 wurde er wegen kollektiver Verunglimpfung und Verleumdung des Widerstandes zu drei Monaten Haft verurteilt, entzog sich jedoch der Verbüssung durch Flucht ins Ausland. Die von ihm gegründete Sozialistische Reichspartei wurde kurz darauf auf Antrag der Bundesregierung vom Bundesverfassungsgericht als eine Nachfolgeorganisation der NSDAP nach Artikel 21 des Grundgesetzes für verfassungswidrig erklärt und aufgelöst. Remer tauchte schliesslich zunächst in Ägypten wieder auf. – Durch Zufall lernte ich vor einigen Jahren einen Vetter Remers (gleichen Namens) kennen, der mir berichtete, dass Remer aus einem überzeugt sozialdemokratischen Elternhaus stammte und die Familie nach dem 20. Juli 1944 alle Kontakte zu ihm abgebrochen habe.

REUTER, Ernst Prof. Dr. (1889-1953)
1948-1953 Regierender Bürgermeister von Berlin (West). Ergriff 1952 die Initiative zur Schaffung eines Ehrenmales im Hof des Bendler-Blocks zum Gedenken an die Männer und Frauen des 20. Juli 1944. Grundsteinlegung am 20. Juli 1952. Einweihung am 20. Juli 1953.

v. RIBBENTROP, Joachim (1893-1946)
Reichsaussenminister von 1938-1945. Heiratete im Juli 1920 die Tochter des Sektfabrikanten Henkel und übernahm die Berliner Henkel-Vertretung. 1932 Mitglied der NSDAP. 1933 SS-Standartenführer, Reichstagsabgeordneter und Hitlers aussenpolitischer Berater. Schloss 1935 als Sonderbotschafter Hitlers das deutsch-britische Flottenabkommen ab. 1936 Deutscher Botschafter in London mit verhängnisvollen Folgen. 4.2.1938 Reichsaussenminister. Unterzeichnete am 23.8.1939 mit Molotow den deutsch-sowjetischen Nichtangriffspakt und am 28.9.1939 den „Grenz- und Freundschaftsvertrag"

zwischen der Sowjet-Union und dem Deutschen Reich. War seinem Amt weder intellektuell noch charakterlich gewachsen und verlor im Laufe des Krieges jeglichen Einfluss auf Hitler und die deutsche Politik. Wurde am 1. Oktober 1946 vom Nürnberger Kriegsverbrecher-Tribunal zum Tode verurteilt. Das Urteil wurde am 16. Oktober 1946 vollstreckt.

RÖHM, Ernst (1887-1934)
Berufsoffizier. Nach dem 1. Weltkrieg Freikorpsangehöriger, dann Hauptmann im Münchener Wehrkreiskommando. Enger Freund und Kampfgenosse Hitlers. Organisator und seit 1931 Stabschef der nationalsozialistischen „Sturm-Abteilungen" (SA). Versuchte 1934 Hitler zu entmachten und selbst die Führung der NSDAP zu übernehmen. Weigerte sich nach seiner Verhaftung am 30.6.1934, Selbstmord zu begehen. Wurde am 2. Juli 1934 von SS-Leuten in der Strafanstalt Stadelheim erschossen.

ROMMEL, Erwin (1891-1944)
Generalfeldmarschall seit 1942. Volkstümlichster Heerführer des 2. Weltkrieges. Zuletzt Oberbefehlshaber der Heeresgruppe D (Westfront). 1939 Kommandant des Führerhauptquartiers. Führer der 7. Panzer-Division im Frankreichfeldzug (1940). Februar 1941 Befehlshaber der deutschen Truppen in Libyen – des deutschen Afrika-Korps. Nach dem Zusammenbruch des Afrika-Korps wurde Rommel Oberbefehlshaber der Heeresgruppe B in Norditalien und dann in Nordfrankreich. Forderte Hitler durch sein berühmtes Fernschreiben am 15.7.1944 dringend auf, den Krieg zu beenden. Am 17. Juli 1944 durch Luftangriff schwer verwundet. Wurde in die Ermittlungen der Gestapo durch unzutreffende Aussagen verhafteter Offiziere hereingezogen und am 14.10.1944 von Hitler vor die Wahl gestellt, Gift zu nehmen oder vor dem Volksgerichtshof angeklagt zu werden. Rommel entschloss sich zum Selbstmord und erhielt ein Staatsbegräbnis. Die NS-Propaganda behauptete, er sei den Folgen seiner Verwundung erlegen.

ROOSEVELT, Franklin Delano (1882-1945)
Präsident der Vereinigten Staaten von Amerika von 1933-1945.

ROSENBERG, Alfred (1893-1946)
Mitglied der NSDAP seit 1919. Übte durch seine pseudophilosophischen Schriften (Mythos des 20. Jahrhunderts) verhängnisvollen Einfluss auf die ideologischen Grundlagen des Nationalsozialismus aus. Verkündete die Lehre von der deutschen Herrenrasse und formulierte das antibolschewistische und antisemitische Programm der NSDAP. 1941 Reichskommissar für die besetzten Ostgebiete. Das Nürnberger Militärgericht verurteilte Rosenberg zum Tode. Vollstreckung am 16.10.1946.

v. RUNDSTEDT, Gerd (1875-1953)
Generalfeldmarschall seit 1940. Von 1942-1945 Oberbefehlshaber
West. 1932 Oberbefehlshaber des Gruppenkommandos 1 (Berlin).
1940 Oberbefehlshaber der Heeresgruppe A (Einmarsch in Belgien
und Nordfrankreich). 1941 Oberbefehlshaber der Heeresgruppe Süd
(Ostfront). 1942 Oberbefehlshaber der Heeresgruppe D (West) bis
1944. Vorsitzender des von Hitler gebildeten „Ehrenhofes", der die
Aufgabe erhielt, die am Umsturzversuch beteiligten Offiziere des
Heeres aus dem Heer auszustossen, um sie durch den Volksgerichtshof
aburteilen zu können. Erlebte das Kriegsende in britischer Gefangenschaft. Am 5. Mai 1949 krankheitshalber aus der Kriegsgefangenschaft
entlassen. 24.2.1953 in Hannover verstorben.

v. SACHSEN, Ernst Heinrich Prinz
3. Sohn des letzten Königs von Sachsen Friedrich August III.
(1904-1918)

v. SACHSEN, Friedrich Christian, Markgraf von Meissen (1893-1968)
2. Sohn des letzten Königs von Sachsen Friedrich August III.
(1904-1918)

v. SACHSEN, Georg, Kronprinz
Ältester Sohn des letzten Königs von Sachsen Friedrich August III.
(1904-1918). Trat nach der Abdankung seines Vaters und Verzicht auf
die Thronrechte für sich und seine Nachkommen dem Benediktineror-
den und später dem Jesuitenorden bei. Über ihn liefen die Kontakte
Olbrichts zur Katholischen Kirche (Schutz des Klosters Maria Laach
vor ordensfremder Nutzung). War während des Krieges in Berlin
Beichtvater der Frau des Generaloberst Halder. Vermittelte so unauf-
fällige Kontakte zwischen Halder und Olbricht. Ertrank beim Baden
in der Havel. Die Kriminalpolizei untersagte die Versuche Olbrichts,
die Leiche durch Wehrmachtsangehörige zu bergen und die Todesursache zu klären. Der Leichnam wurde Wochen später angespült. Die
Untersuchung ergab tatsächlich Ertrinken ohne Fremdverschulden als
Todesursache.

v. SACHSEN, Friedrich August, König (1865-1932)
Letzter König von Sachsen (1904-1918). Dankte nach der Revolution
in Sachsen 1918 ab.

SACK, Karl Dr. (1896-1945)
Ministerialdirektor. Generalstabsrichter. Seit 1934 im Heeresjustiz-
dienst. In zahlreichen Fällen erfolgreicher Gegenspieler der Gestapo.
Deckte 1938 die Hintergründe der Verleumdungen Fritschs durch die
Gestapo auf. Ab 1942 Chef des Heeresjustizwesens. Gehörte zum
engsten Vertrautenkreis um General Olbricht und schirmte in dieser

Position Gefährdete der Opposition ab. Wurde am 9.4.1945 unmittelbar vor der Befreiung durch die US-Army im Konzentrationslager Flossenbürg von SS ermordet.

SANDER, Gerhard
Oberstleutnant. Am 20. Juli 1944 diensthabender Offizier in der Nachrichtenzentrale des Hauptquartiers in Rastenburg. Liess nach der Detonation der Bombe auf Befehl des Luftwaffenadjutanten Hitlers Oberst v. Below und auf Anordnung Himmlers alle Nachrichtenverbindungen aus der Nachrichtenzentrale des Hauptquartiers unterbrechen, noch bevor General Fellgiebel die Nachricht von dem Attentat an General Olbricht in das Allgemeine Heeresamt nach Berlin durchgeben konnte.

SCHADY
Leutnant im Wachbataillon „Grossdeutschland" – 4. Kompanie. Befehligte ein Kommando von 10 Unteroffizieren, das am 21.7.1944 – nach Angaben des Kompanie-Chefs der 4. Kompanie Oblt. Schlee um 0.30 Uhr – General der Infanterie Olbricht, Oberst Graf von Stauffenberg, Oberst Mertz von Quirnheim und Oberleutnant v. Haeften im Hof des Bendler-Blockes erschoss.

SCHEIDEMANN, Philipp (1865-1939)
Sozialdemokratischer Politiker. Seit 1913 Fraktionsführer der SPD im Deutschen Reichstag. 1918 Staatssekretär ohne Portefeuille im Kabinett des Reichskanzlers Prinz von Baden. Rief am 9. November 1918 vor dem Reichstag die Republik aus. 1. Ministerpräsident der Weimarer Republik von Februar bis Juni 1919. Trat zurück, weil er den Versailler Friedensvertrag als unannehmbar nicht unterzeichnen wollte. 1920-1925 Oberbürgermeister von Kassel. Emigrierte 1933 ins Ausland.

SCHENCK, Ernst Günther Prof. Dr. med. habil. Dr. phil. nat.
War in den letzten Kriegstagen als Arzt in einem Verwundetenlazarett in Berlin tätig, das im Bunker der Reichskanzlei untergebracht war. Hatte dort täglich Kontakt mit den Hitler betreuenden Ärzten. Verfasser des 1989 im Droste Verlag, Düsseldorf, erschienenen höchst aufschlussreichen Buches „Patient Hitler".

v. SCHLABRENDORFF, Fabian (1907-1980)
Rechtsanwalt. Oberleutnant. Verwandt mit v. Tresckow. Von diesem 1941 als Ordonnanzoffizier zur Heeresgruppe Mitte geholt. Besonders aktiver Helfer v. Tresckows bei den Vorbereitungen der Attentatsversuche auf Hitler am 13. März 1943. Zündete die in das Flugzeug Hitlers eingeschmuggelte Bombe, die jedoch nicht explodierte. Verbindungsoffizier zwischen v. Tresckow und Olbricht. Wurde am

17. August 1944 an der Ostfront verhaftet und in das Gestapo-Sondergefängnis Lehrter Strasse in Berlin eingeliefert. Stand am 21.12.1944 zum ersten Mal vor dem Volksgerichtshof unter Freisler – ohne dass gegen ihn verhandelt wurde. Am 3. Februar sollte erneut gegen ihn verhandelt werden. Am späten Vormittag wurde die Verhandlung wegen eines Luftangriffs unterbrochen, bei dem der Präsident des Volksgerichtshofes Roland Freisler ums Leben kam. Am 16. März 1945 stand v. Schlabrendorff erneut vor dem Volksgerichtshof. Die Verhandlung leitete der Stellvertreter Freislers Dr. Krohne. Schlabrendorff verteidigte sich als rechtskundiger Jurist mutig und geschickt und wies auf die Folterungen hin, denen er bei seinen Vernehmungen ausgesetzt war. Daraufhin liess der Oberreichsanwalt die Anklage fallen und beantragte selbst Freispruch. Der Volksgerichtshof sprach ihn frei und ordnete die sofortige Haftentlassung an. Schlabrendorff wurde jedoch nicht freigelassen, sondern zunächst in das KZ Flossenbürg verbracht. Bei Annäherung der US-Truppen wurde er in das KZ Dachau verbracht. Von dort aus ging es weiter in ein Konzentrationslager bei Innsbruck und von dort aus über den Brenner ins Pustertal. Dort wurde der Transport von amerikanischen Truppen schliesslich am 4. Mai 1945 befreit. Nach dem Kriege Bundesverfassungsrichter (1967). Verfasser des 1946 im Europa-Verlag Zürich als Buch erschienenen Erlebnisberichtes „Offiziere gegen Hitler".

v. SCHLEICHER, Kurt (1882-1934)

Generalmajor. 1929 Leiter des neugeschaffenen Politischen Ministeramtes im Reichswehrministerium. 1932 Reichswehrminister. Von Dezember 1932 bis Januar 1933 Reichskanzler. Versuchte bis zuletzt, die Beauftragung Hitlers mit dem Amt des Reichskanzlers zu verhindern. Wurde am 30. Juni 1934 in Verbindung mit dem Röhmputsch zusammen mit seiner Frau in seiner Berliner Wohnung von Gestapobeamten in Zivil ermordet.

SCHMORELL, Alexander (1917-1943)

Medizinstudent an der Universität München. Eng befreundet mit Hans Scholl. Mitbegründer der studentischen Widerstandsgruppe „Die weisse Rose" um Professor Huber. Beteiligte sich an der Flugblattaktion der „Weissen Rose" am 18.2.1943 an der Universität München. Am 28.4.1943 vom Volksgerichtshof zum Tode verurteilt. Am 13.7.1943 durch das Fallbeil hingerichtet.

SCHMUNDT, Rudolf (1896-1944)

Generalmajor. 1938 Chefadjutant des Heeres bei Hitler. 1942 Leiter des Heerespersonalamtes. Wurde beim Attentatsversuch am 20. Juli 1944 schwer verletzt. Starb 1.10.1944 im Führerhauptquartier in Rastenburg.

SCHOLL, Hans (1918-1943) und Sophie (1921-1943)
Kinder des Bürgermeisters von Forchtenberg (Württ.). Studenten an
der Universität München. Hans Scholl Medizin, Sophie Scholl Biolo-
gie und Philosophie. Anfänglich in der Schulzeit begeisterte Anhänger
der Hitlerjugend, wandelte sich ihr Verhältnis zum Nationalsozialismus mit beginnender Erkenntnis der Diskrepanz zwischen verkündeten Idealen und der Wirklichkeit in eine krasse Ablehnung – basierend
auf streng katholischer Erziehung im Elternhaus. Schlossen sich der in
München von Professor Huber begründeten studentischen Widerstandsgruppe „Die weisse Rose" an. Versuchten durch Schriften und
Flugblätter Studenten an den Universitäten München, Frankfurt a.M.,
Stuttgart, Augsburg, Linz und Wien zum Kampf gegen den Nationalsozialismus aus rein ethischen Beweggründen aufzurütteln. Wurden
bei der Verteilung von Flugblättern im Hauptgebäude der Universität
München am 18.2.1943 von einem Hausdiener erkannt und angezeigt.
Wurden beide am 22.2.1943 in einem Schnellverfahren vor dem
Volksgerichtshof zum Tode verurteilt und noch am selben Tage auf
dem Schafott hingerichtet. Der Versuch Olbrichts und Sacks, das
Verfahren gegen die Gruppe vor die Militärgerichtsbarkeit zu bringen,
weil auch einzelne Studenten Wehrmachtsangehörige waren, misslang.

SCHRADER, Werner (-1944)
1944 Oberstleutnant. Gruppenleiter in der Heerwesenabteilung im
Generalstab des Heeres (bei Oberst d. Genst. Freytag-Loringhoven).
Bewahrte den für das Attentat bestimmten Sprengstoff bei sich auf.
Erschoss sich nach dem Misslingen des Attentates und dem Scheitern
des Befreiungsversuchs am 28. Juli 1944.

SCHROTH
1944 General der Infanterie. Am 2.8.1944 von Hitler in den „Ehrenhof" berufen, der die Aufgabe hatte, alle an dem Befreiungsversuch
vom 20. Juli 1944 irgendwie Beteiligten Hitler zur Ausstossung aus
dem Heer vorzuschlagen. Die Ausstossung war Voraussetzung für die
Aburteilung vor dem Volksgerichtshof, weil Soldaten ausschliesslich
der Militärgerichtsbarkeit unterworfen waren. Der „Ehrenhof" kam
dieser ihm übertragenen Aufgabe willfährig nach. Er beschloss grundsätzlich ohne Anhörung der Betroffenen. Er schlug auch Tote posthum zur Ausstossung vor. Es ist kein einziger Fall bekanntgeworden,
in dem der „Ehrenhof" anders entschieden hätte, als von ihm verlangt
wurde. Verdächtige mussten zur Entlassung aus dem Wehrdienst
vorgeschlagen werden. Wortlaut des Hitler-Befehls vom 2.8.1944 siehe
Dokumentarischer Anhang 12.

v. der SCHULENBURG, Fritz-Dietlof Graf (1902-1944)
Stellvertretender Oberpräsident der Provinz Schlesien. Sehr aktives

227

Mitglied der Widerstandsbewegung. Verwaltungsjurist. 1932 Mitglied der NSDAP. Distanzierte sich innerlich schon vor dem „Röhmputsch" (30.6.1934) vom NS-Regime. 1933 Landrat in Ostpreussen. 1937 stellv. Polizeipräsident von Berlin. 1939 als Regierungspräsident stellv. Oberpräsident der Provinzen Ober- und Niederschlesien. Ging bei Ausbruch des Krieges zur Wehrmacht. Wurde dann Mitarbeiter des dem AHA unterstellten General v. Unruh. Nahm von da aus zu verschiedenen oppositionellen Gruppen (Kreisauer Kreis, Goerdeler, Popitz, Moltke, Stauffenberg) Kontakt auf. Beteiligte sich u. a. an der Ausarbeitung eines Verfassungsentwurfes für die Zeit nach dem NS-Regime. War am 20. Juli 1944 in der Bendlerstrasse. Wurde dort verhaftet, am 10.8.1944 vom Volksgerichtshof zum Tode verurteilt und am selben Tage in Plötzensee hingerichtet.

v. SCHWEDLER

1944 General der Infanterie. Kommandierender General des stellv. Generalkommandos im Wehrkreis IV (Dresden). Untersagte nach dem 20. Juli 1944 die weitere Pflege des Grabes des einzigen Sohnes des Generals Olbricht, des Leutnants Klaus Olbricht, der als 19jähriger am 10. Oktober 1941 an den Folgen seiner dritten Verwundung an der Ostfront gestorben war, auf dem Dresdener Garnisonsfriedhof durch die Familie. Dieserhalb zur Rede gestellt, berief er sich auf einen – nicht existierenden – Befehl Himmlers, des neuen Befehlshabers des Ersatzheeres. Es bedurfte einer schriftlichen Anweisung des von Himmler für die Betreuung der Witwen der Männer des 20. Juli 1944 eingesetzten SS-Obergruppenführers Breithaupt an General von Schwedler, um ihn zur Aufhebung dieses Verbotes zu veranlassen.

v. SEECKT, Hans (1866-1936)

Generaloberst. Chef der Heeresleitung der Reichswehr 1920-1926. Schöpfer der Reichswehr. 8.11.1923-28.2.1924 übertrug ihm die Reichsregierung die Vollziehende Gewalt in Deutschland zur Sicherung des Reiches gegen innere Gefahren. Niederschlagung des Hitlerputsches am 9.11.1923. Wurde infolge eines Konfliktes mit dem Reichswehrminister Otto Gessler im Oktober 1926 verabschiedet. Trotz innerlicher Ablehnung der Demokratie führte er die Reichswehr zur Loyalität zum gegebenen Staat zugleich in Erfüllung der Bedingungen des Versailler Vertrages.

SPECHT

1944 Generalleutnant. Am 2.8.1944 von Hitler in den „Ehrenhof" des Heeres berufen, der die Aufgabe hatte, alle an dem Befreiungsversuch vom 20. Juli 1944 irgendwie Beteiligten Hitler zur Ausstossung aus dem Heer vorzuschlagen. Die Ausstossung war Voraussetzung für die Aburteilung vor dem Volksgerichtshof, weil Soldaten ausschliesslich der Militärgerichtsbarkeit unterworfen waren. Der „Ehrenhof" kam dieser ihm übertragenen Aufgabe willfährig nach. Er beschloss grundsätzlich ohne Anhörung der Betroffenen. Er schlug auch Tote posthum zur Ausstossung vor. Es ist kein einziger Fall bekanntgeworden, in dem der „Ehrenhof" anders entschieden hätte, als von ihm verlangt wurde. Verdächtige mussten zur Entlassung aus dem Wehrdienst vorgeschlagen werden. Wortlaut des Hitler-Befehls vom 2.8.1944 siehe Dokumentarischer Anhang 12.

v. SPONECK, Hans Emil Otto Graf (1888-1944)
1944 Generalleutnant – in Festungshaft in Germersheim. Zuletzt Kommandierender General des XXXXII. Armee-Korps auf der Halbinsel Kertsch. Im 1. Weltkrieg Front- und Generalstabsoffizier. Dreimal verwundet. Nach dem 1. Weltkrieg Übernahme in die Reichswehr. Kompaniechef im Infanterie-Regiment 9 (Potsdam). Bis 1934 Generalstabsoffizier im Wehrkreiskommando III (Berlin-Brandenburg) unter v. Fritsch (Kommandierender General) und v. Manstein (Chef des Generalstabes). Regimentskommandeur des Infanterie-Regiments 46 (Neustrelitz) von 1934 bis 1937. Trat zur Luftwaffe über. Stand Hitler schon vor dem 31.1.1933 äusserst kritisch gegenüber. 1.3.1938 Generalmajor. Spielte 1938 als Zeuge im Fritschprozess eine wichtige Rolle. Schwerer Zusammenstoss mit Göring, der den Vorsitz im Fritschprozess führte. Wurde bald nach dem Fritschprozess zum Heer zurückversetzt und übernahm die Führung der 22. Infanterie-Division in Bremen – der damals einzigen Luftlande-Division des Heeres. Erhielt für den sehr verlustreichen, aber letztlich militärisch erfolgreichen Einsatz seiner Division gegen die „Festung Holland" das Ritterkreuz. Übernahm am 8.12.1941 die Führung des XXXXII. Armeekorps, das die Aufgabe hatte, die Halbinsel Kertsch zu sichern. Räumte entgegen dem ausdrücklichen Befehl Hitlers und des Oberbefehlshabers der Heeresgruppe Süd (v. Reichenau) nach Landung weit überlegener Kräfte der Roten Armee im Rücken seines Korps die Halbinsel Kertsch und rettete dadurch sein Korps vor der Vernichtung. Wurde im Januar 1942 von einem Kriegsgericht unter Vorsitz Görings wegen militärischen Ungehorsams zum Tode verurteilt. Hitler wandelte die Strafe in sechs Jahre Festungshaft um bei gleichzeitigem Ausscheiden aus der Wehrmacht, Rangverlust, Verlust des Tragens der Uniform, von Orden und Ehrenzeichen und aller Ansprüche auf Fürsorge und Versorgung. Seitdem verbüsste er seine Strafe auf der Festung Germersheim. (Schon während des Verfahrens und später während der Verbüssung der Haft hielt General Olbricht im Rahmen seiner Möglichkeiten seine schützende Hand über Graf Sponeck. Er veranlasste u. a., dass der Gattin des Grafen „unauffällig" die Generalspension ihres Mannes ausgezahlt wurde.) Er wurde dort am 23.7.1944 – ohne Gerichtsverfahren und ohne dass er das Geringste mit dem 20. Juli 1944 zu tun gehabt hätte – auf Befehl Himmlers von einem Gestapokommando ermordet.

STALIN – eigentlich Jossif Wissarionowitsch – Dschugaschwili (1879-1953)
Revolutionärer Staatsmann und Diktator der UdSSR. Seit 1912 Mitglied des Zentralkomitees der Bolschewistischen Partei. 1922 Generalsekretär der KPDSU. Seit 1929 uneingeschränkte Alleinherrschaft als Diktator der UdSSR. Schloss am 23.8.1939 den Stalin-Hitler-Pakt ab und errang im Bündnis mit den Westmächten den Sieg über das nationalsozialistische Deutschland. Beherrschte bis zur seinem Tode 1953 die Sowjet-Union.

v. STAUFFENBERG, Claus Schenk Graf (1907-1944)
Oberst des Genst. Entwickelte sich unter dem Eindruck der Auswirkungen der Politik und Kriegsführung Hitlers zu einem entschiedenen Gegner des NS-Regimes. Seit Juni 1940 Generalstabsoffizier im Oberkommando des Heeres. Wurde um die Jahreswende 1942/43 von General Olbricht als Nachfolger Osters für die Vorbereitung des Befreiungsversuchs ausgewählt und als Chef des Stabes des Allgemeinen Heeresamtes im Oberkommando des Heeres angefordert. Wurde bei dem zwischenzeitlich erforderlichen Fronteinsatz als Ia der 10. Panzerdivision in Tunis schwer verwundet. Verlor den rechten Arm, zwei Finger der linken Hand und das linke Auge. Wurde im August 1943 in einem Gespräch mit Olbricht und v. Tresckow für den Widerstand gewonnen. Dienstantritt im AHA am 1.10.1943. Von da an grosse Aktivitäten zur Vorbereitung des Umsturzes. 15.6.1944 Chef des Stabes beim Befehlshaber des Ersatzheeres Generaloberst Fromm. Führte am 20. Juli 1944 das misslungene Bombenattentat auf Hitler im ostpreussischen Hauptquartier aus. In der Nacht vom 20. auf den 21. Juli 1944 im Hof des Bendlerblockes in Berlin auf Befehl von Generaloberst Fromm erschossen.

STIEFF, Hellmuth (1901-1944)
Generalmajor. Seit 1942 Chef der Organisationsabteilung im Generalstab des Heeres. Bewahrte den für die Attentate auf Hitler im September 1943 und Juli 1944 benötigten Sprengstoff im Hauptquartier bei sich auf. Wichtiger Mann der militärischen Widerstandsbewegung im Führerhauptquartier. Am 8. August 1944 vom Volksgerichtshof zum Tode verurteilt und am selben Tage hingerichtet.

v. STÜLPNAGEL, Karl-Heinrich (1886-1944)
General der Infanterie. 1942-1944 Militärbefehlshaber Frankreich. Zentralfigur der militärischen Widerstandsbewegung in Frankreich. 1938-1940 Oberquartiermeister I im Generalstab des Heeres. Leitete anschliessend die deutsche Waffenstillstandskommission. Von Januar 1941 bis Oktober 1941 Oberbefehlshaber der 17. Armee (Russlandfeldzug). Leidenschaftlicher und zum äussersten entschlossener Gegner der nationalsozialistischen Gewaltherrschaft. Gehörte seit 1939 dem

Verschwörerkreis um Beck an. Hatte sich zum Ziel gesetzt, Hitler noch vor der erwarteten Landung der Alliierten in Frankreich zu stürzen. Nach Auslösung des Stichwortes „Walküre" gelang es ihm, den Höheren SS- und Polizeiführer in Frankreich Carl-Albrecht Oberg und die wichtigsten Gestapo- und SD-Führer festzunehmen und die Kasernierten SS-Einheiten in Frankreich zu entwaffnen. Wurde nach dem Scheitern des Befreiungsversuchs nach Berlin befohlen. Versuchte sich zu erschiessen. Er schoss sich lediglich blind. Wurde als Erblindeter am 30. August 1944 vom Volksgerichtshof zum Tode verurteilt und am selben Tage in Berlin-Plötzensee hingerichtet. Musste als Blinder zum Galgen geführt werden.

THIELE, Walter (1894-1944)
Generalleutnant. 1944 Chef des Heeresnachrichtenwesens. Stellvertreter Fellgiebels im Oberkommando des Heeres. Stand in engster Verbindung mit General Olbricht. Am 21.8.1944 vom Volksgerichtshof zum Tode verurteilt. Am 4.9.1944 in Berlin-Plötzensee hingerichtet.

THIERACK, Otto Dr. (1889-1946)
Präsident des Volksgerichtshofes (vor Freisler) und dann Reichsjustizminister (1942-1945). Seit 1932 NSDAP. Führer des „NS-Rechtswahrerbundes". 1935 Vizepräsident des Reichsgerichts in Leipzig. 1936-1942 Präsident des Volksgerichtshofes – eines neu geschaffenen Sondergerichts, das unter Ausschaltung der Zuständigkeit des Reichsgerichtes Fälle des Hoch- und Landesverrats und politischer Straftaten gegen das NS-Regime aburteilte. Gegen Urteile des Volksgerichtshofes gab es keine Berufungsmöglichkeit. 1942 wurde Thierack Nachfolger des verstorbenen Justizministers Dr. Gürtner. Schuf als solcher die kriminellen „rechtsformalen" Grundlagen für die Ausrottung der Juden, Vernichtung ganzer Volksgruppen durch Einweisung in Konzentrationslager („Vernichtung durch Arbeit") und für eine gnadenlose Strafjustiz. Thierack war derjenige, der auch die Vollstreckung der Todesurteile gegen die Männer des 20. Juli anordnete. Es ist kein Fall bekannt, in dem er es nicht getan hätte. Nach dem Kriege erhängte sich Thierack am 26.10.1946 in einem britischen Internierungslager bei Paderborn, bevor er dem alliierten Militärtribunal in Nürnberg überstellt werden konnte.

THOMAS, Georg (1890-1946)
General der Infanterie. Gehörte wie Olbricht zum Widerstandskreis der 4. Infanterie-Division in Dresden. 1935 (als Oberst) Chef der Wehrwirtschaftsstelle im OKH. 1940 General. Chef des Wehrwirtschafts- und Rüstungsamtes. Thomas vertrat – wenn auch Gegner eines Attentats – stets die Notwendigkeit eines Putsches gegen das nationalsozialistische Regime. Lieferte die wehrwirtschaftlichen Fakten für die Denkschriften Becks und Goerdelers. Wichtiger Ge-

sprächspartner Olbrichts bei der Vorbereitung des Befreiungsversuchs. Nach dem 20. Juli 1944 verhaftet, überlebte Thomas das NS-Regime. Am 20.12.1946 in amerikanischer Gefangenschaft verstorben.

v. THÜNGEN, Karl Freiherr (-1944)
Generalleutnant. Wie Stauffenberg aus dem 17. (bayerischen) Reiterregiment (Bamberg) hervorgegangen. 1944 Inspekteur der Wehr-Ersatz-Inspektion in Berlin. Wurde von Olbricht am 20.7.1944 als Kommandierender General des stellv. Generalkommandos des Wehrkreises III (Berlin-Brandenburg) eingesetzt, nachdem sich General v. Kortzfleisch erwartungsgemäss geweigert hatte, sich für den Befreiungsversuch zur Verfügung zu stellen. Wurde am 24.10.1944 vom Volksgerichtshof zum Tode verurteilt und am selben Tage im Zuchthaus Brandenburg hingerichtet.

v. TRESCKOW, Henning (1901-1944)
Generalmajor. Zuletzt Chef des Generalstabes der 2. Armee (Mittelabschnitt Ostfront). Glänzender Generalstabsoffizier und Truppenführer. Eine der markantesten Persönlichkeiten des militärischen Widerstandes. Hatte in Abstimmung mit Olbricht die Aufgabe übernommen, ein Attentat auf Hitler zur Durchführung zu bringen. Zahlreiche Attentatsversuche im Jahre 1943 gelangten nicht zur Durchführung. Offizier mit höchsten ethischen Ansprüchen. Sammelte im Stabe der 2. Armee einen Kreis zum Äussersten entschlossener Gesinnungsgenossen. Nahm sich nach dem Misslingen des Attentats am Morgen des 21. Juli 1944 das Leben. Wurde mit allen militärischen Ehren auf das Familiengut Wartenberg in der Neumark übergeführt und dort bestattet. Als die Ermittlungen der Gestapo seine starke Beteiligung an Attentats- und Umsturzplänen ergaben, wurde sein Leichnam exhumiert und in das Konzentrationslager Sachsenhausen verbracht und dort verbrannt. Die Asche wurde verstreut.

WAGNER, Eduard (1894-1944)
General der Artillerie. Generalquartiermeister des Heeres. Gehörte seit 1941/1942 zum engeren Kreis des militärischen Widerstandes. Bemühte sich wiederholt – wenn auch vergeblich –, Hitler durch einen gemeinsamen Schritt der Heeresgruppen- und Armeeführer zur Abgabe des Oberbefehls zu zwingen. Drängte auf Beendigung des Krieges und auf ein Attentat. Enger Vertrauter Becks, Olbrichts und Stauffenbergs. Stellte die neuen Winteruniformen für das geplante Attentat des Axel v. d. Bussche bereit. Stellte am 20. Juli 1944 Stauffenberg für den Flug ins Führerhauptquartier sein eigenes Flugzeug zur Verfügung. Nahm sich nach dem Misslingen des Attentats und dem Scheitern des Befreiungsversuchs am 23. Juli 1944 in Wünsdorf das Leben.

v. WITZLEBEN, Erwin (1881-1944)
Generalfeldmarschall (1940). Bis zu seiner vorzeitigen Verabschiedung Mitte März 1942 – angeblich aus Gesundheitsgründen - Oberbefehlshaber West. Kompromissloser Gegner des NS-Regimes. Schon seit 1939 an Staatsstreichplänen beteiligt, hielt er ständig Kontakt zum militärischen Widerstand (Beck/Olbricht). Sollte nach gelungenem Attentat Oberbefehlshaber der Wehrmacht werden. Wurde am 8. August 1944 vom Volksgerichtshof zum Tode verurteilt und noch am selben Tage in Plötzensee durch langsames Strangulieren umgebracht.

YORCK v. WARTENBURG, Peter Graf (1904-19144)
Jurist. Enger Freund von Helmuth James Graf v. Moltke. Begründete gemeinsam mit diesem den „Kreisauer Kreis". Nutzte seine Möglichkeiten als Angehöriger eines Wehrwirtschaftsstabes (seit 1942), oppositionelle Kräfte in Deutschland zu sammeln. Sein Widerstand wurzelte in der grossen geistigen Tradition seines Vaterhauses und in seinem christlichen Glauben. Hielt sich am 20. Juli 1944 in der Bendlerstrasse für die ihm zugedachten Aufgaben bereit. Wurde dort verhaftet und im ersten Prozess gegen die Männer des 20. Juli am 8.8.1944 vom Volksgerichtshof zum Tode verurteilt und noch am selben Tage in Berlin-Plötzensee hingerichtet.

ZEITZLER, Kurt (1895-1963)
Generaloberst. 1942-1944 Chef des Generalstabes des Deutschen Heeres. 1937/38 Oberstleutnant im Oberkommando des Heeres. Nahm als Oberst und Generalstabschef eines Armeekorps am Polenfeldzug teil. 1940 Stabschef der Panzergruppe von Kleist (Frankreichfeldzug). 1941 Generalstabschef der 1. Panzergruppe (Russlandfeldzug). Als Generalmajor Generalstabschef der Heeresgruppe D (von Rundstedt) im Westen. 24.9.1942 als Nachfolger Halders Chef des Generalstabes des Heeres (General der Infanterie). Bemühte sich – meist vergeblich –, auf Hitlers dilettantische strategische Kriegsführung Einfluss zu nehmen. Liess sich resignierend am 1. Juli 1944 beurlauben und wurde am 31.1.1945 aus der Wehrmacht entlassen. Hitler verweigerte ihm das Recht, weiterhin Uniform zu tragen.

Literaturverzeichnis
Eine unvollständige, subjektive Auswahl

Ansprachen, Vorträge, Berichte, Bibliographien

Bibliographie „Widerstand". Bearbeitet von Ulrich Cartarius mit einer Einleitung von Karl Otmar Freiherr von Aretin. Herausgegeben von der Forschungsgemeinschaft 20. Juli e. V. München, New York, Paris 1984: Verlag K. G. Saur

Spiegelbild einer Verschwörung. Die Kaltenbrunner Berichte an Bormann und Hitler über das Attentat vom 20. Juli 1944. Band 1, herausgegeben vom Archiv Peter für Historische und Zeitgeschichtliche Dokumentation. Stuttgart 1961: Seewald Verlag. Band 2, herausgegeben von Hans-Adolf Jacobsen. Stuttgart 1984: Seewald Verlag.

„SS-Bericht über den 20. Juli 1944 aus den Papieren des SSObersturmbannführers Dr. Georg Kiesel". Veröffentlicht in den Nordwestdeutschen Heften, Jahrgang 1947, Heft 1 und 2. Herausgegeben von Axel Eggebrecht und Peter von Zahn. Hamburg: Hammerich & Lesser

20. Juli 1944. Herausgegeben von der Bundeszentrale für Politische Bildung, Bonn

Schrift „Ihr trugt die Schande nicht – Ihr wehrtet Euch". Herausgegeben vom Senator für Sozialwesen und vom Presseamt des Senats von Berlin aus Anlass der Enthüllung des Denkmals für die Opfer des 20. Juli 1944 am 20. Juli 1953

Dank und Bekenntnis. Gedenkrede zum 20. Juli 1944 von Bundespräsident Professor Dr. Theodor Heuss am 19. Juli 1954 bei der Gedenkfeier der Bundesregierung und des Senats der Stadt Berlin im Auditorium Maximum der Freien Universität Berlin. Tübingen: Rainer Wunderlich Verlag Hermann Leins

Rothfels, Hans: Das politische Vermächtnis des deutschen Widerstandes. Herausgegeben in der Schriftenreihe der Bundeszentrale für Politische Bildung, Heft 14, 1955 (Vortrag aus Anlass der 10jährigen Wiederkehr des 20. Juli 1944 auf einer Wochenendtagung der Ev. Akademie Berlin und an der Universität Tübingen. Der Vortrag ist enthalten in Vierteljahreshefte für Zeitgeschichte II)

Trentzsch, Karl Chr., 1956: Der Soldat und der 20. Juli. Vortrag vor dem 1. Lehrgang für Höhere Offiziere der Bundeswehr in Sonthofen. Darmstadt: Verlag Wehr und Wissen

Der 20. Juli 1944. Reden zu einem Tag der deutschen Geschichte. Herausgegeben 1984 vom Informationszentrum Berlin unter Verantwortung von Ernst Luuk

Reinhardt, Helmuth, Generalmajor a. D., 1949: Das Allgemeine Heeresamt (AHA) im Oberkommando des Heeres/Chef H. Rüst. u. BdH. Unveröffentlichte Ausarbeitung für die US-Regierung.

Brockhaus Enzyklopädie (1966-1981) Band 1 bis 25. Wiesbaden: F. A. Brockhaus

Deutschsprachige Literatur (Bücher), gegliedert nach Autorenalphabet (Nachnamen)

Abshagen, Karl Heinz, 1949: Canaris. Stuttgart: Union Dt. Verl.Ges.

Beck, Ludwig, 1955: Studien. Hrsg. und eingel. von Hans Speidel. Stuttgart: K. F. Koehler Verlag

Bennecke, Heinrich, 1964: Die Reichswehr und der "Röhm-Putsch", Beiheft 2 der Zweimonatsschrift „Politische Studien". München/Wien: Günter Olzog Verlag

BenoistMéchin, J., 1943: Geschichte des Deutschen Heeres seit dem Waffenstillstand 1918-1938, 2. A. Band 1: Vom Kaiserheer zur Reichswehr. Hrsg. von Carl Henke. Berlin: Verlag von Dietrich Reimer

Berthold, Will, 1981: Die 42 Attentate auf Adolf Hitler. München: Blanvalet Verlag

Borch, Herbert v., 1954: Obrigkeit und Widerstand. Zur politischen Soziologie des Beamtentums. Tübingen: J. C.-B. Mohr (Paul Siebeck)

Broszat, Martin und Norbert Frei, 1989: Das Dritte Reich im Überblick. Chronik-Ereignisse-Zusammenhänge. München: R. Piper (Die Erstausgabe dieses Buches erschien 1983 unter dem Titel „Ploetz, Das Dritte Reich". Freiburg: Ploetz Verlag)

Bücheler, Heinrich, 1989: Carl Heinrich von Stülpnagel. Berlin/Frankfurt/M.: Ullstein Verlag

Bücheler, Heinrich, 1980: Hoepner. Herford: Verlag E. S. Mittler & Sohn

Buchheit, Gert, 1964: Ludwig Beck, ein preussischer General. München: Paul List Verlag KG

Buchheit, Gert, 1968: Richter in roter Robe. München: List Verlag

Bullock, Alan: Hitler. Düsseldorf: Droste Verlag (Titel der englischen Ausgabe: Hitler A Study of Tyranny)

Crankshaw, Edward, 1959: Die Gestapo. Berlin: Colloqium-Verlag (Titel der englischen Originalausgabe: Gestapo Instrument of Tyranny. Putman & Co. d., London, 1956)

Dahms, H. Günther, 1989: Der Zweite Weltkrieg in Text und Bild. München/Berlin: Herbig Verlagsbuchh.

Deist, Wilhelm, 1979: Ursachen und Voraussetzungen des 2. Weltkrieges. Band 1: Ursachen und Voraussetzungen der deutschen Kriegspolitik. Stuttgart: Deutsche VerlagsAnstalt

Deutsch, Harold C., 1969: Verschwörung gegen den Krieg Der Widerstand in den Jahren 1939-1940. München: C. H. Beck Verlag (Die Originalausgabe erschien 1968 in der University of Minnesota Press, Minneapolis, Minnesota, USA)

Deutsche Rangliste 1913 nach dem Stand vom 8. Oktober 1912. Oldenburg: Verlag Gerhard Stalling

Finker, Kurt, 1967: Stauffenberg und der 20. Juli 1944. Berlin: Union Verlag

Foerster, Wolfgang, 1953: Generaloberst Ludwig Beck Sein Kampf gegen den Krieg. München: Isar Verlag

Fraenkel & Manvell, 1964: Der 20. Juli 1944. Berlin: Ullstein Verlag (Die Originalausgabe erschien 1964 unter der Verfasserbezeichnung Manvell & Fraenkel unter dem Titel „The July Plot" im Verlag The Bodley Head, London)

Georgi, Friedrich, 1989: Soldat im Widerstand – General der Infanterie Friedrich Olbricht (erweiterter Vortrag vor dem Offizierskorps des Heeresamtes der Bundeswehr). Berlin und Hamburg: Verlag Paul Parey

Gisevius, Hans B., 1946: Bis zum bitteren Ende. 2 Bde. Zürich: Verlag Fretz & Wasmuth AG

Groscurth, Helmuth: Tagebücher eines Abwehroffiziers 1938-1940. Stuttgart: Deutsche Verlagsanstalt

Hassell, Ulrich von, 1946: Vom anderen Deutschland. Zürich: Atlantis Verlag AG

Heiden, Konrad, 1936: Hitler Das Leben eines Diktators. 2 Bde. Zürich: EuropaVerl.

Hitlers Lagebesprechungen. Die Protokollfragmente seiner militärischen Konferenzen 1942-1945. Hrsg. von Helmut Heiber. Quellen und Darstellungen zur Zeitgeschichte Band 10. Veröffentlichungen des Instituts für Zeitgeschichte. 1962. Stuttgart: Deutsche VerlagsAnstalt

Hobe, Cord v. & Walter Görlitz, 1957: Georg von Boeselager. Ein Reiterleben. Düsseldorf: Verl. Sankt Georg

Hofer, Walther, 1964: Die Entfesselung des Zweiten Weltkrieges. Frankfurt/M.: S. Fischer Verlag

Hossbach, Friedrich, 1949: Zwischen Wehrmacht und Hitler. Wolfenbüttel und Hannover: Wolfenbüttler Verlagsanstalt GmbH

Jahntz & Kähne, 1986: Der Volksgerichtshof. Herausgegeben vom Senator für Justiz und Bundesangelegenheiten Berlin (hier insbesondere die Anlage Seiten 207-213, Bericht über den Prozess gegen den Generaloberst Fromm zur Vorlage an den „Reichsleiter" Bormann)

Kogon, Eugen, 1946: Der SS-Staat. Das System der dt. Konzentrationslager. Berlin: Druckhaus Tempelhof

Kramarz, Joachim, 1965: Claus Graf Stauffenberg. Frankfurt/Main: Bernard & Graefe, Verlag für Wehrwesen

Kraus, Herbert. 1953: Die im Braunschweiger Remerprozeß erstatteten moraltheologischen und historischen Gutachten nebst Urteil. Hrsg: von Prof. jur. Herbert Kraus, Institut für Völkerrecht an der Universität Göttingen. Hamburg: Verlag Girardet & Co.

Kriegstagebuch des Oberkommandos der Wehrmacht 1940-1945. 4 Bde. Hrsg. von Percy Schramm im Auftrag des Arbeitskreises für Wehrforschung, Frankfurt/M.: Bernard & Graefe Verlag, 1961-1965

Leber, Annedore, 1960: Das Gewissen steht auf. Berlin und Frankfurt/M.: Verlag Annedore Leber

Leber, Annedore, 1960: Das Gewissen entscheidet. Berlin und Frankfurt/Main.: Verlag Annedore Leber

Leber, Annedore, & Freya Gräfin von Moltke, 1961: Für und Wider – Entscheidungen in Deutschland 1918-1945. Berlin und Frankfurt/M.: Verlag Annedore Leber

Lusar, Rudolf, 1962: Die deutschen Waffen und Geheimwaffen des 2. Weltkrieges und ihre Weiterentwicklung, 4. A. München: J. F. Lehmann Verlag

Lill, Rudolf und Heinrich Oberreuter, 1984: 20. Juli – Portraits des Widerstandes. Düsseldorf/Wien: Econ Verlag

McCloy, John J., 1963: Die Verschwörung gegen Hitler. Stuttgart: Friedrich Vorwerk Verlag

Melnikow, Daniil: Der 20. Juli 1944 – Legende und Wirklichkeit. Deutschsprachige Lizenzausgabe der russischen Originalausgabe. Berlin: VEB Deutscher Verlag der Wissenschaften

Müller, Christian, 1970: Oberst i. G. Stauffenberg. Düsseldorf: Droste Verlag

Müller, Klaus-Jürgen, 1969: Das Heer und Hitler. Stuttgart: Deutsche Verlags-Anstalt

Müller, Klaus-Jürgen, 1980: General Ludwig Beck. Studien und Dokumente zur politisch-militärischen Vorstellungswelt und Tätigkeit des Generalstabschefs des deutschen Heeres 1933-1938. Schriften des Bundesarchivs 30. Boppard: Harald Boldt Verlag

Müller, Klaus-Jürgen, 1987: Armee und Drittes Reich 1933-1939. Paderborn: Ferdinand Schöningh

Müller. Josef, 1975: Bis zur letzten Konsequenz. München: Süddeutscher Verlag

Murawski, Erich, 1962: Der deutsche Wehrmachtsbericht 1939-1949. Schriften des Bundesarchivs. Boppard: Haraldt Boldt Verlag

Osas, Veit, 1953: Walküre. Die Wahrheit über den 20. Juli 1944 mit Dokumenten. Hamburg: Deutschland-Verlag

Pechel, Rudolf, 1947: Deutscher Widerstand. Erlenbach/Zürich: Eugen Rentsch Verlag

237

Rangliste des Deutschen Heeres nach dem Stand vom 1.5.1931. Berlin: E. S. Mittler & Sohn

Ritter, Gerhard, 1954: Carl Goerdeler und die deutsche Widerstandsbewegung. Stuttgart: Deutsche Verlags-Anstalt

Roon, Ger van, 1979: Widerstand im 3. Reich. München: C. H. Becksche Verlagshandlung (Titel der Originalausgabe: Het Duitse verzet tegen Hitler. A. W. Bruna & Zoon, Utrecht/Antwerpen, 1968)

Rothfels, Hans, 1949: Die deutsche Opposition gegen Hitler. Eine Würdigung. Krefeld: Scherpe Verlag. Als Fischer-Taschenbuch seit 1958 in ständigen Neuauflagen erschienen. (Die Originalausgabe erschien 1948 unter dem Titel „The German Opposition to Hitler" bei Henry Regnery Company, Hinsdale, Ill.)

Scheidle, Günther, 1969: Das Widerstandsrecht. (Schriften zum öffentlichen Recht. Band 98). Berlin: Verlag Duncker & Humblot

Schenck, Ernst-Günther, 1989: Patient Hitler – eine medizinische Biographie. Düsseldorf: Droste Verlag

Scheurig, Bodo, 1973: Henning von Tresckow. Oldenburg/Hamburg: Gerhard Stalling Verlag

Schirmer, Berthold, 1965: Befehl und Gehorsam. München: Carl Heymanns Verlag

Schlabrendorff, Fabian von, 1946: Offiziere gegen Hitler. Zürich: Europa Verlag

Schnabel, Reimund, 1957: Macht ohne Moral. Frankfurt/M.: Röderbergverlag

Schramm, Wilhelm Ritter v., 1953: Der 20. Juli in Paris. Bad Wörishofen: Kindler & Schiermeyer

Shirer, William L., 1961: Aufstieg und Fall des Dritten Reiches. Köln und Berlin: Kiepenheuer & Witsch (Die Originalausgabe erschien unter dem Titel „The Rise und Fall of the Third Reich – A History of Nazi Germany")

Thun-Hohenstein, Romedio G. Graf von, 1982: Der Verschwörer, General Oster und die Militäropposition. Berlin: Siedler

Venohr, Wolfgang, 1986: Stauffenberg – Symbol der deutschen Einheit. Berlin: Ullstein Verlag

Wheeler-Bennett, John W., 1954: Die Nemesis der Macht. Düsseldorf: Droste Verlag (Originalausgabe „The Nemesis of Power". London: Macmillan & Co. Ltd.)

Wistrich, Robert, 1983: Wer war wer im Dritten Reich. Mitläufer, Gegner aus Politik, Wirtschaft, Militär, Kunst und Wissenschaft. München: Harnack Verlag (Originalausgabe „Who is who in Nazi Germany". London (1982): Weidenfeld & Nicolson)

Zeller, Eberhard, 1952: Geist der Freiheit – Der 20. Juli 1944. Verlag Hermann Rinn (Spätere Ausgaben des Buches erschienen im Gotthold Müller Verlag, München)

Zentner, Kurt, 1963: Illustrierte Geschichte des Zweiten Weltkrieges. München: Südwest Verlag

Fremdsprachige Original-Literatur, gegliedert nach Autorenalphabet (Nachnamen)

Crankshaw, Edward, 1956: Gestapo – Instrument of Tyranny. London: Putman & Co. Ltd. (Die deutschsprachige Ausgabe erschien 1959 im Colloquium Verlag, Berlin)

Dulles, Allen Welsh, 1947: Germany's Underground. New York: The Macmillan Company (Die deutschsprachige Ausgabe erschien 1948 im Europa-Verlag, Zürich)

Manvell and Fraenkel, 1964: The July Plot. The Bodley Head, London (Die deutschsprachige Ausgabe erschien unter der Verfasserbezeichnung Fraenkel & Manvell, Der 20. Juli 1944, 1964 im Ullstein Verlag, Berlin)

Prittie, Terence, 1964: Germans against Hitler. Hutchinson of London

Roon, Ger van, 1968 : Het Duitse verzet tegen Hitler. Utrecht/Antwerpen: A. W. Bruna & zoon (Die deutschsprachige Ausgabe erschien 1979 unter dem Titel „Widerstand im 3. Reich" bei C. H. Beck, München)

Rothfels, Hans, 1948: The German Opposition to Hitler. Henry Regnery Company, Hinsdale, Ill. (Die deutschsprachige Ausgabe erschien 1949 unter dem Titel „Die deutsche Opposition gegen Hitler. Eine Würdigung" im Scherpe Verlag, Krefeld. Seither als Fischer-Taschenbuch seit 1958 in ständigen Neuauflagen erschienen)

Shirer, William L.; The Rise and Fall of the Third Reich – A History of Nazi Germany (Die deutschsprachige Ausgabe erschien unter dem Titel „Aufstieg und Fall des Dritten Reiches" 1961 im Verlag Kiepenheuer & Witsch, Köln und Berlin)

Wheeler-Bennett, John W.: The Nemesis of Power, The German Army in Politics 1918-1945. London: Macmillan & Co. Ltd. (Die deutschsprachige Ausgabe erschien 1954 unter dem Titel „Die Nemesis der Macht" im Droste Verlag, Düsseldorf)

Wistrich, Robert, 1982: Who is who in Nazi Germany. London: Weidenfeld & Nicolson (Die deutschsprachige Ausgabe erschien 1983 unter dem Titel „Wer war wer im Dritten Reich" im Harnack Verlag, München)

Dokumentarische Filme

Marquardt, Günter & Jürgen Eike, General Friedrich Olbricht – Ein Mann des 20. Juli 1944. Berlin (DDR): Fernsehen der DDR. Erstsendung 19.7.1987, Fernsehen der DDR, 1. Programm

Marquardt, Günter u. Ulrich Teschner, Henning von Tresckow – Chef des Generalstabes oder Tod auf dem Schafott. Berlin (DDR),

Fernsehen der DDR. Erstsendung 19.7.1986, Fernsehen der DDR, 1. Programm

Mühlen, Irmgard von zur, Die Frauen des 20. Juli. Erstsendung 20.7.1985. Fernsehen der DDR, 1. Programm